2012年度重庆市教育委员会人文社会科学研究重点项目
“统筹城乡教育发展的法制研究——以重庆市为例”（项目编号：12SKC03）最终成果

西南政法大学
统筹城乡法治研究丛书
刘俊　主编

5

Legal Research on the Coordinated Development of Education in Urban and Rural Areas
——Taking Chongqing as an Example

统筹城乡教育发展法制研究
——以重庆市为例

吴太轩　著

法律出版社
LAW PRESS · CHINA

总　序

全面建成小康社会是我国民族伟大复兴的重大战略任务，而统筹城乡发展、健全城乡发展一体化体制机制则是实现这一宏伟目标的必由之路。城乡二元结构是制约城乡发展一体化的主要障碍，因此，必须破除城乡二元结构，形成以工促农、以城带乡、工农互惠、城乡一体的新型工农城乡关系，让广大农民平等参与现代化进程、共同分享现代化成果。

在全面深化改革与依法治国背景下，加快建立健全符合改革发展需要的法律治理体系，加快完善现代市场体系，使市场在资源配置中起决定性作用，是新时期中国改革发展的一项核心任务。在所有法律治理体系的建立健全中，统筹城乡发展法律治理体系更复杂。从大的方面来看，中国市场经济法律体系尽管已基本建立，但社会管理领域同时也存在市场经济体制机制不足与过度的问题，一些本来应由政府承担公共产品供给责任的领域，也常在市场化的呼声中推向了社会。因此，在我国公有制经济基础上建立市场经济模式，调整市场经济关系的法律制度及其理论，面临许多前所未有的新课题，理论与制度创新将更加重要。

2007年重庆市成为全国统筹城乡综合配套改革试验区，率先在全国探索大城市带动大农村的有效路径。为此，西南政法大学以重庆市法学会统筹城乡发展法制研究会为基础，依托西南政法大学经济法国家重点学科和民商法市级重点学科，聚合理论与实务界相关领域的专家学者，成立统筹城乡发展制度创新研究中心（以下简称“中心”）。“中心”致力于统筹城乡发展及其制度创新的科学研究、人才培养、学术交流和咨询服务，并最终实现建成统筹城乡发展“国家智库”的发展目标。

“中心”以社会改革需求为导向，以体制机制改革为重点，通过理论和制度创新，推动重庆市统筹城乡发展综合改革社会实践。为此，“中心”将在“十三五”期间完成“五个一”具体任务：一个统筹城乡信息资源平台和数据库、一项统筹城乡发展评价指标体系、一套统筹城乡法治研究丛书、一个制度改革创新与实践基地、一个政策法律咨询平台。

“中心”目前正致力于“五个一”任务中一套统筹城乡法治研究丛书建设。本丛书的主要目的是以国家相关顶层设计为建设方向，通过丛书建设带动科学研究和人才培养，着力研究统筹城乡发展的若干理论与制度创新，为依法推进统筹城乡发展提供必要的理论支撑与制度保障。

我们也衷心希望和诚挚地欢迎对本领域研究有兴趣的社会各界力量汇聚到我们的研究平台，共同破解我国统筹城乡发展制度难题。

刘　俊*

2016年1月

* 西南政法大学党委副书记、教授、博士研究生导师，西南政法大学统筹城乡发展制度创新研究中心主任，法学博士。

Contents

目录

引　言

教育资源的城乡配置一直处于流变之中,从新中国成立到现在,重庆市教育资源的城乡配置随着政治、经济、文化等的变迁,也在不断地变化。重庆市当前教育资源的城乡配置是否存在不均衡的问题?重庆市教育资源的城乡配置受到哪些因素的影响?重庆市教育资源的城乡配置的制度变迁有无规律可循?统筹重庆市城乡教育发展的理论基础是什么?统筹重庆城乡教育发展需要怎样的路径依赖?这些都是值得认真思考的问题。针对上述问题,本书以"统筹城乡教育发展法制研究——以重庆市为例"为题,按照"发现问题—分析问题—解决问题"的逻辑思路,对上述问题展开研究。本书通过介绍统筹城乡教育发展的理论基础,实证考察重庆市教育资源城乡配置的现状,剖析重庆市城乡教育发展不均衡的原因,从完善法律制度的视角提出一些建议,为统筹重庆乃至中国的城乡教育发展,实现城乡教育资源优化配置提供理论支撑。

本书主要研究以下五部分内容:

第一部分:统筹城乡教育发展的理论基础。本部分在介绍统筹城乡教育发展相关概念的基础上,主要以实质正义论为理论支撑,分析统筹城乡教育发展的理论前提;从制度变迁理论和科学发展观理论中,寻求统筹城乡教育发展和进行制度变革的理论依据;从人权理论中,探寻缩小城乡教育发展差距、统筹城乡教育发展的价值追求。

第二部分:重庆市教育资源城乡配置的实证考察。本部分采用统计调查的方法,通过查阅重庆市教育统计年鉴和其他文献资料,分析重庆市城乡教育资源配置的现状。统计数据显示,尽管改革开放以来重庆的教育事业取得了较快的发展,教育资源的城乡分配不公的现象有所缓解,但当前重庆市教育资源的城乡配置仍然存在较大的不均衡现象。农村教育资源不仅存在总量不足的现象,而且存在结构失衡的问题,导致重庆有限的教育资源没有用在刀刃上,没有实现教育资源的优化配置,离城乡教育统筹发展的目标还有一段差距。

第三部分:城乡教育资源配置不平衡的制度诱因。本部分除了从历史、政治、经济、文化等方面考察重庆市城乡教育资源配置不均衡的原因外,主要从法律制度视角,分别从教育办学体制、教育管理体制、教育投入体制、教育融资体制、招生考试体制等方面,探寻造成重庆市教育资源城乡配置不均衡的原因。

第四部分:国外统筹城乡教育发展的经验及启示。一些国家尤其是发达国家在均衡城乡教育发展的过程中,积累了丰富的成功经验。虽然这些实践经验具有鲜明的国别和地区特色,但是我国统筹城乡教育改革具有多层次性与共交叠性,不同国别的统筹治理特点几乎都能在中国梯度区域中寻找到治理共性。因此,全面分析其他发展中国家或地区尤其是发达国家或地区在统筹城乡教育发展过程中的策略举措,借鉴其成功经验并规避其不足,可为统筹重庆市城乡教育发展提供有益借鉴。

第五部分:统筹重庆城乡教育发展的法制建议。本部分围绕重庆市教育资源城乡配置不均衡的制度诱因及其表现,分别从改革办学体制、教育管理体制、教育投入体制、教育融资体制、招生考试体制等视角,提出如何实现重庆和我国城乡教育统筹发展的法制建议。

第一章　统筹城乡教育发展的理论基础

一、统筹城乡教育发展的相关概念

(一)统筹

2003年党的十六届三中全会提出了“统筹城乡发展、统筹区域发展、统筹经济社会发展、统筹人与自然和谐发展、统筹国内发展和对外开放”五个统筹。虽然这是我党第一次在全国会议上明确提出“统筹”理念,但其实统筹思想自古有之,众所周知的“田忌赛马”就是运用统筹思想的典型事例。在中国近代史资料记载中就已提到“统筹”,如《太平天国·史致谔档案》中曾指出:“职道每与善后筹饷各局员绅统筹出入,未尝不叹措手之难。”《清史稿·穆宗纪一》也曾说道:“谕曾国藩统筹江北军务。”这些史料记载表明,在我国“统筹”概念由来已久。

由此可见,“统筹”思想可谓贯穿中国政治经济文化的发展历史,是众多思想的根源之一。尽管一些古代文献均提及“统筹”,但是均未明确给“统筹”下定义。那么,“统筹”究竟是何含义呢?关于“统筹”的定义,《辞海》作了如下解释:“统:从全面出发;筹:计谋、谋划;统筹:通盘筹划。”“统筹”最根本的含义在于着眼于全局,一切从整体出发,全面地谋划。统筹可以说是一种重要的思想和方法。它是指人们在筹划和解决具体社会实践问题时,为使之得以顺利进行,必须考虑如何合理安排,设计各个环节和步骤,对社会实践活动进行科学组织的一种过程。① 具体而言,"统筹"内涵包括以下几个方面:

第一,统筹具有全面性。全面性也可称为整体性、系统性,指考虑某个事件或某一事物要站在全局的角度,将其置于一定的社会现实背景之下,分清主次矛盾、矛盾的主次方面,明确重点和非重点,进行全方位的综合筹划。统筹的全面性要求将事物置于同一个大系统之中,打破固有制度的束缚,将其视为同一个整体,在把握事物发展状况和事物之间关系的基础上将相关的事物看作一个整体进行通盘考虑和谋划,并且要注意事物之间的联系与区别,将其出现的问题及其相互关系综合分析,系统解决。这意味着从主体、客体到方式、制度、原则、目标等诸统筹设计都要全面兼顾和协调。

第二,统筹具有合理性。"合理性"的具体含义是因事而异、因时而异的。一般而言,"合理性"中的"理"是指符合社会整体发展趋势之理,符合社会成员发展需要之理。统筹的基础(抑或前提)是适应经济发展和社会进步的客观需要,符合最广大人民的根本需求,而不能脱离时代、供给需求进行凭空臆想猜测。这就需对事物进行清楚的定位,不能孤立地看待事物的发展。

第三,统筹具有长期性。统筹思想的实施并不是一蹴而就、一瞬即成的,它是整体布局的持续发展过程。长期性,从另一层面来说,就是阶段性、层次性。正是由于统筹的长期性,要求对事物的发展进行分步推进,要确定近期、中期、远期目标,逐步实施、分步计划、稳步推进。从深层来看,统筹的过程包括了五个步骤:统一筹测(预测)、统一筹划(谋划)、统筹安排(实施)、统一运筹(指导)、统筹兼顾(掌控)。

第四,统筹具有协调性。这里的协调性,主要指正确处理事物之间的联系与区别。简而言之,就是不能搞"一刀切"。这就要求不能固定思维式地、僵化地用同一种方式对待所有的事物,要在可持续性发展的指导思想下,根据事物自身状况与所处环境实际情况,采取因地制宜、具体问题具体分析的方式,创新探索最佳模式,最终实现优势互补、特色发展、整体提升。协调性要注意各个事物之间并不是完全对立、非此即彼的关系,而是共生互动的关系;不是要"削峰填谷",而是要"造峰扬谷";不是要以牺牲某一方的利益为代价,而是取长补短、互帮互助、共同发展,做到物尽其用和人尽其才,达到"相持而长"

---

① 参见郝良玉:《城镇化进程中我国城乡基础教育统筹问题研究》,延安大学2010年硕士学位论文,第9页。

的协调状态。

(二)城乡教育资源

1. 城乡划分

要理解城乡教育资源的内涵,首先要明确城乡的划分,即城市和农村的界限与关系。城市与农村都是人类赖以活动、生存和发展的空间实体,它们是作为一种非均质的政治、经济、文化空间而存在的。[①] 城市与农村有着最本然的联系,城市从农村中孕育而生,并且逐渐地发展壮大。理解"城乡是什么"是统筹城乡教育发展的铺垫。那么城乡到底指什么呢?似乎这个问题在大多数人眼里不言而喻,从外貌言谈来看,答案就可呼之欲出。但是,本书所研究的城乡并不是如此表面的臆测。

根据《现代汉语大辞典》的解释,所谓"城市",就是"人口集中、工商业发达、居民以非农业人口为主的地区,通常是周围地区的政治、经济、文化中心"。[②] 城市是一个非常复杂的系统,它是一个由各种自然和人文因素结合而成的地理空间、政治、经济、文化相互交融的整体。不同的学科从不同的角度对于何为"城市"给出了各自的理解:第一,从地理学的角度来看,地理学是对"城市"进行界定的最早的学科,它从居民职业以及人口规模两个方面来定义。首先,城市是以非农业人口为主的;其次,城市必须是有一定人口规模的居民聚居地,并形成一种相对永久的大型聚落。第二,从城市经济学的角度来看,城市经济学主要强调城市的经济活动,它认为城市是坐落在一个有限空间内的各种经济市场,是各种市场经济活动因素在地理上大规模集中的结果,这些活动因素相互交织并与外界相互联系形成一个网状的系统。第三,从城市社会学的角度来看,城市社会学认为城市是人类生存的一种特殊的社区,具有特定的区域,它拥有共同的文化理念,是由从事非农业劳动的密集人口组成的。尽管这三个角度对于城市的定义不完全相同,但无不隐含了城市的特征,即聚集性、非农业性、异质性。

农村也称"乡村",指"主要从事农业、人口分布较城镇分散的地方"。[③] 一般认为,农村的特点主要为从事农业生产,人口密度低,聚居规模小,社会结

---

① 参见杨卫安:《我国城乡教育关系制度的变迁研究》,东北师范大学2010年博士学位论文,第19页。

② 中国社会科学院语言研究所词典编辑室编:《现代汉语词典》(第5版),商务印书馆2005年版,第176页。

③ 同上书,第1482页。

构和居民生活方式简单等,这些特点恰恰与城镇相反。

参照全世界范围内的城乡划分,主要采取以下几种标准:第一,单纯以某级行政中心所在地为标准。这类标准有明确的参照,采取这种标准的以拉丁美洲地区的国家为代表。第二,单纯以景观特征为标准。这些景观特征主要是指公共和市政服务设施,如自来水及天然气管道、污水排放管道、路灯、道路、桥梁、隧道、广场等。第三,单纯以居民点人口数量或人口密度划分城乡。除了单纯采用一种标准来划分城乡外,还有很多国家综合其中的任意两点或三点共同作为城乡划分的标准。

我国在吸收各国城乡划分经验的基础上对城乡划分标准做出了新的解释,具体标准体现在2008年发布的《关于统计上划分城乡的规定》中。该规定涉及两个城乡空间的划分标准:一是行政区标准,即凡设有居民委员会的地域即为城镇区域;二是城市景观标准,即城市公共设施、居住设施等连接到的地域,无论是全部连接还是部分连接的地域均属城区范畴。我国对于城乡结构是从城乡二元对立的模式向城乡一体化建设逐渐过渡的,实现城乡一体化发展是国家的最终目标。然而在城乡教育发展差距过大的现状下,明确城乡划分,有针对性地增加农村教育薄弱地区的经费和师资资源,对症下药,有助于更好地平衡城乡教育之间的关系。

可见,城市与农村主要采用的是地域划分法。但是,此时出现了一个比较特殊的行政区域"县",对于其属于城市还是农村存在一些争议。就本书的研究对象而言,城乡的范围遵从行政区划的规定,"城"指城市而非城镇,是指包括县城及以上的城市型聚落;"乡"则与农村等同,是指城市之外的县级以下的人口聚落空间,包括乡、镇、村。①

鉴于上述对城乡的划分,显而易见的是,城市教育是指在县城及以上城市型区域所采取的教育,农村教育是在县级以下的区域,包括乡、镇、村所采取的教育。

2. 教育类型

我国的教育体制分为基础教育、高等教育、职业教育以及继续教育。基础教育,是指初中以前(含初中)的所有教育形式。高等教育,是指在中等教育的基础之上进行的专业教育,是培养高级专门人才的社会活动。职业教育,是指为使受教育者获取某种职业技能或知识、培养良好的职业道德,从而满足从

---

① 参见黄坤明著:《城乡一体化路径演进研究》,科学出版社2009年版,第18~19页。

事一定社会生产劳动的需要而进行的教育活动,职业教育亦称职业技术教育。继续教育,是指脱离正规教育,已参加工作和负有成人教育责任的人所接受的各种各样的教育。这四种教育类型在广度和深度上的影响是依次递减的,其中,基础教育是我国教育体制的基础,也是农村地区教育的重要内容,其在城乡之间的发展无疑对统筹城乡教育起着至关重要的作用。调查发现,在高等教育入学方面,接受农村基础教育的学生进入重点大学的比例不断下降,城市学生进入重点大学的机会更多,在高校扩招后,农村学生进入高校的比例虽然增大,但主要分布在非重点的普通高校。① 教育本是缩小城乡差距的重要途径,然而由于城乡间基础教育的不平等,城乡学生间受教育情况的差距越来越大。

《国家中长期教育改革和发展规划纲要(2010—2020年)》早就明确要求"建立城乡一体化义务教育发展机制,在财政拨款、学校建设、教师配置等方面向农村倾斜。率先在县(区)域内实现城乡均衡发展,逐步在更大范围内推进"。因此,关注城乡教育发展应首先从基础教育入手,将其作为重点关注对象。下文对统筹城乡发展的论述,即以基础教育重中之重的义务教育为重点。

3. 城乡教育资源

"资源",一般是指在一定时期、一定地点和一定条件下,能够产生经济价值,以提高人类当前和未来福利的自然因素和条件。其可以理解为能够创造物质财富和精神财富的各种投入性保障的总和。而所谓"城乡教育资源",是指在城市和农村能够提高人们文化水平,产生经济价值的所有相关的物质和精神方面的投入。具体而言,城乡教育资源表现在多个方面,主要包括以下几点:

第一,教育设施资源。教育设施资源是教育资源最基本的一项。教育设施资源主要是学校的基本教学设施、办学条件。主要分为两类:第一类是硬件教学设施。硬件教学设施是学校最基本的教学设施,其包括学校的教学楼及教室,教室内所配备的桌椅、黑板、照明设施、电扇、空调,以及投影仪、电脑等现代化电教设备;促进学生多方面发展的文体教学辅助设施,如各种音乐器材的训练室、美术室,便于运动的篮球场、足球场、网球场、乒乓球室等;供学生用餐的多种类餐厅、食堂及便于休息的宿舍。第二类则是软件教学设施,主要是指学校各机构设置,如学生会、文艺部、生活部、教务处、德育处、印刷室,以及

---

① 参见杨东平著:《中国教育公平的理想与现实》,北京大学出版社2006年版,第204页。

图书资料、影像资料、课件等。

第二，教育经费资源。一个国家对教育所投入的经费是教育可持续发展的基础，要促进城乡教育发展，国家的经费投入不可或缺。国家教育经费的分配公平与否，直接决定着教育能否均衡发展，并最终影响城乡一体化进程，因此，统筹城乡教育经费资源有重大意义。社会公平分为起点公平、过程公平和结果公平。[①] 教育公平属于起点公平，由于教育是提升个人能力及综合素质的源头，也是最有力的途径，一个人是否接受了教育以及多大程度上接受了教育，对于其日后的经济条件、社会地位会产生重大的影响。如今，城乡二元对立的模式造成了农村与城市经济、文化等方面的巨大差异，如果对城乡教育经费资源进行合理统筹，促进农村与城市教育的和谐发展，对于从源头上减少城乡差距会产生重要影响。然而如果不注重城乡教育公平即起点公平，忽视农村与城市教育的差距，无疑会使农村与城市学生之间的鸿沟越来越大，农村与城市的对立也会越来越严重。教育经费分配公平是实现教育公平的物质基础，因此不仅要对小学生、初中生、高中生等经费进行具体的合理配置，使之成为教育又好又快发展的催化剂，更要对不同地区的各个阶段的教育经费投入进行恰当分配，使教育经费资源的配置有的放矢，最大限度地发挥作用。

第三，教育师资资源。教师是人类灵魂的工程师。教师负有传道授业解惑的任务，其在很大程度上决定着教育发展的程度。师资力量是决定教育发展水平高低的最重要因素之一。教师在教育教学活动中往往起主导作用，对教育教学有着直接的、重要的，甚至可以说是决定性的影响。具体而言，师资资源包括：教师自身的学历、教师的个人文化素质、教师的专业能力、教师自身的继续教育情况、教师的职业精神和职业道德等。这主要是从教师自身的各方面素质进行考虑。此外，还包括教师自身的待遇状况，如教师的工资、个人福利、补贴、其他收入等。

以上谈及的三点是较为典型的教育资源，但是也不尽然。除此之外，学校自身的办学理念、学校本身的价值观念、学生对学校的认同感、学校的规章制度、学校对课程的设置、学校所培养的学生等，都是教育资源的一部分。

---

① 参见李淼：《和谐社会视阈下的城乡二元结构基础教育公平问题研究》，南京航空航天大学2011年博士学位论文，第20页。

(三)城乡教育发展

城市和农村是人类所处的两种不同的空间区域,尽管两者之间的联系一直存在,但是在很长一段时间内,城市和乡村又是相对封闭、各自独立的,这也就导致了生活在这两个不同部落的人们所处的生活环境大相径庭。因此,在长期的生产、生活实践当中,城市与乡村形成了两种截然不同的文明,在物质、精神、制度层面均有所差别,这两种文明有可能产生碰撞,也有可能相互融合。[①] 其对城乡教育发展有重要影响。

城乡关系是广泛存在于城市和农村之间的一种相互依存、相互融合的互动关系。城乡关系的发展演变与社会生产力发展程度、发展水平紧密相关,在现代社会分工越来越细,资源配置的市场化趋势起来越起主导作用的态势下,城乡间存在密切的依赖性和深刻的渗透性,离开了一方的支持和依托,另一方的运行和发展是不可能的,至少是很困难的。[②] 可以说,城市和农村是支撑中国教育变革与发展的两个支点。城乡教育发展并不是割裂的城市和农村教育发展,而是在注重城乡统筹发展的社会大背景之下的注重城市与乡村的联系与区别基础上的共同发展。百年大计,教育为本。要真正促进教育事业的腾飞,就必须权衡城市教育与农村教育发展的关系。具体而言,主要包括以下几个方面:

第一,城乡教育互动发展。城市与农村并不是两个孤立对立的个体。我们不能简单地从缩小城乡差距方面考虑,也不能局限于地域或时代范畴,而是要通过城乡的相互作用最终形成全体居民平等共享人类文明、发展成果的城乡融合、协调的社会结构。[③] 加强城乡教育之间的相互交流、密切联系、深入沟通是城乡教育发展的应有之义,建立互帮互助、互惠互利的城乡教育关系更是统筹城乡教育发展的内在要求。2015 年发布的《重庆市中长期城乡教育改革和发展规划纲要》指出要建立以城带乡良性互动机制。建立健全“一圈”带动“两翼”教育发展机制,“一圈”区县对口支援“两翼”区县(自治县)教育,促进区域教育优势互补、共同发展。建立健全城市带动农村教育发展机制,主城

① 参见马军显:《城乡关系:从二元分割到一体化发展》,中共中央党校 2008 年博士学位论文,第 12 ~ 13 页。

② 参见向泽映:《重庆城乡文化产业统筹发展模式及分区策略研究》,西南大学 2008 年博士学位论文,第 28 页。

③ 参见李冰:《二元经济结构理论与中国城乡一体化发展研究》,西北大学 2010 年博士学位论文,第 15 页。

区对口帮扶农村区县(自治县)教育,城镇对口帮扶乡村教育,推动城乡教育互帮互学,合作共进。建立健全“强校”带动“弱校”发展机制,推行和完善城乡学校“千校牵手”“结对帮扶”“捆绑发展”“名校集团”等办学模式,探索城乡学校共同发展途径。其实质为:一方面,城市凭借其优越的教育资源辐射带动农村教育的发展;另一方面,农村加强自身教育发展并给予城市支持,最终形成以城带乡、以乡促城、城乡互动的格局,使城乡教育资源要素形成全方位、多层次的合作。根据城乡各地区的实际情况,准确定位城市与农村,形成强大的城乡教育动力互补机制,变城市教育为“要我参与”到“我要参与”,促农村教育从“被动参与”到“自主参与”,强化城市教育与农村教育各自的主体积极性,从而最终建立起可持续的城乡教育互动链,力求互利共赢、相得益彰。

第二,城乡教育均衡发展。均衡发展是现代教育的核心要求,也是社会发展的必然趋势。“教育均衡发展,就是在教育公平、教育平等原则的支配下,国家制定的有关基础教育法律、法规和政策,各级政府和教育部门制定的有关基础教育法规、政策,都要体现教育均衡发展的基本思想,不同地区之间、城乡之间、学校之间、群体之间的基础教育资源,必须均衡配置;各级学校和教育机构,在具体教育活动和教学活动中,要为每一个受教育者提供均衡的教育和发展机会。”①

均衡发展可谓是一种交融性的协调发展,其关键在于推动整个教育体系的前进。但是,均衡发展并不是一样化发展。所谓城乡教育一样化,从根本上来说是一种单一的非此即彼的文化认同,它不仅是对城乡教育一体化精神内核的曲解,更是特色学校建设背景下对我国教育发展理念的反叛。② 均衡发展并不是城乡的“低层次平衡发展”和“平均主义”,而是在保留城乡各自特点的基础上,创造平等统一的新型城乡关系。它更不是要限制城市教育发展,而是实现城乡教育共同发展,要在积极发展中相互促进,在互帮互促中不断实现高位均衡。从其本质上来说,就是要求以客观的态度和可持续的眼光合理配置城乡教育资源,达到教育需求与教育供给的相对均衡。

第三,城乡教育特色发展。城市作为现代经济的主体,在经济发展、信息资源、政治环境、现代工业以及生活设施等方面与农村相比有着天然的优越

---

① 黄志坚:《谈基础教育的均衡发展》,载《青年教师》2007 年第 8 期。

② 参见凡勇昆、邬志辉:《试论城乡教育一体化的理论内涵及其政策意义》,载 2009 年教育部“新世纪优秀人才支持计划”项目《城乡教育一体化的政策设计研究》,第 192 页。

性，城市的教育文化也在一定程度上代表着现代化发展的方向。然而农村本身所特有的乡土风情、民俗传统、自然环境，以及睦邻友好的淳朴习性，也是城市所缺乏的。因此，所谓的教育城市化和教育乡土化都略显武断，这种典型的文化中心主义是自我的、割裂的、独断的，城乡的差别正是它们的特色所在，是一定区域多样性的表现。① 因此城乡教育发展的目标，正是要把城乡的多样性融合起来，促进双方教育的和谐发展，逐渐缩小城乡教育发展的差距。

城乡教育发展绝不是变相进行农村教育的城市化，更不等同于直接消灭农村教育。农村教育与城市教育仅存在区域的差别，它们各有自己的特点，并无任何价值优劣之分。那么，我们应该如何促进城乡教育特色发展呢？首先，城乡教育文化应互相包容。费孝通先生的“文化自觉”给予了我们一个很好的引导。“文化自觉”是一个艰巨的过程，需要深刻认识“我者”的文化，理解周遭“他者”的文化，并和其他文化一起，取长补短，最终建立一个有共同认可的基本秩序和一套各种文化能和平共处、各抒所长、联手发展的共处守则。② 具体而言，文化自觉要求城乡教育不仅要熟悉乡土文化的来历、形成过程、所具有的特色和它发展的趋向，而且还要全面正确地理解城市文化全貌；不仅要了解乡土文化的传统优势，而且还要正视和披露存在于其内部的局限性，即充分认识乡土文化和城市文化以及农村文化内部的文化差异，从而实现城乡教育“各美其美，美人之美，美美与共，天下大同”的愿望。③ 其次，实现城乡“获知”与“实践”的观念融合。传统意义上的城市教育整体发展模版是以单纯“获知”为目标导向的，同时城市教育又被认为是现代性教育的唯一路径，因此农村教育的战略设计方向也必然与城市教育同质。尽管城市教育自身存在诸多诟病，难道农村就不能通过符合自身特色的发展实现现代化教育吗？中国历来讲求知行合一，以“获知”为导向的城市教育难免会出现“实践”缺位的尴尬，农村教育存在天然的资源劣势，特别是在当前信息爆炸时代，由于城市学生的信息获取快速而便捷，使农村学生的“获知”与城市学生相形见绌。所以，必须将以“获知”为导向的城市教育与有“实践”优势的农村教育相结合，实现深层次的实质互动，在《国家中长期教育改革和发展规划纲要(2010—

① 参见田美荣、高吉喜：《城乡统筹发展内涵及评价指标体系建立研究》，载《中国发展》2009 年第 4 期。

② 参见费孝通：《反思，对话，文化自觉》，载《北京大学学报》1997 年第 3 期。

③ 参见凡勇昆、邬志辉：《试论城乡教育一体化的理论内涵及其政策意义》，载 2009 年教育部“新世纪优秀人才支持计划”项目《城乡教育一体化的政策设计研究》，第 193 页。

2020年)》的精神指导下积极探索实施差异教学、差异考试,改变统一标准、统一目标、统一形式、统一教材的教学模式,增加实践性教学,实现城乡学校环境重建工程,改变城乡学校教师统一规格、统一摆设的状况。在城乡教育的方式上,应当更加凸显学思结合、知行统一、城乡特色、因材施教的培育原则。

(四)统筹城乡教育发展

统筹城乡教育发展是统筹城乡社会发展的重要内容,其本质是通过通盘筹划城乡教育战略、布局规划、结构调整、发展政策等手段,促进城乡教育资源要素的合理流动和优化配置,不断增强城市教育对农村教育的带动作用和农村教育对城市教育的促进作用,缩小城乡教育差距,使城乡共享文化大发展、共繁荣。

统筹城乡教育发展是对城乡一体化理论的延伸,但是统筹城乡教育发展与城乡一体化仍有较大差别。城乡一体化和统筹城乡教育发展,都是把城市与农村的教育发展作为一个整体进行考虑,但城乡一体化更多的是被作为一种长期奋斗的目标导向,其强调的是城乡融合的效果,而统筹城乡教育发展则主要是一种指导理念、实施手段,是用统筹的理念来指导教育发展的实践,更进一步强调的是过程。

因此,统筹城乡教育发展就是在新型的城乡关系之下,在注重教育公平和教育质量的基础之上,政府、教育部门及学校等主体在城乡教育发展问题上,积极构建城乡教育沟通和交流渠道,实施向农村倾斜的教育政策,从而有步骤、分阶段地促进城乡教育均衡发展和城乡教育质量稳步提升,并最终实现城乡教育整体协调发展。这既是一个动态化的发展过程,也是一个延展性的长期目标。

统筹城乡教育发展是一项系统工程,涉及方方面面,主要包括以下几个方面:

第一,注重整体规划。注重整体规划就是在制订教育产业发展计划、确定财政分配格局、研究教育政策的时候,"不要就农村说农村,就城市说城市,要改变'城乡两策,重城抑乡'的思路,从城乡各自的小循环、小系统走向城乡统一的大循环、大系统,树立城乡一盘棋的总体思想,发挥城市辐射带动优势和城乡之间的关联优势,使城乡资源共享,共赢共荣"。①

我们在规划教育发展时,要把城市教育和农村教育作为一个整体,突破城

① 李广舜:《国内外城乡经济协调发展研究成果综述》,载《地方财政研究》2006年第2期。

乡二元分割的现状束缚，由各级政府、各个部门在其范围内统筹谋划城乡教育发展，统筹实施城乡教育政策，统筹配置城乡教育资源，统筹指挥城乡教育路线。要改变优质教育要素资源单一"向城性"流动的格局，实施向农村倾斜的教育政策，逐步缩小城乡教育差距，实现城乡教育高质量、有效率的均衡与可持续发展。①

统筹城乡教育发展是一个渐进的动态发展过程，也可以理解为教育发展的一种理念和方式，在不同的时期和环境下蕴含不同的主题，并且统筹城乡教育发展是城乡互动发展过程，是双向而非单向，是要最终达到城乡融合的结果。因此，在城乡教育发展过程中，应当避免和校正"城市偏向"，树立整体规划的指导思想，将城市与农村有机结合起来，推行城乡教育平等的发展战略，避免陷入城市教育问题频出而农村教育衰落萧条的两难困境。

第二，向农村教育倾斜。《国家教育事业发展"十一五"规划纲要》发展思路中提出："以协调发展为主线。分区规划，分类指导，优化教育结构，完善教育体系，提高教育质量和效益，坚持公共教育资源向农村、中西部地区、贫困地区、边疆地区、民族地区倾斜，国家财政新增教育经费主要用于农村，逐步缩小城乡、区域教育发展差距，推动公共教育协调发展。"这一发展思路正是体现了我国教育向农村倾斜的政策。《国家中长期教育改革发展规划纲要(2010—2020年)》中也强调了这一点："把促进公平作为国家基本教育政策。教育公平是社会公平的重要基础。教育公平的基本要求是保障公民依法享有受教育的权利，关键是机会公平，重点是促进义务教育均衡发展和扶持困难群体，根本措施是合理配置教育资源，向农村地区、边远贫困地区和民族地区倾斜，加快缩小教育差距。"这意味着在统筹城乡教育发展的过程中，应该以农村教育为重心，着重研究向农村教育倾斜的范围和程度，探求向弱势群体倾斜教育政策的具体实施方式，创新农村教育发展的制度规模，以达到实质上缩小城乡教育差距，并最终实现城乡教育互动融合的发展目标。

这一倾斜性的政策是基于目前我国农村教育薄弱的现状而应时提出的。基于历史上形成的城乡二元结构，我国教育在一定程度上具有"以城市为中心"的价值取向和政策导向。因此，我国农村教育一直处于国家教育的边缘，农村教育相较于城市教育有着相当大的差距。为此，要毫不动摇地坚持农村

---

① 参见邬志辉：《当前我国城乡义务教育一体化发展的核心问题探讨》，首届中国农村教育论坛论文，三河，2011年5月，第40~46页。

教育"重中之重"的地位,认真贯彻"以城带乡、以乡促城、城乡联动、共同发展"的方针,转变"以城市为中心"的办学思维和办学导向,坚持统筹城乡教育发展。要坚持公共教育资源向农村倾斜,在通盘考虑教育公共服务城乡共进的基础之上,进一步补足农村教育资源,逐步改变农村教育的弱势地位。具体而言,要实现以下倾斜:一是教育经费向农村倾斜,努力践行新增教育经费主要用于农村的战略举措;二是教师资源向农村倾斜,逐步提升农村教师的综合素质;三是设备设施向农村倾斜,改变农村的硬件条件;四是评优、评先、评职称向农村教师和支教教师倾斜,吸引骨干教师到薄弱学校任教。①

第三,提升城市教育带动力。美国城市学家芒福德指出:"城与乡,不能截然分开;城与乡,同等重要;城与乡,应该有机地结合起来。如果要问城市与乡村哪一个更重要的话,应当说自然环境比人工环境更重要。"②这说明城市与农村是相关联的两部分,不能随意地割断两者之间的联系。由于农村教育目前所处的"弱势地位",当前国家的教育重心更多的是赋予农村教育。但是,这并不意味着城市教育不甚重要,也不意味着要弃城市教育而扬农村教育。

城乡教育统筹发展绝不单纯等同于只重视农村教育发展,脱离城市而一味强调农村教育水平的提升,并不是统筹城乡教育发展的题中之意。城市教育带动和反哺农村教育,并不意味着要以牺牲城市教育发展的速度与质量而为之,相反,只有进一步强化城市教育发展的能力,才能够可持续地带动农村教育的发展。当然,这里的带动绝不是城市教育对农村教育的个性同化,从而导致"泛城市化"的教育发展误区。③ 因此,要促进农村教育的可持续发展,就要坚持发展城市教育,提升城市教育对农村教育的辐射和带动作用,最终促进城乡教育的统筹发展。统筹城乡教育发展,必须要站得高——站在整体的角度,要看得远——看得全面、系统。具体来说,要清楚地定位城市教育和农村教育,把握好两者之间天然的联系,在不断发展城市教育的同时,倾斜性地给

---

① 参见张金英:《城乡教育一体化的动力机制及战略研究》,天津大学管理学院2010年博士学位论文,第95~96页。

② [美]刘易斯·芒福德著:《城市发展史:起源、演变与前景》,宋俊、倪文彦译,人民出版社1996年版,第66页。

③ 参见李涛、邬志辉:《2000~2020年:国家统筹城乡教育改革与发展中的"重庆模式"建构——"国家统筹城乡教育综合改革试验区"的回眸与畅想》,载国家社会科学基金项目《城乡社会统筹视野下促进西部城乡义务教育均衡发展的对策研究》,第230页。

予农村教育大力支持和激励,一方面,要促进城乡教育差距的缩小,另一方面,要使城市教育和农村教育相互促进,同发展、共进步。

二、统筹城乡教育发展的理论基础之一——正义论

(一)正义论概述

1. 对正义的一般认识

衡量一个社会的好坏,有诸多标准,如生产力发展水平、人民生活素质、社会和谐程度、社会是否公平正义等。而在这些标准中,美国著名哲学家罗尔斯倡导将正义视为其重中之重,并认为正义是所有标准之中最不可或缺的。罗尔斯指出:"正义是社会制度的首要价值,正像真理是思想体系的首要价值一样。一种理论,无论它多么精致和简洁,只要它不真实,就必须加以拒绝或修正;同样,某些法律和制度,不管它们如何有效率和有条理,只要它们不正义,就必须加以改造或废除……作为人类活动的首要价值,真理和正义是决不妥协的。"①

人是社会的人,人不可能脱离社会而存在,而人与人之间随着社会的发展与相处必然会产生一定的利益冲突,这就需要规制利益冲突,而规制的原则必然矗立在正义之上才能屹立不倒。诚如罗尔斯所言:一个社会,当它不仅被设计得旨在推进它成员的利益,而且也有效地受着一种公开的正义观管理时,它就是组织良好的社会。它是一个这样的社会,在那里:(1)每个人都接受、也知道别人接受同样的正义原则;(2)基本的社会制度普遍地满足、也普遍为人所知地满足这些原则。

那么正义到底是什么呢?美国著名法理学家E. 博登海默认为:"正义是一张普洛透斯似的脸,变化无常,随时可呈现不同形状,并具有极不相同的面貌。"②苏格拉底将德性、理性与正义结合在一起,认为一个公民只有遵守法律才是正义的。柏拉图继承并发展了苏格拉底的正义观,他认为正义应是一种人类美德的道德原则。在国家生活中,每个人都做自己的工作,体现为各行其是,各取其份,即"正义存在于社会有机体各个部分间的和谐关系之中"。亚

---

① [美]罗尔斯著:《正义论》,何怀宏、何包钢、廖申白译,中国社会科学出版社1988年版,第3~4页。

② [美]E. 博登海默著:《法理学——法哲学及其方法》,邓正来译,中国政法大学出版社2004年版,第261页。

里士多德把正义分为普遍的正义和特殊的正义。普遍的正义规定:“个人在团体内应尽的义务,对每个人的要求是同一的,是为了实现最高的道德理想。”①特殊的正义又分为分配的正义和矫正的正义。分配的正义,是指“用正义的观点去看待城邦政治生活和财产分配中的棘手问题,将一个人应得的东西与他的贡献相联系。”②

总之,何为正义,至今尚无一个为大家普遍接受的定义。不同的时代不同的思想家和哲学家,对其理解都大不相同。在研究正义的众多思想理论中,罗尔斯的《正义论》可谓是最为深入、最为体系化的。《正义论》从公平正义入手,论证了自由与公平、个人与国家、机会与结果等广泛的社会政治问题,试图为社会的发展提供一种正义的方式,以使正义理想转化为正义现实。《正义论》以公平思想为核心,主要处理的是有关分配正义的社会现实,这对解决我国政治经济发展过程中遇到的公平、正义问题都具有重要的指导意义。

2. 罗尔斯的《正义论》

罗尔斯对正义原则的表达是:“所有的社会基本善——自由和机会、收入和财富及自尊的基础——都应被平等地分配,除非对一些或所有社会基本善的一种不平等分配有利于最不利者。”③其将正义表述为两个原则:“第一个原则:每个人对与所有人所拥有的最广泛平等的基本自由体系相容的类似自由体系都应有一种平等的权利。第二个原则:社会和经济的不平等应这样安排,使它们在与正义的储存原则一致的情况下,适合于最少受惠者的最大利益;并且,依系于在机会公平、平等的条件下的职务和地位向所有人开放。”④

具体而言,罗尔斯的正义两大原则是指:

其一,平等自由原则。罗尔斯强调基本平等自由平等地适用于每一个人,无论其种族、性别、宗教、财产、民族背景和意识形态信念等因素。这一原则主要是保障个人平等自由的基本权利。此处的平等自由并不是单指某种特定的自由,而是由一系列基本自由组成,包含政治选举自由、言论自由、集会自由、良心自由和思想自由等。罗尔斯说:“纵观整个民主思想的历史,所关注的焦点一直是获得某些具体的权利和自由,以及具体的宪法保障。例如,存在于各

① 鄂振辉著:《自然法学》,法律出版社2005年版,第35页。

② 张乃根著:《西方法哲学史纲》,中国政法大学出版社2002年版,第46页。

③ [美]罗尔斯著:《正义论》,何怀宏、何包钢、瘳申白译,中国社会科学出版社1988年版,第303页。

④ 同上。

种权利法案和人权宣言中的具体权利、自由和宪法保障。作为公平的正义遵循的正是这种传统思想。”①

其二,差别对待原则。差别对待原则其实包括两层含义:一是公平的机会平等原则。其意味着:“社会地位和经济利益的不平等必须依附于地位和职务向所有人开放的条件。”②机会平等原则是在第一原则(平等自由原则)实现的基础上提出的,这意味着:基于所有人都享有平等自由的情形下,所有地位和职务向人们开放。在此,“权利是平等的,只要严格遵循了地位开放原则,至于结果如何,机会是否能够同等地为人所利用,则任其自然”。③ 机会的公平平等原则主要是排除社会些许偶然因素的影响,使具有相同或者类似才能的人的天赋的发挥不再因其社会出身等因素而受到阻碍。二是差别原则。差别原则表达了一种互惠的理念,这是于双方或行为各方都有利的一项原则。差别原则意味着任何社会和经济的不平等,除了赋予机会的公平平等之外,还必须对所有人都有利。正因为人在才能、天赋、个性等各方面都有所不同,即便是在同一个起跑线上,一旦启动,就会自然而然地出现差距。因此,需要一种原则来消除这些因出生或天赋而带来的不平等,这就是差别原则。差别原则可以说是提供了一个公平的前提条件,在这一前提之下,那些因出生和天赋而有所不同的人将会在一个相对均衡的环境下进行合作发展。因此,差别原则不仅对社会不利者有利,对社会有利者也有利。

罗尔斯的第一个正义原则把自由提到一个理想的高度,主张基本自由优先于其他;第二个原则初看起来是不平等的原则,然而它是在一定的限制条件下允许不平等存在,在另一层面上恰恰体现了一种平等主义,最终有利于所有的人。

(二)正义对统筹城乡教育发展的要求

在城乡统筹发展中,教育是城乡统筹的文化基础和智力基础。统筹城乡教育公平发展,使城乡公民有一个公平的发展前提,是社会主义和谐社会建设的必要条件。因此,要实现正义,必然要求统筹发展城乡教育。将罗尔斯《正义论》中的平等原则和差别原则与统筹城乡教育发展相衔接,对统筹城乡教育发展提出了以下几点要求:

---

① [美]罗尔斯著:《作为公平的正义》,姚大志译,上海三联书店2002年版,第72~73页。

② 彭燕:《罗尔斯〈正义论〉思想的研究与批判》,扬州大学2006年硕士学位论文,第14页。

③ 同上。

1. 平等原则的要求

城乡教育的平等原则意味着城市和农村每个人都享有接受各种教育的自由权利和机会。这里面又包含两层含义：

一是指每个人都具有平等的受教育权，即在教育面前人人平等。从罗尔斯对正义的理解中可知，受教育权是每个公民的基本权利，政府应当给予他们平等的受教育机会，以保证其平等的受教育权利。受教育的权利不应受人们的出身和天赋才能条件的制约。罗尔斯把教育资源当作普通的公共财富进行对待。他认为只要是公共的、社会成员合作的产物，每个人都应当有机会拥有，都有获得它的平等条件。受教育权平等是社会平等和正义的内在要求。受教育权平等摒除了基于个人的身份、民族、性别、家庭等附加条件的限制，体现了社会对所有受教育者的不偏袒性和非歧视性。

二是指每个公民都具有平等的受教育机会。教育虽然不能保证每个人成功，但必须保证每个人都拥有平等的成功机会。机会也是社会资源之一，因此受教育的机会就应当向所有人开放。“获得文化知识和技能的机会不应当依赖于一个人的阶级地位，所以，学校体系（无论公立还是私立学校）都应当设计得有助于填平阶级之间的沟壑。”①机会平等是在权利平等的基础之上提出的，它保证社会成员有平等的受教育的机遇，它要求社会提供的教育发展和享受的机会对于每一个受教育者都始终均等。无论是在教育的初始阶段还是在教育参与过程之中的各个阶段，国家都应当对每一个受教育者提供同等的帮助、同样的尊重。此处的机会平等可以从两个方面理解，即入学机会平等和存留平等。“入学机会平等是指人们接受教育权利的平等；存留平等是指人们在学校教育过程中接受教育以达到特定教育程度的成功教育机会平等。”②

所以，平等原则要求国家给予城乡学生平等的受教育权，并为学生提供平等的受教育机会和条件，使其享受平等的教育资源，确保城乡每一个受教育者在教育起点、教育条件方面的无差别对待。

2. 差别原则的要求

所谓差别原则，是指“在平等满足公民应得教育后，教育分配应根据城乡公民各自的具体情况而有差别地分配，以实现其最有利的发展，产生教育公平

---

① 张金英：《城乡教育一体化的动力机制及战略研究》，天津大学管理学院2010年博士学位论文，第28页。

② 褚宏启、杨海燕：《教育公平的原则及其政策含义》，载《教育研究》2008年第1期。

最佳力量的原则”。[①] 按照这一原则，既要考虑到给优秀的受教育的“有利者”提供合理的优质教育，又要照顾到弱势受教育的“不利者”，给予其倾斜和补偿，以最终实现公平发展。这正是彰显了正义的主题，更是本书的宗旨“统筹”的意义所在。

统筹城乡教育发展，要科学合理地统筹分配教育资源，要让城乡学校每个学生都能公平享受教育资源。教育资源配置的差异原则是要求根据受教育者个人的具体境况区别对待，它反映的是“不同情况不同对待”的原则。平等的受教育权与受教育条件是不需要考虑个人差异所在的，而差别原则针对受教育者的先天禀赋或个人需求而进行资源分配，是统筹整体而采取的兼顾措施。不同的主体具有不同的需求，这是正义理论与统筹思想所要正视的。所以，要尊重不同区域的学生的不同选择，要提供多样化的教育资源让学生能够真正发挥所长。提供多样化的教育资源意味着差异和不同，但是谁说这不是一种公平和正义的体现呢？从核心意义上来讲，让城市和农村的受教育学生的个性和天赋得到充分发展才是最公平的，也是最有效率的，更是正义的。

从人的发展的角度来看，应该以人为本，尊重不同的教育对象的能力和兴趣差异，依天性而教，使每个个体都得到充分发展。这是尊重教育规律的基本表现，也是素质教育政策的必然要求。从国家发展的角度来看，只有人人获得充分发展，人尽其才，才有利于国家教育的发展，有利于国家综合实力的提升。国家应该极力促进教育的多样化与差别化，提高教育服务的丰富性和可选择性，让学生拥有更多的教育选择的自由，让学生获得更多的发展可能性。差异原则的本质在于否定教育过程（教育类型、教学方式、教课内容等）的整齐划一，它要求教育过程的丰富和多样，以满足不同学生的不同需要。差别原则正视城乡学生的差异性，放弃对教育同质性同样化的追求。它既主张人人都受教育（体现平等原则），又主张人人都受适当的教育（体现差异原则）。

差异性原则，意味着由于因材施教所导致的学生所享有的教育资源的差异性，意味着城乡教育投入、师资条件的不平等和教育资源的配置不一致等，但这种差异是公平的。这种差异是建立在城乡现实境况之上的差别性公平统筹。因此，在统筹城乡教育过程中，要承认城乡不同区域、不同学校的特点差异，尊重差异，彰显差异，鼓励城乡学校根据各自的实际情形创造性地探索有各自特色的多样性教育发展道路，最终实现特色发展、优势互补、整体提升。

---

① 褚宏启、杨海燕：《教育公平的原则及其政策含义》，载《教育研究》2008 年第 1 期。

三、统筹城乡教育发展的理论基础之二——科学发展观

(一)科学发展观的基本内涵

科学发展观,是时任中共中央总书记胡锦涛2003年7月28日在党的十七大上提出的。科学发展观是“坚持以人为本,树立全面、协调、可持续的发展观,促进经济社会和人的全面发展”,其第一要义是发展,核心是以人为本,基本要求是全面协调可持续,根本方法是统筹兼顾。科学发展观是按照“统筹城乡发展、统筹区域发展、统筹经济社会发展、统筹人与自然和谐发展、统筹国内发展和对外开放”的要求,以推进各项事业的改革和发展的一种方法论。①

科学发展观的内涵,包括政治、经济、文化、社会等各个领域,既蕴含了生产力和经济基础问题,又囊括了生产关系和上层建筑问题;既针对当前境况,又着眼长远未来;既是重大的理论问题,更是现实的实践问题。科学发展观,就是“用科学的世界观和方法论来看待和解释为什么发展、发展什么、为谁发展、靠谁发展和怎样发展的问题”。② 具言之,其包括以下两层含义:

第一,以人为本。以人为本中的“人”是指广大人民群众,“本”则强调的是价值性和目的性,即作为方向、追求目标。马克思主义认为,人是历史的主体,是社会历史的创造者,也是推动社会进步的决定性力量。“以人为本”把人作为发展的实践主体和根本动力,把人作为发展的终极价值和根本目的,切实做到依靠人、提高人、尊重人、为了人,同时牢固人在社会主义现代化建设中的作用,充分体现人的主体性和发展的前提性。③ “人”的重要性显而易见。因此,以人为本就是从人民群众的根本利益出发,谋发展、促发展,不断满足人民群众日益增长的物质文化需要,切实保障人民群众的经济、政治和文化权益,让发展的成果惠及全体人民。

“以人为本作为科学发展观的核心,不仅把人作为世界万物之存在的预设之本,突出人作为万物之灵的主体性;而且把人作为一切价值的诉求之本,突出人作为意义判断标准的主体性;还要把人作为终极关怀之本,突出人本身

---

① 参见胡锦涛:《高举中国特色社会主义伟大旗帜为夺取全面建设小康社会新胜利而奋斗——在中国共产党第十七次全国代表大会上的报告》,载《中国人大》2007年第10期。

② 江金汉主编:《科学发展观学习读本》,人民出版社2007年版,第1页。

③ 参见李莞丽:《论科学发展观的精神实质》,西南大学2009年硕士学位论文,第19页。

作为人之存在的目的性；最后，把人作为主体客体化和客体主体化的动力之本，突出人作为实践主体的能动性和创造性。”①

第二，发展。“科学发展观，是用来指导发展的，不能离开发展这个主题，离开了发展这个主题就没有意义了。”②发展是科学发展观的题中之意，主要包含全面发展、协调发展、可持续发展三个方面的意思。

全面发展，就是要以经济建设为中心，全面推进经济、政治、文化建设，实现经济发展和社会全面进步。全面，即要注重社会的各个方面，不能单单就某一方面“就事论事”，而要在考虑某一方面的时候同时注重对其他方面的关注，也就是要注重各方面的联系性，以发展性的眼光看待方方面面。

协调发展，就是要统筹城乡发展、区域发展、经济社会发展、人与自然和谐发展、国内发展和对外开放，推进生产力和生产关系、经济基础和上层建筑相协调，推进经济、政治、文化建设的各个环节、各个方面相协调。

可持续发展，就是要促进人与自然的和谐，实现经济发展和人口、资源、环境相协调，坚持走生产发展、生活富裕、生态良好的文明发展道路，保证一代接一代的永续发展。

（二）科学发展观对统筹城乡教育发展的要求

科学发展观是中国共产党的重要战略思想，是党的集体智慧的结晶，也是统筹城乡教育发展的指导思想。统筹城乡教育发展的实施状况是衡量科学发展的重要指标，在统筹城乡教育发展过程中出现的问题，必须要以科学发展观来指导解决。落实科学发展观，尊重教育发展规律，针对城乡教育发展的特色，切实加强和改进对城乡教育领域的宏观调控，促进城乡教育事业全面协调可持续发展。

根据科学发展观的内涵，深层分析科学发展观对统筹城乡教育发展所提出的要求，主要有以下几点：

第一，以人为本。科学发展观是针对我国经济社会领域中发展不科学、不和谐、不持续等问题提出的，具有强烈的时代意蕴。须知当前我国农村教育基础仍然薄弱需要加强发展，农村教育发展仍然滞后需要扶持，农村教育文化水平仍然低下需要提高。科学发展观视野下的城乡教育统筹发展，就是要求坚

---

① 李莞丽：《论科学发展观的精神实质》，西南大学2009年硕士学位论文，第19页。

② 胡锦涛：《在中央人口资源环境工作座谈会上的讲话》，载《人民日报》2004年3月11日，第1版。

持以人为本,以创造城乡教育平等参与现代化进程为轴心;坚持尊重城乡教育差异性的前提性下高效配置城乡教育资源,充分发挥城乡教育互动的辐射、渗透功能;以统筹兼顾城乡教育建设的全面、协调、可持续发展为基本要求。以人为本理念指导下统筹城乡教育发展,不仅要进行清晰的战略定位,而且要制定"为民教育"的服务思想。它要求通过市场机制和宏观调控的双重作用,达到城乡教育文化要素交融的深、广、透,实现城乡教育联动的内生、互利、互促,构建城乡教育平等、协同发展和共同繁荣的新型城乡关系,共建共享现代文明成果。以人为本也正是要求推动城乡教育的全面、平等、协调、融合、发展。科学发展观是一种平等的发展观,以人为本是尊重人和关怀人的理念。社会主义制度下城乡教育关系的处理、城乡教育关系的发展,理应建立在城乡经济、政治、文化平等的基础之上。统筹城乡教育发展的一个重要任务和要求,就是通过政府的宏观调控,尽可能保证城市与农村、市民与农民在教育过程中机会均等或起点平等,以此全面调动城乡教育发展的积极性和创造性。

我国城市居民与农村居民同是中华人民共和国的公民,只是所居住的区域地点和职业分工有所差异,而不应存在公民待遇上的优劣之别。社会主义制度下的城乡关系是建立在城乡居民根本利益一致基础上的平等关系。坚持城乡地位平等,给农村学生均衡的教育资源,城乡才能在平等的条件和平等的环境下,进行平等的文化交流。简言之,把以人为本作为统筹城乡教育发展的立足点、着眼点和基本点,即平等地对待城市的人和农村的人,以期达到均衡的教育发展。

第二,全面发展。"辩证的发展应当是系统的、全面的、保持内在各要素均衡的发展,也就是说,任何健康的发展,都应当是全面的整体的发展,而不能是片面的、畸形的、不均衡的、单一突进的发展。"①在整体的发展过程中,应当全面地兼顾到系统构成的各个要素。在全面发展观念的指引下,统筹城乡教育发展要注重的是"互动"二字。从理论上来讲,任何一个区域的城市和农村的发展都是不能分割的一个整体,城市的教育发展离不开农村教育发展的支持,而农村的教育发展水平也会制约城市的教育发展进程,农村的教育发展也需要城市教育发展的带动。因此,城乡教育发展应实现相互促进、相互扶持。以全面的眼光看待城乡教育发展,既能促进城市教育的可持续发展和增强城市教育的辐射功能,又能促进农村教育发展,改变农村教育基础薄弱的现状和

① 李莞丽:《论科学发展观的精神实质》,西南大学2009年硕士学位论文,第19~20页。

推动农村教育文化水平的提高，并通过城乡之间的教育互补运动，更好地促进城乡教育资源的合理优化，乃一举两得的"双赢"。这就要"打破城乡教育对象的身份限制、内容限制和制度限制，增强城乡教育内容的共通性，提高城乡教育对象的普惠性，促进教育制度的贯通性"。[①] 城乡教育发展互补使城乡之间形成纵横交错、融为一体的新格局，做到以城带乡、以乡促城，各自发挥优势，实现协同发展、并肩前进。统筹城乡教育发展是一个系统工程。从系统构成的要素看，统筹城乡教育发展关系到国家发展战略转移、财政收入分配政策和财政支出结构调整、市场机制完善、城乡产业结构调整、各项制度改革与创新、传统文化与思想观念转变等一系列重大问题。从系统发展的基础看，我国各地教育发展水平参差不齐，如何对系统要素在空间上进行优化配置、在时间上恰当组合，并有效地对系统进行管理和控制，使各组成部分能够最大限度地相互促进，达到城乡教育发展总体效果最优，全面的发展观则是统筹城乡教育发展的不二选择。

第三，协调发展。城市和农村作为我国地域结构的两大组成部分，在我国的经济社会发展中具有不同的地位，发挥不同的作用。城乡经济社会发展的过程，实质上是城乡两个系统在经济、社会、人口、空间、生态等基本要素平等交融与协调发展的过程，是一种彼此相互影响、相互作用的过程。统筹城乡教育发展，就是要把城市和乡村纳入到同一个系统，凡涉及城乡教育发展的重大制度，必须体现社会公平正义，做到城乡教育统一，包括制度导向、资源配置、权利目标各个方面的统一。唯有在统一、公正制度的指引下，城乡教育发展的各个环节才能协调运转，形成共同发展的良性循环。城乡教育之间的协调发展从另一层面理解，即要求城乡教育均衡发展，不能顾此失彼。城乡教育均衡发展，主要表现为"八大均衡"，即"入学权利和入学机会实现均等发展；区域间实现均衡发展，即在省域之间、市域之间、县域之间、乡域之间统筹规划；城乡间实现均衡发展；校际间实现均衡发展；学生间实现均衡发展；不同类别、不同级别教育间实现均衡发展，包括基础教育内部普通教育与职业教育均衡发展，也包括初等教育、中等教育与高等教育之间的均衡发展；教育质量实现均衡发展；教育结果在学校教育中和受教育者间实现均衡发展"。[②] 教育的协调

---

① 邵泽斌：《理念变革与制度创新：从城乡教育均衡到城乡教育一体化》，载《复旦教育论坛》2010年第3期。

② 黄志坚：《谈基础教育的均衡发展》，载《青年教师》2007年第8期。

发展最终要使有限的教育资源能得到科学合理的配置,使城乡每个学校都能可持续发展,使城乡每个学生都能公平地享受教育机会。“当所有的教育资源在政府的统一规划协调下按比例、按需要程度合理地因地因时配置时,无论是物质教育资源还是人力教育资源都将得到最大化的利用,城市和乡村教育的壁垒就会自行化解,区域教育的鸿沟就会自动填平。”①

第四,可持续发展。可持续发展要求人们根据生物圈的承载能力,调整自己的生活方式,在生态系统能够承受的范围内确定自己的消耗标准,合理开发使用资源,使资源和环境能持久地被人类共享。针对城乡教育发展问题而言,可持续发展主要是指要辩证处理教育发展的速度与质量的关系。统筹城乡发展这一战略思路的主旨是既要推进城乡教育快速发展,又要实现城乡教育水平大幅度提升。快速与质量既是对立的,又是统一的,这就要求我们,一方面,必须以长远的战略眼光对加快城乡教育发展、缩小城乡教育发展差距作出长期谋划,准备进行持续奋斗;另一方面,又要面对现实,规划好城乡教育近期发展的行动和方略,从而在城乡教育发展中做到当前与长远,现实与未来的统筹兼顾。从当前情况看,要把握城乡教育发展的“可持续性”,必须克服那种心态浮躁、急于求成的短期发展观。加快城乡教育发展速度,早日实现城乡文化水平提高、社会进步,这是城乡政府和城乡居民的共同愿望。但主观愿望不能代替客观现实,靠一时的短期快速发展是实现不了人们这一良好主观愿望的。须知我国城乡二元结构的问题根深蒂固,农村教育基础薄弱是暂时不能完全克服的问题。统筹城乡教育发展,缩小城乡教育水平的差距,实现城乡教育水平提高的发展目标,不可能一蹴而就。急功近利,盲目求快,结果只会延缓城乡教育发展的进程,加大实现城乡教育发展的时间成本。急于求成这种以牺牲长远利益而求得城乡教育高速增长的方式是难以为继的。统筹城乡教育可持续发展,要求我们要正确看待“好”与“快”两者的辩证统一关系。强调“快”,是在“好”的基础上的“快”。“好”不仅不制约“快”,反而要有助于维持“快”的科学性、稳定性、持续性。没有“好”作为基础,“快”不仅不能持久,还会出现各种问题。在“快”与“好”的关系中,“好”是矛盾的主导方面。达不到“好”,“快”也就没有实际作用,反而会带来消极影响。当然,“好”也要在“快”中体现出来,龟速前进的“好”也就不能完全称为“好”了。城乡教育统

① 孙冬梅、胡慧妮:《城乡教育一体化的内涵与价值追求》,载《天津市教科院学报》2012 年第 1 期。

筹发展是一项巨大的系统工程。推进和实施这项系统工程,政府应按城乡教育发展持续性的要求,对城乡教育发展的近期目标、长期目标,近期利益、长期利益,近期对策、长期对策等涉及城乡教育可持续发展中的重大问题,进行多角度的全面考虑,从战略性、阶段性和可操作性相统一的要求出发,逐渐有序地促进城乡教育可持续发展。统筹城乡教育可持续发展,既要重"速",又要重"质",只有这样才能实现城乡教育的又好又快发展。总而言之,科学发展观要求我们在统筹城乡教育发展进程中,要同等地注重城市的市民和农村的居民,以全面的眼光合理配置城乡教育资源,针对城市和农村教育发展的现状采取协调性规划,促进教育的均衡发展,以最终形成城乡教育的可持续发展。

四、统筹城乡教育发展的理论基础之三——制度变迁理论

(一)制度变迁理论的基本内涵

要了解制度变迁理论的基本内涵,首先必须对什么是制度作出必要的界定。

1. 制度

人类社会产生以后,就形成了各种各样的社会关系,作为处理社会关系规则的制度也就应运而生。可以这样说,"人类社会的产生和发展过程同时也是制度的形成和发展的过程,它们之间是同步的和内在统一的,每一种社会关系都需要制度来调节"。[①] 制度对于人类社会的发展至关重要,这无可厚非。但对于制度的内涵是什么,不同的人则有不同的见解。制度学派的创始人凡勃伦(Veblen)指出:"制度实质上就是个人或社会对有关的某些关系或某些作用的一般思想习惯;而由生活方式所构成的是在某一时期或社会发展的某一阶段通行制度的综合,因此,从心理学的方面来说,可以概括地把它说成是一种流行的精神态度或一种流行的生活理论,即个人或社会对有关的某些关系或某些作用的一般思想和习惯。"[②]拉坦认为,制度和组织没有根本差别,"制度是一个社会的规则或组织的规则,这项规则有助于人们在相互交往中能够形成合理的预期,从而促使人们之间的和睦相处"。[③] 康芒斯认为,"我们

① 杨卫安:《我国城乡教育关系制度的变迁研究》,东北师范大学2010年博士学位论文,第17页。

② [美]凡勃伦著:《有闲阶级论》,蔡受百译,商务印书馆1964年版,第139页。

③ [日]速水佑次郎、[美]弗农·拉坦著:《农业发展的国际分析》,郭熙保、张进铭译,中国社会科学出版社2000年版,第398页。

可以把制度解释为集体行动控制个体行动”。① 诺思认为,“制度是一系列被制定出来的规则、守法程序和行为的道德伦理规范,它旨在约束追求主体福利或效用最大化利益的个人的行为”。② 可见,诺思对“制度”概念的理解继承了康芒斯的思想,认为制度就是社会规则。

当然,关于制度含义的论述,有必要介绍一下马克思的制度观。马克思认为:“只有从分析整个社会的经济基础以及与之相联系的生产关系入手,才能对建立在此基础上的伦理、法律和精神等上层建筑的性质得到深刻的认识,制度的实质就是在社会分工协作中不同集团和阶级在利益分配上的相互关系”。③ 对于本书来讲,主要采用的是将制度作为一种规则的观点。

2. 制度变迁

制度变迁是制度研究的核心问题。正如运动是物质的存在方式一样,制度变迁也是制度存在的基本方式。那么,制度变迁究竟是什么呢? 诺思将制度变迁解释为“制度创立、变更及随着时间变化而被打破的方式”。④ 诺思对制度变迁的原则进行了深入的分析,他指出:“制度变迁的成本与收益之比对于促进或推迟制度变迁起着关键作用,只有在预期收益大于预期成本的情形下,行为主体才会去推动直至最终实现制度变迁,反之亦然,这就是制度变迁的原则。”⑤

新制度经济学认为:“一种稳定的制度可以使不同的利益主体的利益都得到不同程度的满足,这时候制度处于均衡状态;当外界环境发生变化以后,利益主体会意识到自己的既得利益受到威胁或可以获得更大的收益,他们会据此做出相应的反应,以使自己的利益达到最大化,这时制度处于一种非均衡状态,如果这时候原来制度中各利益主体的力量对比也发生变化的话,就有可能引起新的制度安排,这就是制度变迁。”⑥我们可以将制度变迁理解为制度的更替和转变,也可以理解为一种新制度对一种旧制度的替代过程。即“新

---

① [美]康芒斯著:《制度经济学》(上册),于树生译,商务印书馆1962年版,第87页。

② [美]道格纳斯·C.诺思著:《经济史中的结构与变迁》,陈郁、罗华平译,上海三联书店、上海人民出版社1994年版,第225~226页。

③ 侯晓丽:《城乡统筹制度变迁视角分析》,山东大学2009年硕士学位论文,第10页。

④ [美]道格纳斯·C.诺思著:《经济史中的结构与变迁》,陈郁、罗华平译,上海三联书店、上海人民出版社1994年版,第230页。

⑤ 杨卫安:《我国城乡教育关系制度的变迁研究》,东北师范大学2010年博士学位论文,第18页。

⑥ 同上。

制度(或新制度结构)产生,并否定、扬弃或改变旧制度(或旧制度结构)的过程。它必须是一个动态的过程"。[①] 新制度经济学家认为:"资源、技术、偏好与制度等的配置是一个联动的体系,制度变迁意在实现更高的效率,表现为对制度均衡的动态搜寻。"[②]因此,通过进一步分析,我们可以将制度变迁理解为一种效率更高的制度替代前一种制度的过程。

关于制度变迁的定义,按照中国学者胡汝银的研究,实质上可以理解为规则的改变或者权利的重新界定,这就意味着:第一,任何当事人在制度变迁过程中所追求的目标都是自身效用最大化;第二,制度变迁过程的核心问题是权利的重新界定和利益的重新调整,这是一个包含政治力量的博弈过程,实际的制度安排总是有利于占支配地位的当事人,由此决定了制度变迁的方向、速度、形式、广度、深度和时间路径;第三,核心领导者的偏好和愿望决定了制度变迁的基本方向。[③] 制度变迁的方式主要有两种:一种是强制性制度变迁,主要是由政府强制性推行的制度变迁;另一种是诱致性制度变迁,即由某些个体或群体自发组织和实行的制度变迁。

(二)制度变迁理论对统筹城乡教育发展的要求

制度变迁,是指制度的更替和转换过程,即一种新的效率更高的制度对原有旧制度的替代。在教育改革中,制度变迁不仅与其相伴而生、相辅而成,且自始至终扮演着极为关键的角色,因为教育理念的传播与教育行为的转变,均需要秉借新教育政策文件的公布以及新教育规章制度的颁行。[④]

从先秦到清末,我国实行的是"城乡合治"的管理模式,城乡之间是一种无差别的统一关系,此时实行的是城乡一体的教育管理体制。到了清末民国时期,由于外国资本主义的入侵,我国自然经济受到严重影响,城乡关系开始走向分离,开始实行城乡有别的管理制度,城乡教育制度逐渐走向分化。新中国成立之后,我国建立了高度集中的计划经济体制,城市和农村被人为分离成两大部分,城乡教育制度也从城乡分离渐渐地转为了二元对立。改革开放后,我国工作重心又转移到经济建设上,逐步取消了城乡对立的二元体制,然而长

---

① 黄少安著:《产权经济学导论》,山东人民出版社 1995 年版,第 348 页。

② 彭德琳著:《新制度经济学》,湖北人民出版社 2002 年版,第 16 页。

③ 参见胡汝银:《中国改革的政治经济学》,载盛洪主编:《中国的过渡经济学》,上海三联书店 1994 年版,第 74 页。

④ 参见刘国艳:《教育制度变迁的审视与反思》,载《湖南师范大学教育科学学报》2012 年第 1 期。

久沉淀下来的城乡差距并没有缩小,城乡有别的教育制度并未改变。通过对我国城乡教育制度变迁过程的简单回顾,可以看出每一次城乡教育制度的大的变迁,主要是由于外部压力所导致的。政治、经济、文化等都影响着城乡教育制度的改变。

因此,对于统筹城乡教育发展,要密切关注的是外部社会条件的力量。具体而言,包括以下几个方面:

1. 制度变迁的动力

制度变迁的动力分为外在动力和内在动力。外在动力是探讨制度变迁所处的社会环境。而在社会环境中,对制度变迁影响最为显著的要属政治、经济、文化三大类。第一,政治的强制力。谈到教育,政治是一个不可避免的话题。迈克尔·阿普尔在《意识形态与课程》一书中曾说过:"我坚决认为教育并非一个价值中立的事业,就教育制度的本质而言,无论教育工作者是否意识到,他们已经被卷入了一项政治活动。"①可以这样说,政治在社会生活中的影响无处不在,因为"政治主要是一个以权威方式决定谁得到什么、何时以及怎样得到的过程。那些拥有政治权力的人,有能力通过政治过程控制或影响资源的分配——它影响着人们的生活机会"。②

政治权力对教育制度变迁的影响力是巨大的,因为一定社会的教育制度总是社会意识形态在教育领域里的反映,不仅教育法规、教育标准、教育结构、教育内容等正式的制度规则受到政治权力的支配和制约,即使是教育实施过程中关涉行为主体行动方式的习惯、文化心理、道德诉求等非正式规则,也都深深地打上了意识形态的烙印。政治体系、政治结构、政治权力的变迁导引着教育制度的变迁。

从社会学角度分析,制度的功能不仅在于现实地调整现有的利益关系,使之整合均衡,而且还在于理想地引导社会秩序的发展趋向,使之稳定和谐。我国目前建立和谐社会与可持续发展的政策导向,要求形成一个和平、稳定、协调的大家庭。而统筹城乡发展,实现城乡一体化所需求的制度变迁或制度创新,其正是实现制度的公正,实现社会的公正与公平,建立和谐社会,推动可持

---

① [美]迈克尔·阿普尔著:《意识形态与课程》,黄忠敬译,华东师范大学出版社2001年版,第11页。

② [美]史蒂文·瓦戈著:《社会变迁》(第5版),王晓黎等译,北京大学出版社2007年版,第22页。

续发展的要求。由于过往制度安排的不均衡使农民的利益需求得不到满足，导致我国三农问题凸显严重，特别是农民问题成为制约我国社会发展和现代化建设的“瓶颈”。三农问题从本质上来说，是长期不公的二元结构制度安排的结果。优先发展重工业的战略和城市偏向政策的实施，产生了侧重和保护城市、工业和城市居民，存在重城市轻农村、重工业轻农业、重市民轻农民的现象。因此，要改变这一局面，国家采取了相应的农村偏向战略，要求建设社会主义新农村，统筹城乡教育发展，促进城乡一体化的形成。

因此，统筹城乡教育发展，是基于社会制度变迁的推动而迫切需求的。国家的可持续发展政策、和谐社会建设要求、社会主义新农村导向引导着城乡教育发展的进程。现代化中国政治的和谐稳定更加关注城乡教育之间的差距，并合理地向农村教育“倾斜”，最大限度地给予城乡教育发展支持，从而促进城乡社会的稳定和谐。

第二，经济的推动力。经济发展既是教育发展的物质基础，也是教育发展的推动力。一定的经济发展水平为教育发展提供一定的物质条件，也对教育发展提出客观的要求，从而促进教育的不断发展。经济发展的水平不仅决定着教育发展的规模和速度、内容和手段，也决定着教育结构的调整与优化。

我国目前要求实现可持续发展，推动经济又好又快的发展，而经济发展的需求也相应地对我国城乡经济发展、教育发展提出了一系列要求。由于我国以往城乡不平等的二元经济社会制度将农村和城市纳入不同的系统，进行不同的制度安排，以及城乡有别的户籍制度、社会保障制度、劳动就业制度、财政供给制度等，逐步造成了城乡分割的局面。然而，城乡经济社会发展的过程，实质上是城乡两个系统在经济、社会、人口、空间、生态等基本要素间平等交融与协调发展的过程，是一种彼此相互影响，相互作用的过程。

如何稳中求快地发展现代化经济则要求能合理地配置城市和农村的资源，推动城乡一体化。而要实现城乡一体化，就迫切需要城乡教育的“公平正义”发展，也即差别性对待。《国家教育事业发展“十一五”规划纲要》中要求：“坚持公共教育资源向农村倾斜，国家财政新增教育经费主要用于农村，逐步缩小城乡、区域教育发展差距，推动公共教育协调发展。”那么，发展我国经济，统筹城乡教育发展迫在眉睫。城乡教育的发展要逐步做到城乡统一，包括制度导向、制度要求、权利与预期目的统一。唯有在合理的制度指引下，统筹城乡教育发展，城乡经济社会的各个领域各个环节才能和谐协调运转，形成共同发展的良性循环，最终推动经济的大跃进。

第三，文化的渗透力。人类学家克莱德·伍兹认为："文化变迁是一个民族的生活方式所发生的任何变更，无论这种变更是内部发生的，或者是由于不同生活方式的民族之间的相互交往而产生的。"①文化变迁作为教育制度变迁的外源动力，其作用和影响机制往往比政治、经济的影响更为复杂。教育作为社会文化的一个重要组成部分，总是在一定的文化背景下进行的，因而不可避免地受到文化的濡染和制约。同时，教育又具有文化功能，即教育将文化有目的、有意识地传递与保存，并通过选择与重组而实现文化的改造与创新，推动文化潜移默化地转变。

文化与教育之间存在互动互生的关系，教育包含于文化之中，文化对教育的发展有着深刻的影响。教育既是文化变迁的媒介，也是文化变迁的结果。文化变迁对教育的影响是渗透性的，不仅体现在制度的变革，更多地是以观念的变革为先导。"作为文化的一个要素的教育，也只有把它放在文化的整体框架之中，才能充分认识它的含义，为此要掌握教育、教育的各种现象、教育的发展及其规律，必须考察文化。"②文化并非一成不变的，而是随着历史的发展、生活的变化而变化的，文化的发展变革对教育制度的发展产生极大的作用，城乡文化的变迁从本质上而言就是城乡教育的发展。而要促进城乡文化的发展，就要关注教育对文学、艺术、宗教、风俗习惯、价值观念等的影响力。文化中所蕴含的思维方式、价值观念、行为准则，其所具有的强烈历史性和遗传性及鲜活的现实性、变异性，深刻影响、制约着教育制度的选择。如今，我国处于一个多元的文化历史时期，人文精神呼吁教育公平的呐喊愈加强烈。受教育权利平等已经成为最基本的权利要求。现代教育公平制度，包括教育方针政策和法规都体现着特定文化所蕴含的思维方式、价值观念，并且从办学方式、教育内容以及对教育权的态度观念中都能找到文化的力量。现代化的教育公平制度已不仅仅体现于表面的教育平等、义务教育制度，文化催化着新的"差异化"教育公平，也即城乡教育的统筹协调发展。这就需要改革旧有的教育制度或创新构建新的教育制度，当然，这需要根植于文化因素之中。鉴于城乡目前愈加突出的差异性，城乡教育发展的统筹性迫在眉睫。"教育不能离社会而独存，也不能离社会而被认识；并且教育是社会的上层机构，不明了这

---

① [美]克莱德·伍兹著：《文化变迁》，施维达、胡华生译，云南教育出版社1989年版，第36~40页。

② 鲁洁主编：《教育社会学》，人民教育出版社1999年版，第126页。

个社会的经济、政治变迁，绝不能彻底明了这个社会的教育之所以变迁。”①虽然说政治引导、经济发展、文化变迁是城乡教育制度变迁的外源动力，但是这些动力因素往往也并非单独发生影响，很多情况下形成了一股合力，共同作用于城乡教育制度，促进城乡教育制度的变迁。除了外在动力对制度变迁有巨大影响之外，内在动力的作用也是不可小觑的。此处的内在动力主要是指源于各方利益冲突而产生的利益动力。而要推动教育制度的变迁，是要通过调整利益推动制度均衡。一项新的教育制度被创立并最终顺利运行，表明其已经处于一种制度均衡状态。所谓制度均衡，用诺思的话来说就是指："在各方的谈判力量以及一系列构成整个经济交换的契约性谈判给定的情况下，任何一方都不可能通过投入资源来重构合约而获益。"②也就是说，当达到制度均衡状态时，人们对已存的制度结构和现有的制度安排感到满足，将不会去改变现行制度。然而均衡并不是一成不变的，制度内部或外部任何一种因素的变化都有可能导致均衡变为不均衡，从而使现有的制度产生诸多不协调现象。因此，制度均衡状态只是相对的、暂时的，而不是永久的、长期的。正是制度非均衡的长期存在导致了制度变迁。教育制度便是处于一个"模糊"的状态，相对于经济制度，教育制度具有更多的不确定性和不可知性。因为作为培养人的教育活动更加复杂，不同的地域、不同的集团、不同的个体有着不同的理解和目标，人们很难界定究竟是什么样的教育制度才是完善的和合理的，所以教育制度即使是处在均衡状态，也不是所有人对教育制度都能满意。在教育制度变迁过程中，制度调节和规范的是不同的个体、集团和阶级之间的利益关系。所以，教育制度创新的过程也是各种利益重新调整的过程。只有各利益主体的利益都得以满足，这项制度才有可能成为可"自我实施"的制度。一旦制度没有照顾到或损害了某一方或多方的利益，制度的运行就会遇到障碍。因此，一种好的制度，就是能够做到各方利益兼顾的制度，理想的制度状态就是达到利益的均衡。统筹城乡教育发展，是在科学发展观的指导下，在正义原则的牵引下，力图兼顾政府、学校、社会、企业、个人等多方的利益。但是，在教育统筹发展的过程中，也不能说没有阻力，这就需要以长远的眼光去看待各方的利益关系，注重各方的利益均衡，对统筹中的阻碍加以调和，以实现统筹城

---

① 周予同：《中国现代教育史》，福建教育出版社2007年版，序记。

② ［美］道格拉斯·C. 诺思：《制度、制度变迁与经济绩效》，杭行译，格致出版社、上海三联书店、上海人民出版社2008年版，第118页。

乡教育发展目标的最优实现。

2. 制度变迁的主体

制度变迁的主体包括政府、社会和个人。此处主要阐述政府对制度变迁的主导作用，无论是何时期的制度变迁，政府都是极其重要的动力。对于城乡教育发展而言，政府是起到主导作用的标杆。我国教育长期以来都是处于政府集中控制、行政约束的制度环境之中。“在这种制度安排下，学校的办学主体是国家以及各教育部门，教育部门隶属于政府，学校的建立、经费来源、招生设置、设施配置等各方面，都必须遵循政府部门的指令办事。”因此，可以说各级各类政府是我国教育制度变迁的主导力量。政府在制度创新中具有不可替代的作用和责任。特别是在中国的集权式政治结构中，政府拥有绝对的政治力量对比优势，而且还拥有很大的资源配置权力，能通过行政、经济和法律等手段在不同程度上约束其他社会行为主体的行为。① 从城乡教育制度变迁的历程来看，它更多的是指政府作为一个上位主体在对待和处理农村教育和城市教育问题时，所作出的一种制度安排。政府实施教育制度变迁主要是通过自上而下地实施教育政策法规等途径来进行的，各级政府和教育主管部门会从本级的权限和利益出发，作出教育政策规划和教育部署。由于城乡教育发展的基本方向、总体架构、基本原则都是由政府决定的，要统筹城乡教育发展，就需要城乡的各个政府部门针对城乡教育发展的具体状况，制定出“因地制宜”的短期目标、中期目标、长期目标，并切实推行合理的阶段性目标。政府在进行城乡教育制度创新的过程中，要遵循激励相容原则，通过民主性的决策流程，统筹兼顾各相关主体的利益，这样才能提高制度的针对性和实效性，提高制度效率，加快统筹城乡教育发展进程。为此，国家在处理城乡关系时，应对城乡教育一视同仁，建立城乡一体的学校办学条件标准、师资标准、课程标准、学业标准、学校办学质量评估标准，并在配置教育资源时更多地向农村倾斜。强化教育督导中的“督政”环节，实行严格的问责制度，把推进城乡教育统筹发展纳入到政府绩效考核、官员施政约束的评价体系，从内在动力与外在约束两个方面保证政府积极进行城乡教育关系制度的创新，实现城乡教育统筹发展。虽然政府是城乡教育关系制度变迁的主导力量，在城乡教育关系制度变迁过程中起主导作用，但这并不意味着社会和个人对城乡教育关系制度

---

① 参见陈天祥：《论中国制度变迁的方式》，载《中山大学学报》（社会科学版）2001 年第 3 期。

的变迁无足轻重。事实上,社会和个人对城乡教育关系制度变迁仍然起着重要的制约作用。一项制度自上而下的推行,必然要“下”积极地配合,这就是要协调制度下的政府与社会和个体之间的利益关系。要进行统筹城乡教育发展的制度创新,如果职工、农民、学生、商贩各个阶层都积极实行,那么必然形成城乡教育和谐发展的良好局面,统筹城乡教育发展的制度的实现必然事半功倍,反之亦然。

3. 制度变迁的方式

改革的实质是制度变迁和制度创新的过程,我国多年的改革经验告诉我们,要推行一种由点到面、由局部到整体、先易后难、自下而上与自上而下相结合的渐进式改革方式。统筹城乡教育发展虽然是一种制度创新,但我国城乡二元结构根深蒂固,不可能在较短的时间内得以消除。同时,我国的市场机制还不够完善,还存在市场失灵的现象,在近期之内不可能消除甚至有可能会强化二元结构。因此,这就导致了统筹教育发展制度处于较为尴尬的境地。这也表明了我国统筹城乡教育发展的制度变迁的渐进式方式。渐进式的制度变迁可以减少制度变迁的风险、成本,减少利益集团对制度变革的抵触,因而减少制度变迁带来的诸多阻力。渐进式变革是一个不断试错,不断改进,实验累积的过程,所以一般时间比较长,可能会错失制度变迁的最佳时机。同时,试错的过程会带来时间成本的增加,加大改革的成本。渐进式制度变迁只是帕累托改进,而非帕累托最优,使制度的安排在发挥一定的效应后出现效应递减的反应。① 统筹城乡教育发展作为新一轮的制度变迁,虽然要采用渐进式制度变迁的方式,但一定要避免城乡教育制度变迁的时滞,让农村也成为更多的制度优惠的试点,要准确把握教育制度变迁的最佳时机,提供核心的制度供给,才能推进教育制度变迁顺利进行。因此,渐进式的教育制度变迁,也并非是一味地追求稳而不进,这就要求把握好“稳”和“进”二者的关系。前进、发展是统筹城乡教育发展的目标,而稳定、渐进是教育发展的过程。统筹教育制度变迁的进程中,当我们有所发展、有所提升的同时,要回头看看我们发展的质量、稳定程度,不要得不偿失。同样,当我们稳定、渐进的时候,要考虑是不是阻力不大可以适当加快统筹的进度,不要只在原地踏步而停滞不前。总而言之,统筹城乡教育发展既是一个目标,也是一个过程。统筹城乡教育发展是个复杂的系统,涉及的面非常广,要实现城乡之间生产要素的自由流转,在互

---

① 参见侯晓丽:《城乡统筹制度变迁视角分析》,山东大学2009年硕士学位论文,第30页。

补性基础上，实现资源共享和合理配置，实现城市与乡村的共同繁荣，也是一个长期的过程。这就需要我们通过外在动力（政治的强制力、经济的推动力、文化的渗透力）和内在动力（利益的调整），加以政府的方针指导和社会、个体的积极配合，走渐进式的教育制度变迁，把握好统筹制度的“稳”和“进”的关系，真正协调好城市教育和农村教育的关系，推进城乡教育的统筹发展。

五、统筹城乡教育发展的理论基础之四——人权理论

人权的核心是关于自由和平等，由法律和道德保障其实现，而教育是现代社会人的一项基本权利，每一个人无论其阶级、种族、性别、宗教信仰都平等地拥有受教育的权利。教育和人权互为表里、相互依存，它们之间的关系包括关于人权的教育以及为了人权的教育，即通过符合人权理念的教育方式传授相关知识最后达到人权的自由和平等，使人权获得提升。因此，要统筹城乡发展，实现城乡教育均衡，使城乡学生人权得到共同的实现，需要对人权教育理论进行深入理解和分析，把握其理论精髓。

（一）人权的内涵

“人权”这一概念由文艺复兴时期思想家但丁首次提出。在此之后，人权理论不断发展，延伸出许多与人权相关的制度和实践，逐步形成了为人类所普遍接受和认同的人权内涵体系。虽有不同的理解，但其核心是不变的，即人权受到法律的保障、道德的尊重，自由与平等是其核心价值，人权具有普遍性等。

1. 人权是受法律保障道德认可的人类普遍权利

英国学者米尔恩认为，人权是一种道德权利，是跨越文明、种族、地域的全人类共同认可的最低限度的普遍道德标准，其包括了7项人的基本权利，即生命权、公正权、受助权、自由权、诚实权、礼貌权和儿童受监护权。[①]《牛津法律大辞典》将人权解释为：“人权是每个人在个性、精神、道德等方面可以享有充分和自由发展的权利，其作为人与生俱来的自由意志的产物，受到法律的承认和保护。”任何人无论其出身背景，作为一个独立的个体，都应当享有平等地生存、获得尊重、取得幸福的权利。人权是人所具有的特有属性，是人区别于动物，人之所以为人的根本尺度。同时，人权也是人用以维护自身利益的有效保障，其可以维护个人的自身利益不受到他人的侵害。人权是人实现利益的

---

① 参见［英］米尔恩著：《人的权利与人的多样性——人权哲学》，夏勇译，中国大百科全书出版社1995年版，第153页。

有效手段,也是具有普遍性的权利,符合道德的一般标准。如果一种利益有害于他人,那么这种权利不是普遍权利而是一种特权,特权是无法满足利益的普遍性要求的,人权体现的利益必然是利己的且不损害他人的。对于利益的维护使人权具有批判和抵制不当公权的道德功能,可以制约国家和集体的权力,给公民留下更自由的空间。此外,人在逐渐探寻人权内涵的过程中实现了自身的生命意义。笛卡尔在理论上确立了人的理性主体,卢梭创立追求道德自由的天赋人权说,康德主张的人权道义论,以及胡塞尔、海德格尔、哈贝马斯等人提出的交互主体性,说明了人们越来越意识到人权是基于民主和平等的权利,人的生命的意义必须伴随着对人权的尊重,人权是人实现其生命意义的最终表现。

2. 人权的核心价值是自由和平等

人权是由人的自然权利衍生而来,自然权利又是源于自然且由自然所规定的标准或法则,它优先于社会上的任何法制和约定,是人们道德评判的初始来源。要理解人权的价值理念,可以从自然法的历史发展出发。在古希腊时期,智者学派从人的自然本性角度提出了自然平等的人权观。智者普罗塔哥拉认为,人是万物的尺度,是宇宙的中心,在法律和政治上具有平等的权利。而西塞罗则认为,理性就是人的自然法则,人生来具有理性,享有平等的自由权利,真正的自由应包括权利的平等以及人本性的自由。随着历史的发展,人的自然本性、尊严与价值得到了更深入的挖掘,人权价值进一步得到明确和普及。荷兰思想家斯宾诺莎认为,人在情欲和理智下具有各种天赋的自由,如生存的自由、事物占有的自由、行动的自由、信仰的自由和思想的自由等,而统治者维护国家安全的最优方式就是让人们可以自由的思考。他认为,社会上的任何人都有权自由的思考并按照自己的意愿行为。人的心只能由自己来安排和处置,没有人会同意将其天赋的自由思考权利转让给他人。① 而英国学者霍布斯则认为,所有人在初始时都被赋予了同等的身体与心理能力,在之后相同的时间与喂养中应该获得相等的经验和智慧。因此,人们在自然状态下应享有自然的天赋自由权。这种自由是一种绝对自由,即用其自由的判断和理性采取最合适的手段去实施任何事物的自由。随后,洛克对人权作出较为全面的诠释,他将人的生命权、自由权、平等权,以及财产权都认定为不受任何阶级权利约束的自然权利,是独立于人的意志与法律效力的天然理性。人生来

① 参见[荷]斯宾诺莎著:《神学政治论》,温锡增译,商务印书馆1963年版,第165页。

就应该享有同自然界等同的条件和能力,不存在等级和分类。这一自由观点在卢梭处得到了更充分的论证。他认为,人是生而自由的,自由就是人的基本权利和义务,只有当人们都遵守自己所共同制定的法律时才能实现真正的自由,是社会的自由。同时,卢梭认为,自然人的自爱和自保以及同情心是一种先于理性的情感,比道德理性更为根本。因此,人的人格和个性应是自由的,应摆脱社会习俗和社会道德的约束。卢梭的观点得到了西方思想家的广泛认同,在之后的政治活动中发挥了重要的作用,如美国《独立宣言》和法国《人权宣言》的起草,其中的核心思想可以总结为自造物主赋予人类生命开始,每一个人都有平等和自由的追求幸福的权利。自由和平等是人的自然属性,是人的本性要求,是人的最基本人权。自由是人权的核心和灵魂,决定着人权主体的最终目的和归宿,而平等则是自由得以实现的前提,是一种前提性的人权。

3. 人权的根本属性是人权主体的普遍性

除了自由与平等的价值属性外,人权的根本属性还包括了人权主体范围的普遍性,人权价值与人权主体普遍性就是人权的一体两面。从历史发展来看,人权主体范围是一个不断扩大的过程。在早期人权理论中,人权并非不分种族、阶级人人得以享有的,而是由少数特权阶级享有,如洛克政治契约中的观点。虽然该理论肯定了自由的重要性,但是其对享有自由权利的公民的定义仅仅是少数白人和上层阶级,多数有色人种和无产阶级则受到了排斥。古典人权理论中的人权主体是有生命的个体,从 19 世纪开始生命主体转为人格主体,经过两次世界大战,战争对人性的摧残使人们开始产生了对普遍人权的渴望,于是个体人权开始发展为集体人权。人权主体范围开始从个体逐渐拓展到以种族为内容的集体,并衍生出如发展权、和平权、环境权、反核权等集体人权。人权主体范围的扩大是人权理论和人权实践的共同发展结果。同时,人权主体普遍性还体现在人们对特殊人权主体的差异平等。特殊人权主体通常体现于弱势主体以及拥有强权的公权力主体之间。弱势主体在实际生活中未享受到正常人所应当享有的权利,公权力主体作为强势群体,掌握并行使国家权力。因此,倾斜性地对弱势主体所应得的权利进行补偿并限制强势主体的权力,是人权平等的真实体现,也是保障人权主体普遍性的必备条件。对弱势主体权利的补偿保护是人权保障的全面化特征,也是一种对人格尊严的尊重;而对公权力主体权力进行限制则是为了防止其阻碍其他人权主体权利的实现。因此,人权主体的范围扩展是一个从特殊主体转为普遍主体,从个体主体转为集体主体,从生命主体转为人格主体的过程。

(二)人权与统筹城乡教育发展的关系

受教育是人的基本权利,教育同时又是推进和提升人权状况的根本途径,两者为提升人类的尊严与价值而相互依存和发展。作为人权的教育通常是指受教育权,其要求无论种族、性别、阶级、信仰和地区等,人人都能平等、普遍地享有各级各类教育机会的权利。要想实现统筹城乡发展,优化城乡教育结构,缩小城乡教育差距,就要把握人权核心,在发展城乡教育的过程中,切实践行人权平等自由普遍适用的价值要求。

1. 受教育权是一项基本人权

受教育权是提高个人能力实现人生价值的不可缺少、不可取代和不可转让的权利,城乡学生都有在各个阶段平等接受教育、接受平等的教育的权利。具体而言,受教育的基本人权体现在“受教育机会权利”“受教育条件权利”两方面。第一,受教育机会权利。此权利是前提性权利,具有提纲挈领的作用。可具体分为入学机会权利、升学机会权利、受教育选择权利以及学生身份权利。受教育机会权利是受教育者有权利通过教育获得生存和发展的可能性,是受教育者接受各级各类教育的起点和资格。公民若丧失了受教育的机会或失去了受教育的身份,也就没有了受教育的可能性。入学与升学的机会权利是公民受教育机会权利的最重要表现形式和实现方式,其确保人人都普遍和平等地享有受教育的机会。《中华人民共和国宪法》(以下简称《宪法》)规定:“国家实行九年义务教育制度,义务教育是国家统一实施的所有适龄儿童、少年必须接受的教育,是国家必须予以保障的公益性事业。实施义务教育,不收学费、杂费。国家建立义务教育经费保障机制,保证义务教育制度实施。”即无论是城市户口还是农村户口,学生均享有平等的受教育权,并由国家强制力保障实施。可以说在入学机会权利上,我国基本实现了城乡一体。教育的选择权利指受教育者有自由选择接受教育的类别、学校以及教师,受教育者能根据自身条件选择适当的教育。在行使了这三种权利之后,必然会赋予受教育者合法的学生身份,即学生身份权利。学生身份权利是受教育者有权在其所处教育机构获得学籍并进行学习、生活和取得学习结果的权利。第二,受教育条件权利。是指受教育者在获得了入学、升学的机会以及学生的身份权利后享有一系列保障受教育过程合理进行的权利,包括教育条件建设请求权利、教育条件利用权利和获得教育资助的权利。教育条件建设请求权利包括了教育设施建设的请求权利和教育财政措施的请求权利。教育设施的建设权利是受教育者有权请求国家设立并保障在接受教育过程中不可或缺的硬件设施,如学校、图书馆、体育场等。教育条件利用权则是受教育者可以享有平等利用已有的教育设施和资源进行受教育活动的权利,包括参加教育教学活动的权利。受教育条件权利是在获得受教育机会权利后在受教育过程中享有的权利。目前,城乡教育在政府财政支持、师资力量等方面存在较大差异,城乡学生培养过程的不一致,人权理论未得到践行。因此,在统筹城乡教育发展过程中,应更加重视学生的受教育条件权利,将人权理论切实运用到实际。

2. 教育可以实现人权

人权平等、自由、普遍的价值理念要求统筹城乡教育发展,在实现城乡教育公平发展后城乡学生的人权均能得到充分的实现,因此,可以说人权和教育是一体两面的关系,人权包含了受教育公平的理念,公平的教育又能反过来实现人权。具体而言:

第一,教育可以促进人的劳动权利的实现。劳动权主要表现为劳动就业权,即一切具有劳动能力的人在法定劳动年龄内从事某种有一定劳动报酬或经营收入的社会职业的权利。就业是劳动权实现的根本,只有就业才能获得生存和发展的最基本的物质保障。在任何社会,具备一定的劳动能力是享有劳动就业权的前提,而培养人的劳动能力离不开教育。正是教育使人们不断获得劳动的知识、经验和技能。随着知识经济时代的来临,人力资源成为第一要素,它是一切资源中最重要的资源。文盲、半文盲以及那些缺乏信息知识和能力的功能性文盲将难以就业。① 智力资源的缺乏,使这些劳动者被排斥在劳动力市场之外。因为没有能力抓住市场中的机会,他们只能生活在贫困之中。失去了劳动权,其个性的发展权、对社会发展成果的享受权以及社会参与权都必然受到极大限制。因此,均衡城乡教育发展是使城乡学生的生存权得以实现的重要途径。

第二,教育可以促进人的政治权利的实现。要充分保障人民的民主政治权利,一方面,要建立健全民主法律制度;另一方面,国民必须具备现代民主政治所需要的基本政治素养。没有这些素养,他们无法行使被赋予的政治权利。受教育程度的低下,使绝大多数人没有独立的政治意识,缺乏基本的政治判断和选择能力。虽然受教育程度高的知识分子阶层坚持和维护自己民主权利的意识,与他们受教育程度不太协调,但他们对政治的判断和选择能力是很强

① 参见湛卫清:《人权与教育》,华中师范大学2006年博士学位论文,第41页。

的。中国是一个民主与法治传统相对缺乏的东方大国，中国人历来惧怕政治、不观政治，他们似乎早已习惯于服从威权，甘于人下。如今，农村基层组织民主政治深入发展，农民的政治意识开始萌发，农民为维护自己的民主权利，对于推选自己的直接统治者开始展露出参与的热情和主人翁意识。但是，要进一步完善农村基层民主，加快民主政治进程，就必须发挥教育的基础性作用。

第三，教育可以保障人们享有文化权利。《世界人权宣言》规定，人人有权参加社会文化生活，享受艺术，并分享科学技术进步及其产生的福利。人人对他所创作的任何科学、文学或美术作品而产生的精神和物质利益，有享受保护的权利。[①]《经济、社会和文化权利国际公约》将文化权利细化为文化生活权利、享受科技利益权利和知识产权。[②] 文化权作为一项人权，与教育的关系十分密切。教育通过对文化的传承把人引入文化系统，培养出承载文化和创新文化的人。当人们吃饱穿暖、生存权得到满足后，他们对精神权利的需求就会凸显出来。文化产品的创造者以不断推陈出新的文化食粮满足着人们的精神需求，提升着人们的生活质量。当今世界，在精神发展上停留在视听阶段和口头阶段的文盲，没有条件去接触丰富的文化价值，他们因不具备认同文化的基础，因而也难以融入主流文化而成为一个正常的社会成员，更缺乏对一切加以检验、过滤和精神上的自由，基本上处于人类智慧和文化积累的进程之外，无法进入到较为广阔而自由的精神世界。文化的缺乏，使他们视野狭小、智力迟钝、精神贫乏，他们不仅不可能创造文化，而且因为阅读、写作、审美等方面的障碍，很难充分享受现存文化成果。因此，教育在提高人们的文化素质，提升人们的精神质量，使人们享受充分的文化权利方面发挥着至关重要的作用。

3. 人权理论要求关注农村弱势群体

教育关注弱势群体的人权是世界发展的趋势，许多国际公约都以明确的文字形式将有关受教育权的人权内容规定于其中。如1960年联合国教科文组织大会通过的《取缔教育歧视国际公约》规定："禁止任何形式的教育歧视，促进人人在教育上的机会平等和待遇平等。"1966年联合国制定的《经济、社会和文化权利国际公约》对受教育权作了更为详细的规定："本缔约各国承认，人人有受教育的权利……教育应鼓励人的个性和尊严的充分发展，加强对人权和基本自由的尊重，并应使所有的人都能有效地自由参加社会。"不仅国

---

① 参见董云虎、刘武萍编著：《世界人权约法总览》，四川人民出版社1991年版，第964页。

② 同上书，第965页。

际公约对受教育权进行了明确规定,新中国成立以来颁布的宪法都明确规定,受教育权是公民的一项基本权利。我国宪法对公民受教育权的保护基本符合国际人权公约的要求。我国著名的教育家陶行知先生也表达了他对弱势群体教育问题的关注。其中心思想是“要使全中国人都受到教育”,特别是要倾情乡村教育。农村和农民似乎总是与中国社会的贫穷、落后和辛酸联系在一起。无论是过去还是现在,农民总是中国社会的一大甚至是最大的弱势群体。大力发展农村教育,不仅是“立国之本”,而且是立人之本。中国是一个农业国家,农村教育在中国教育体系中占据重要地位,然而却一直是被忽略或轻视的对象,因此要想提高民族文化素质,改造中国社会现状,必须统筹城乡教育资源,缩小城乡教育差距,推动城乡教育均衡发展,大力发展农村教育。

第二章　重庆市教育资源城乡配置的实证考察

教育作为城乡统筹综合配套改革的核心聚点与轴心驱动,在统筹改革中需要发挥好先导性、协调性、公共性和整合性的配套功能。为贯彻落实中央对重庆发展作出的“314”总体部署,国务院批准重庆市开展统筹城乡综合配套改革试验的总体要求。2008 年 7 月重庆市人民政府和教育部协商决定共同建设国家统筹城乡教育综合改革试验区,并达成一系列战略合作协议。根据协议内容,双方将在推进城乡教育布局结构改革、城乡基础教育改革、城乡职业教育改革、高等教育改革、师资队伍建设制度改革、招生考试评价制度改革、城乡教育信息资源共享机制改革、教育帮扶机制改革以及教育经费保障机制改革 9 个方面进行合作。重庆教育将要实现“一高地、一中心、三化”目标,建成西部地区教育高地,长江上游地区教育中心,基本实现城乡教育一体化、教育现代化、教育国际化。这是重庆教育发展的目标,也是重庆城乡教育改革的方向。反观重庆现实,重庆特殊的地理位置及经济条件的限制,造成城乡教育资源配置严重不均,使许多农村孩子,特别是较偏远地区的农村孩子享有优质教育的权利被限制,义务教育资源配置不合理,农村教育长期投入不足、发展水平偏低,城乡教育资源配置不均衡等问题突出。本书将通过统计考察,揭示重庆市城乡教育资源配置不均衡的现状。

一、对重庆市教育资源城乡配置情况的统计考察

在分析重庆市教育资源城乡配置情况时，尽管有许多指标，但是由于教育经费、教育发展条件、教师收入、师资力量的城乡对比能够较好地反映教育资源城乡配置情况，故本课题通过考察近几年重庆市在以上几个方面的数据分布及变化情况，从而揭示重庆市教育资源的城乡配置现状。

（一）城乡教育经费分配情况

为了形象反映出重庆市中小学生均经费城乡分布情况，本书选取了2007年、2008年、2010年、2011年的统计数据。从选取的这4年全市中小学生均经费城乡分布情况来看，虽然全市中小学生均经费总体呈稳步增长的趋势，但是城乡教育经费分配不均衡问题仍然存在，城镇中小学生均经费普遍高于农村。通过对表1～表4中数据的对比，可以很清晰地从数据上看出城乡教育经费分配的差别。

表1　2007年重庆市中小学生均经费城乡分布情况

单位：元

项目	生均教育经费	生均预算内教育经费	生均公用经费	生均预算内公用经费
高中	5087	2115	2132	576
城镇高中	5861	2162	2511	586
农村高中	3503	2019	1358	571
初中	3304	2209	1156	697
城镇初中	4642	2311	1796	701
农村初中	2816	2172	922	696
小学	2612	1783	705	495
城镇小学	3498	1962	1151	610
农村小学	2352	1731	574	462

注：资料来源为《2008年重庆教育发展报告》。

首先，生均教育经费是全口径的，既包括生均预算内经费，也包括生均预

算外经费。它作为反映教育经费情况的根本指标,能够比较准确地反映教育经费提供的程度,也可以通过其观察教育经费满足教育事业发展需要的程度。其次,生均预算内教育经费包括生均预算内事业经费和教育基本建设经费,反映了财政资金对教育的支撑高度。提高财政教育经费占国内生产总值的比例,是提高教育经费的主渠道,能体现出政府在投资教育中的努力程度。再次,生均公用经费是指由县级以上地方政府根据本地经济发展水平制定的,在该区域内统一实行的,对中小学校按照计划内学生人数的财政拨款标准。最后,生均预算内公用经费包含在生均预算内教育事业经费内,计算口径较小,所以更精确,反映问题更明显,其投入的多少能够直接反映出教育经费的紧张程度。①

通过分析表 1 中的数据,可以看出,虽然重庆市城乡生均教育经费相差较大,但是生均预算内教育经费相比而言不是那么突出。比如,城镇高中比农村高中生均教育经费高出 2358 元,而生均预算内教育经费仅高出 143 元;城镇初中比农村初中生均教育经费高出 1826 元,而生均预算内教育经费仅高出 139 元;城镇小学比农村小学生均教育经费高出 1146 元,而生均预算内教育经费仅高出 231 元。另外,城乡生均公用经费较生均预算内公用经费相比差距较大。城镇高中比农村高中生均公用经费高出 1153 元,生均预算内公用经费仅高出 15 元;城镇初中比农村初中生均公用经费高出 874 元,生均预算内公用经费仅高出 5 元;城镇小学比农村小学生均公用经费高出 577 元,生均预算内公用经费仅高出 148 元。总的来看,2007 年全市农村中小学生均经费及生均公用经费明显都低于市平均水平,在生均经费和生均公用经费方面,城乡教育经费分配不均衡现象较为明显。

表 2　2008 年重庆市中小学生均经费城乡分布情况

单位:元

项目	生均预算内教育经费	生均预算内公用经费	生均预算内日常公用经费
高中	2840.84	1073.03	588.73
初中	2802.17	1107.10	803.07

① 参见沈百福:《义务教育投入的城乡差异分析》,载《教育科学》2004 年第 3 期。

续表

项目	生均预算内教育经费	生均预算内公用经费	生均预算内日常公用经费
农村初中	2669.36	979.44	785.57
小学	2167.47	714.58	569.39
农村小学	2116.35	662.58	532.57

注:资料来源为《2010年重庆教育年鉴》。

表2中的数据显示,重庆市2008年的教育经费投入较2007年有所增长。高中生均预算内教育经费增幅达34.31%,生均预算内公用经费增幅高达86.29%;初中生均预算内教育经费增幅为26.85%,生均预算内公用经费增幅为58.84%;小学生均预算内教育经费增幅为21.56%,生均预算内公用经费增幅为1.36%。虽然全市中小学生均教育经费投入总体都有所增加,但从表2中的数据仍能直观地看出重庆市城乡教育经费投入的差距。比如,农村初中的生均预算内教育经费落后市平均水平132.81元,生均预算内公用经费落后市平均水平127.66元,生均预算内日常公用经费落后市平均水平17.5元;农村小学生均预算内教育经费落后市平均水平52.20元,生均预算内公用经费落后市平均水平52元,生均预算内日常公用经费落后市平均水平36.82元。

表3 2010年重庆市中小学生均经费城乡分布情况

单位:元

项目	生均预算内教育经费	生均预算内公用经费	生均预算内日常公用经费
高中	3609.86	1242.50	812.93
初中	4299.10	1568.04	1109.69
农村初中	4090.47	1346.52	948.35
小学	3633.96	1166.45	848.69
农村小学	3470.98	966.99	739.79

注:资料来源为《2011年重庆教育年鉴》。

表3中有关全市中小学生均经费的数据同表2中的数据相比,增长幅度较为显著。高中生均预算内教育经费增长769.02元,生均预算内公用经费增

长 169.47 元，生均预算内日常公用经费增长 224.2 元；初中生均预算内教育经费增长 1496.93 元，生均预算内公用经费增长 460.94 元，生均预算内日常公用经费增长 306.63 元；小学生均预算内教育经费增长 1466.49 元，生均预算内公用经费增长 451.87 元，生均预算内日常公用经费增长 279.3 元。与 2008 年相比，农村初中生均预算内教育经费增长 1421.11 元，生均预算内公用经费增长 367.08 元，生均预算内日常公用经费增长 162.78 元；农村小学生均预算内教育经费增长 1354.63 元，生均预算内公用经费增长 304.41 元，生均预算内日常公用经费增长 207.22 元。通过比较，可以明显看出，重庆市农村中小学的教育经费虽然在 2008 年得到增长，但是增长金额低于全市平均水平，即低于城镇中小学教育经费增长金额，城乡教学资源分配差距仍然存在。

表 4　2011 年重庆市中小学生均经费城乡分布情况

单位：元

项目	生均预算内事业费	生均预算内公用经费	生均预算内日常公用经费
高中	5399.5	1759.63	1256.99
初中	5604.96	1966.78	1476.45
农村初中	5366.4	1702.41	1291.45
小学	4773.15	1501.87	1100.08
农村小学	4700.25	1329.03	986.63

注：资料来源为《2012 年重庆教育年鉴》。生均预算内教育事业费与生均预算内教育经费的概念虽有一些区别，但一般可以相互替代。

表 4 中有关全市中小学生均经费的数据同表 3 中的数据相比，即 2011 年相较于 2010 年又有了较大幅度的增长。普通高中生均预算内公用经费比上年增长 517.13 元，增幅为 41.62%；生均预算内日常公用经费比上年增长 444.06 元，增幅为 54.62%。普通初中生均预算内公用经费比上年增长 398.7 元，增幅为 25.43%；生均预算内日常公用经费比上年增长 366.76 元，增幅为 24.84%。小学生均预算内公用经费比上年增长 355.89 元，增幅为 28.76%；生均预算内日常公用经费比上年增长 251.39 元，增幅为 29.62%。与 2010 年相比，农村初中生均预算内公用经费增长 355.89 元，生均预算内日常公用经费增长 343.1 元；农村小学生均预算内公用经费增长 362.04 元，生均预算内

日常公用经费增长 246.84 元。从总体水平来看,2011 年普通高中、普通初中、小学生均预算内公用经费和生均预算内日常公用经费较 2010 年有了显著增长。从农村和城市分别来看,生均各项经费依然存在不同程度的差距。从小学和农村小学来说,生均预算内公用经费农村小学与全市平均水平相差 172.84 元,生均预算内日常公用经费农村小学与全市平均水平相差 113.45 元,在小学层面,农村与城市的经费差距正在实质性缩小,农村小学的教育经费得到了补偿性增长。从初中和农村初中这两项来说,生均预算内事业费农村初中与全市平均水平相差 238.56 元,生均预算内公用经费农村初中与全市平均水平相差 264.37 元,生均预算内日常公用经费农村小学与全市平均水平相差 185 元,在初中层面,农村与城市的经费差距比小学的更大,特别是在生均预算内公用经费上差距较为显著。由此可以看出,统筹城乡教育发展在教育经费的支出和保障上,还需要进一步加大力度对农村中小学进行支持。特别是要在财政上对农村中小学的经费保障提供强有力的保障,对农村中小学的经费支出要进行倾斜。从表 4 的数据中我们也可以看到,虽然农村和城市之间还存在较大的差距,但总体而言,在经费保障上,农村中小学已基本得到了保证,且教育经费支出增长幅度也较为显著。

2011 年重庆市为了实现统筹城乡发展的规划目标,在教育经费保障机制改革方面取得了以下突破:一是建立了财政教育投入保障新机制,市政府坚持"年初预算优先考虑教育、执行预算优先满足教育、年终结算追加优先照顾教育",推动市政府出台《重庆市地方教育附加征收使用管理办法》《关于进一步加大财政教育投入的意见》两个文件,为保证全市财政性教育经费占全市 GDP 的 4% 的目标提供制度保障;二是制定了义务教育学校、普通高中学校、中等职业学校生均经费标准,同时提高了高等学校生均拨款水平,2011 年市属公办本科高校、高职专科院校生均拨款分别达到 1000 元和 4000 元;三是调整了公共财政支出结构,新增教育经费 70% 用于发展农村教育,重点向农村地区、少数民族地区和边远贫困地区倾斜。① 因此,重庆市教育经费的投入在一定程度上得到保证。

---

① 参见陈切锋:《2011 年重庆市统筹城乡教育发展报告》,载重庆市教育委员会公众信息网:http://www.cqjw.gov.cn/site/html/cqjwportal/sjts/2012-11-30/Detail_11002.htm,最后访问日期:2013 年 7 月 10 日。

(二)城乡教育发展条件情况

城乡教育发展条件包括学校占地面积、校舍面积、图书册数、教学仪器设备等几方面的指标,是衡量学校办学条件的重要标准之一。为了探明重庆市城乡教育发展条件,在收集相关资料后整理得出了2003年、2005年、2007年、2008年、2011年重庆市城乡中小学生教育发展数据情况,用以客观说明重庆市城乡教育发展条件的现状和问题。

2003年重庆市中小学生均占有校舍和教学辅助用房面积的情况为:城镇小学比农村小学分别多1.03平方米和0.42平方米,城镇中学比农村中学分别多0.57平方米和0.27平方米;每百名城镇小学学生拥有的计算机、图书比农村小学学生分别多2台和5册;生均占有固定资产和仪器设备价值,城镇小学分别比农村小学多4200元和300元,城镇中学比农村中学分别多2500元和200元。① 由此可见,在2003年,重庆市教育发展条件的城乡差距比较明显。

2005年重庆市中小学办学条件城乡差异可以通过表5的数据直观反映出来。

表5　2005年重庆市中小学办学条件城乡差异比较

学校	城乡	生均拥有危房面积(m^2)	每100名学生拥有计算机(台)	生均拥有图书(册)	生均拥有电子图书(片)	生均拥有固定资产(万元)	生均拥有仪器设备价值(万元)
小学	城镇	0.09	6.01	10.11	0.85	0.51	0.06
	农村	0.23	3.74	9.51	0.32	0.22	0.02
	差值	-0.14	2.27	0.60	0.53	0.29	0.04
初中	城镇	0.07	20.96	6.75	0.51	0.45	0.04
	农村	0.13	4.17	7.73	0.32	0.27	0.02
	差值	-0.06	16.79	-0.98	0.19	0.18	0.02
高中	城镇	0.12	10.67	17.49	3.72	1.59	0.16
	农村	0.17	9.40	16.57	1.31	0.81	0.07
	差值	-0.05	1.27	0.92	2.41	0.78	0.09

注:资料来源为《2005年中国教育年鉴》。

① 重庆市教育委员会编著:《重庆市教育事业统计分析资料》,重庆出版社2004年版,第65页。

从表5的数据来看,重庆市农村中小学无论是每100名学生拥有计算机数量还是生均拥有图书、电子图书、固定资产、仪器设备等方面,在总体上落后于城镇中小学。其中,农村小学每100名学生拥有计算机的数量与城镇小学相差2.27台;农村中学每100名学生拥有计算机的数量与城镇初中相差16.79台;农村高中每100名学生拥有计算机的数量城镇高中相差1.27台。城乡中小学在生均拥有图书数量方面差距不大,比较接近。农村初中生均拥有图书甚至略高于城镇0.98册。但在生均拥有电子图书方面,不管是农村小学,还是初中、高中,几乎只有城镇学生一半的数量。在生均拥有固定资产方面,农村小学、初中、高中分别低于城镇0.29万元、0.18万元和0.78万元。在拥有仪器方面,农村高中、初中、小学生均拥有仪器设备价值分别低于城镇0.09万元、0.02万元和0.04万元。另外,农村小学、初中、高中生均拥有危房面积分别高于城镇0.14平方米、0.06平方米和0.05平方米。

表6 2007年重庆市中小学生均教学仪器设备情况

单位:元

	普通小学		普通初中		普通高中	
	数值	与全市比	数值	与全市比	数值	与全市比
全市	344		296		1352	
城镇	480	136	299	3	1386	34
农村	213	-131	286	-10	873	-479

注:资料来源为《2008年重庆教育发展报告》。

表6是2007年重庆市中小学生均教学仪器设备数据总体情况说明及城乡中小学生均教学仪器设备数据对比说明。从表6中的数据可以看出,2007年重庆市城乡小学生均拥有教学仪器设备金额差距较大,相差267元;初中生均拥有教学仪器设备金额城乡差距较小,仅为13元;高中生均拥有教学仪器设备金额城乡差距较大,为513元。该数据从一定层面上反映了城乡教育在硬件方面的距离。

另外,根据2007年的其他统计数据,重庆市库区15个区县义务教育学校共缺校地1000万平方米,缺校舍340万平方米。不少农村学校将原来的旧教室改成学生宿舍,存在突出的安全隐患。与此同时,农村学校体育设施设备也很落后，生均运动场面积不足、质量不高，体育设施也很简陋。[①] 近年来，随着农村义务教育经费保障机制的实施，总体上来看，重庆农村的硬件教育条件有逐步改善的趋势。很多农村学校逐渐拥有了自己的音乐室、美术室、实验室等。

表7 2011年重庆市普通中小学校生均教学仪器设备值情况

单位：元

区县	生均教学设备仪器值		
	小学	普通初中	普通高中
渝中区	699	309	5193
九龙坡区	545	497	2923
南岸区	1585	1149	5761
北碚区	374	796	660
渝北区	257	2001	4087
巴南区	880	2092	
涪陵区	414	660	520
长寿区	666	683	1007
合川区	488	297	662
永川区	467	632	2795
南川区	917		
綦江县	300	534	1191
铜梁县	598	759	684
大足县	467	990	1242
荣昌县	237	574	918
璧山县	250	419	956

① 重庆市教委、重庆教科院编著：《2008重庆教育发展报告——加快重庆农村教育发展的研究》，重庆出版社2009年版，第143～144页。

续表

区县	生均教学设备仪器值		
	小学	普通初中	普通高中
梁平县	511	572	1497
城口县	913	361	204
丰都县	357	297	1391
垫江县	322	219	1215
忠县	417	213	1268
开县	337	514	599
云阳县	445	299	1395
奉节县	297	391	628
巫山县	205	313	993
巫溪县	187	355	761
黔江区	435	543	1249
武隆县	425	194	1038
石柱县	315	380	797
秀山县	71	68	181
酉阳县	194	175	2289
彭水县	559	557	1214

注:沙坪坝区、大渡口区、潼南县、江北区、万州区、江津区数据暂缺,巴南区生均教学仪器设备值中普通初中和普通高中统一计算,南川区生均教学仪器设备值小学、普通初中和普通高中统一计算,资料来源为《2012年重庆教育年鉴》。

表7是2011年重庆市普通中小学校生均教学仪器设备值的情况。该表是以重庆市各区县(自治县)为统计单位进行统计,没有具体区分城市和农村,且有几个区县的数据暂缺,但是却能大致反映各区县在生均教学仪器设备值方面的差距。从表7可以看出,秀山县的小学、普通初中和普通高中的生均教学仪器设备值分别为71元、68元和181元,为全市最低;南岸区的小学和普通高中的生均教学仪器设备值分别为1585元和5761元,处于全市最高水平;渝北区普通初中的生均教学仪器设备值为2001元,处于全市最高水平。从生

均教学仪器设备值来看,各区县还存在不同程度的差距,生均教学仪器设备值较高的区县主要位于主城9区及其附近区县。其他区县的生均教学仪器设备值呈现不规律的分布。从某一区域分析,数据有高有低;从某一具体区县分析,除秀山县外,其余县市不存在极端偏低的情况。但从表7的数据来看,生均教学仪器设备值分布不平衡,区域差距较大的问题还需要继续得到重视。表7中反映出的问题主要在于,从某一区县内部来讲,小学、普通初中和普通高中生均教学仪器设备值差距大;从区域来讲,主城及其周边地区整体生均教学仪器设备值相较于其他区县稍高,个别区县的个别指标超高。因此,在解决生均教学仪器设备值存在的问题时应从两个方面着手:一是进一步缩小区域间差距;二是平衡一些区县小学、普通初中和普通高中生均教学仪器设备值,保证学生在各个受教育阶段均能享受到良好的教学仪器设备。当然,缩小教学仪器设备上的差距仅仅是一方面,在配备更加完善的教学仪器设备的同时,配备能够正确、有效使用这些教学仪器设备的教师是同等重要的另一方面。

表8是有关2008年重庆市普通中小学校生均校舍面积统计数据,虽然是以重庆市各区县为统计单位,没有具体分城市和农村,但是却能更清楚地了解各区县在生均占有校舍面积方面的差距。

表8 2008年重庆市普通中小学校生均校舍面积情况

单位:平方米

区县	生均校舍面积		
	小学	普通初中	普通高中
全市	6.61	5.83	17.32
1小时经济圈	7.24	6.03	17.69
渝中区	6.85	4.76	23.48
大渡口区	6.44	6.47	18.27
江北区	8.83	4.78	25.13
沙坪坝区	8.26	5.25	40.45
九龙坡区	6.57	6.31	23.73
南岸区	6.74	4.87	24.44
北碚区	8.08	4.31	21.99

续表

区县	生均校舍面积		
	小学	普通初中	普通高中
渝北区	8.59	12.55	17.73
巴南区	7.21	4.98	21.21
万盛区	7.63	5.49	11.86
双桥区	7.24	5.63	11.07
涪陵区	6.62	7.65	11.98
长寿区	9.32	4.95	18.48
江津区	7.07	6.81	18.90
合川区	7.49	5.18	11.61
永川区	7.70	8.12	13.30
南川区	6.01	3.74	16.97
綦江县	6.98	5.44	11.35
潼南县	6.69	5.40	14.88
铜梁县	7.15	6.92	10.15
大足县	8.16	6.70	15.77
荣昌县	5.02	6.63	10.75
璧山县	5.93	5.74	13.48
渝东北翼	6.49	5.88	15.14
万州区	5.67	4.70	16.94
梁平县	7.47	6.67	19.59
城口县	8.61	8.65	11.45
丰都县	5.16	5.98	12.85
垫江县	4.94	4.93	11.91

续表

区县	生均校舍面积		
	小学	普通初中	普通高中
忠县	9.45	5.53	17.62
开县	5.39	5.11	15.16
云阳县	7.18	6.28	12.55
奉节县	5.11	5.85	13.55
巫山县	5.72	4.76	20.63
巫溪县	6.71	6.20	14.31
渝东南翼	6.08	4.87	18.08
黔江区	5.54	4.31	15.66
武隆县	8.26	5.06	19.31
石柱县	5.48	5.28	14.41
秀山县	6.22	5.71	13.47
酉阳县	6.57	5.00	29.22
彭水县	4.43	3.85	16.40

注：除“1小时经济圈”①“渝东北翼”②“渝东南翼”③3项数据是通过计算得出的，其余资料来源为《2008年重庆市教育事业统计分析资料》。

从表8可以看出，彭水县的小学生均校舍面积处于全市最低的水平，为4.3平方米，与全市小学的生均校舍面积比较，相差了2.18平方米。南川区的普通初中生均校舍面积位于全市最低水平，为3.74平方米，与全市普通初中的生均校舍面积比较，相差了2.09平方米。铜梁县的普通高中生均校舍面积全市最低，为10.15平方米，与全市普通高中的生均校舍面积比较，相差了7.17平方米。忠县的小学生均校舍面积全市最高，为9.45平方米，比全市小

① “1小时经济圈”包括渝中区、大渡口区、江北区等23个区县。

② “渝东北翼”包括万州区、梁平县、城口县等11个区县。

③ “渝东南翼”包括黔江区、武隆县、石柱县等6个区县。

学的生均校舍面积高 2.84 平方米，比彭水县的小学生均校舍面积高 5.02 平方米。渝北区的普通初中生均校舍面积全市最高，为 12.55 平方米，比全市普通初中的生均校舍面积高 6.72 平方米，比南川区的普通初中生均校舍面积高 8.81 平方米。酉阳县的普通高中生均校舍面积全市最高，为 29.22 平方米，比全市普通高中的生均校舍面积高 11.9 平方米，比铜梁县的普通高中生均校舍面积高 19.07 平方米。总体来看，重庆市各区县（自治县）的生均校舍面积同样存在一定的差距。从总体情况来看，"1 小时经济圈"内的普通中小学在生均校舍面积方面略占优势，"渝东北翼"与"渝东南翼"的普通中小学在生均校舍面积方面则各有优劣，两者差距不明显。由于位于"1 小时经济圈"的基本上是城市地区，因此，从普通中小学生均校舍面积拥有量方面，也可以看出重庆市城乡在教育硬件方面的差距。

表 9　2011 年重庆市普通中小学校生均校舍面积情况

单位：平方米

<table>
<tr><th rowspan="2">区县</th><th colspan="3">生均校舍面积</th></tr>
<tr><th>小学</th><th>普通初中</th><th>普通高中</th></tr>
<tr><td>渝中区</td><td>9.13</td><td>5.69</td><td>17.88</td></tr>
<tr><td>江北区</td><td>6.46</td><td>5.88</td><td>15.77</td></tr>
<tr><td>九龙坡区</td><td>8.03</td><td>7.71</td><td>21.78</td></tr>
<tr><td>南岸区</td><td>11.00</td><td>9.92</td><td>30.38</td></tr>
<tr><td>北碚区</td><td>11.00</td><td>4.51</td><td>17.22</td></tr>
<tr><td>渝北区</td><td>10.42</td><td>6.53</td><td>23.62</td></tr>
<tr><td>巴南区</td><td>9.57</td><td colspan="2">14.33</td></tr>
<tr><td>涪陵区</td><td>9.27</td><td>11.36</td><td>12.08</td></tr>
<tr><td>长寿区</td><td>11.60</td><td>9.76</td><td>19.53</td></tr>
<tr><td>江津区</td><td colspan="2">22.9</td><td></td></tr>
<tr><td>合川区</td><td>10.84</td><td>7.97</td><td>11.95</td></tr>
<tr><td>永川区</td><td>8.39</td><td>9.32</td><td>17.50</td></tr>
<tr><td>南川区</td><td colspan="3">10.70</td></tr>
<tr><td>綦江县</td><td>6.51</td><td>9.48</td><td>10.47</td></tr>
<tr><td>铜梁县</td><td>9.74</td><td>10.30</td><td>9.82</td></tr>
</table>

续表

区县	生均校舍面积		
	小学	普通初中	普通高中
大足县	10.69	11.43	17.03
荣昌县	5.91	8.77	11.45
璧山县	7.29	8.56	12.87
万州区	6.6	5.6	—
梁平县	9.41	7.43	15.93
城口县	9.25	11.46	6.58
丰都县	6.16	6.79	14.45
垫江县	5.03	6.96	15.51
忠县	11.41	7.71	16.57
开县	6.73	7.72	15.48
云阳县	8.93	8.47	13.08
奉节县	7.09	9.13	15.66
巫山县	7.20	7.62	16.92
巫溪县	9.26	10.77	15.11
黔江区	8.39	9.45	13.10
武隆县	9.19	6.33	14.72
石柱县	7.45	8.57	12.75
秀山县	9.12	8.86	19.22
酉阳县	7.98	7.78	14.43
彭水县	6.31	6.50	10.89

注：沙坪坝区、大渡口区和潼南县数据暂缺，巴南区生均校舍面积中普通初中和普通高中统一计算，江津区生均校舍面积仅有义务教育阶段数据，南川区生均校舍面积小学、普通初中和普通高中统一计算，万州区暂缺普通高中生均校舍面积数据，资料来源为《2012年重庆教育年鉴》。

表9反映了2011年重庆市普通中小学生均校舍面积的情况。从表8中可以看出,垫江县的小学生均校舍面积为全市最低,面积为5.03平方米;北碚区的普通初中生均校舍面积位于全市最低水平,为4.51平方米;城口县的普通高中生均校舍面积位于全市最低水平,为6.58平方米。忠县的小学生均校舍面积全市最高,为11.41平方米,比垫江县的小学生均校舍面积高6.38平方米。巴南区的普通初中生均校舍面积全市最高,为14.33平方米,比北碚区的普通初中生均校舍面积高9.82平方米。南岸区的普通高中生均校舍面积全市最高,为30.38平方米,比城口县的普通高中生均校舍面积高23.8平方米。通过数据对比可以看到,总体而言,2011年重庆市各区县(自治县)中小学生校舍面积较2008年有所上升。但是,各区县(自治县)最高校舍面积和最低校舍面积的差值比较2008年有所扩大,以生均校舍面积反映出来的教学基础设施上,各区县(自治县)之间还存在不平衡的问题。生均校舍面积较大的区县主要位于"一小时经济圈"及其附近区县,而总体上生均校舍面积偏低的区县则仍然布局在渝东南和渝东北等经济、社会发展相对落后的地区。这也说明,近年来,在教学基础设施总体上完善发展的基础上,还需要更加注意对教育发展相对落后的地区进行倾斜性支持,促进各区县(自治县)教学基础设施的均衡分布和发展。

表10　2009~2013年重庆市各级各类学校数量

单位:所

年份	普通高等学校	中等职业学校	普通中学	小学	特殊教育学校	幼儿园
2008	47	300	1325	7575	41	3582
2009	51	271	1304	7096	36	3700
2010	53	248	1273	5544	36	4105
2011	59	236	1259	5248	36	4114
2012	60	227	1231	4810	36	4401
2013	63	221	1200	4728	36	4547

注:2008年学校数含"独立学院"数。表中数据来源为《2014年重庆统计年鉴》。

对比表10中的数据,可以看出,从2008年到2013年,除了普通高等学校数量和幼儿园数量总体上呈上升趋势外,中等职业专业学校和普通中学、小学数量均呈递减趋势。学校数量减少与重庆市统筹城乡教育资源有一定关系,减少的学校主要是落后的乡村学校。这些乡村学校或是与其他学校合并，或是被削减以便整合教育资源，优化教学质量。

表 11 2013 年重庆市各区县学校数量

单位：所

区县	学校数	普通中学	小学
全市	5928	1200	4728
1 小时经济圈	2448	675	1773
渝中区	46	14	32
大渡口区	27	7	20
江北区	53	18	35
沙坪坝区	85	30	55
九龙坡区	77	33	44
南岸区	63	24	39
北碚区	78	21	57
渝北区	117	41	76
巴南区	95	38	57
涪陵区	156	51	105
长寿区	98	29	69
江津区	219	50	169
合川区	162	37	125
永川区	219	38	181
南川区	97	34	63
綦江区	146	69	77
潼南县	167	31	136

续表

区县	学校数	普通中学	小学
铜梁县	90	26	64
大足区	208	31	177
荣昌县	175	29	146
璧山县	70	24	46
万州区	217	59	158
梁平县	95	33	62
城口县	146	8	138
丰都县	177	41	136
垫江县	128	25	103
忠县	256	30	226
开县	387	57	330
云阳县	308	53	255
奉节县	298	34	264
巫山县	259	20	239
巫溪县	237	19	218
黔江区	138	22	116
武隆县	92	12	80
石柱县	197	21	176
秀山县	170	26	144
酉阳县	217	39	178
彭水县	158	26	132

注:本表教育数据统计口径包括普通中学、小学。数据来源为《2014 年重庆统计年鉴》。

表 11 是 2013 年有关重庆市各区县普通中学和小学数量的数据。从表中

数据可以看出，各个区县的小学数量明显多于普通中学。其中大渡口区无论是普通中学还是小学数量均为最少，分别为 7 所和 20 所，是全市普通中学和小学学校数量最少的区。在所有区县中，普通中学和小学学校数量最多的为开县（现更名为开州区），数量达到 387 所，其中小学数量也为最高，达到 330 所，这与开县是重庆市人口最多的县有关。经过统计得出，主城 9 区①的普通中学数量为 226 所，仅占整个重庆市普通中学数量的 18.83%，小学数量为 415 所，仅占总数量的 8.77%。目前，整个重庆的生源有向主城转移的趋势，但从表中的数据可以看出主城 9 区在义务教育阶段的教育资源较为紧张，特别是结合主城 9 区中小学学生数量分别占到重庆市中小学学生数量的 20.16% 和 18.25% 来看，更为直观。由此可见，重庆市教育资源并不是全部偏向城市，教育资源的配置存在一些不合理的地方。因此，随着城市化步伐的加快和城区人口的增长，主城区的中小学校数量还应增加，在提高教学质量的同时还应确保更多的学生享受到优秀的义务教育。

表 12　2013 年重庆市各区县人均拥有图书量

区　　县	在校学生数（人）	公共图书馆藏书（万册）	学生人均拥有图书（册）
全　市	3,668,104	1128.85	3.07
都市发达经济圈	701,586	668.54	9.52
渝西经济走廊	1,012,370	186.17	1.83
三峡库区生态经济区	1,924,148	274.14	1.42
1 小时经济圈	1,917,670	935.97	4.88
渝中区	55,505	131.34	23.66
大渡口区	32,362	19.62	6.06
江北区	67,490	22.20	3.28
沙坪坝区	92,433	337.66	36.53
九龙坡区	112,818	32.34	2.86

① 重庆市有 9 个主城区，分别为渝中区、大渡口区、江北区、沙坪坝区、九龙坡区、南岸区、北碚区、渝北区、巴南区。与其他区县相比，主城 9 区的教育发展较为成熟。

续表

区　县	在校学生数(人)	公共图书馆藏书(万册)	学生人均拥有图书(册)
南岸区	76,120	29.85	3.92
北碚区	56,647	50.45	8.90
渝北区	127,268	25.76	2.02
巴南区	80,943	19.32	2.38
涪陵区	123,776	54.18	4.37
长寿区	79,938	27.08	3.38
江津区	140,875	30.82	2.18
合川区	125,412	23.97	1.91
永川区	123,149	14.71	1.19
南川区	72,940	9.14	1.25
綦江区	115,682	25.91	2.23
大足区	108,278	10.00	0.92
潼南县	90,747	21.00	2.31
铜梁县	87,284	24.23	2.77
荣昌县	85,000	13.86	1.63
璧山县	63,003	12.54	1.99
万州区	182,998	26.27	1.43
梁平县	98,455	4.00	0.40
城口县	32,224	12.20	3.78
丰都县	107,548	20.50	1.90
垫江县	126,399	4.25	0.33
忠　县	107,899	6.39	0.59
开　县	199,107	21.41	1.07

续表

区　县	在校学生数(人)	公共图书馆藏书(万册)	学生人均拥有图书(册)
云阳县	144,713	10.08	0.69
奉节县	123,452	6.63	0.53
巫山县	78,816	8.60	1.09
巫溪县	58,981	5.02	0.85
黔江区	85,120	30.93	3.63
武隆县	46,090	12.15	2.63
石柱县	71,014	6.10	0.85
秀山县	75,211	5.76	0.76
酉阳县	114,243	6.82	0.59
彭水县	98,074	5.78	0.58

注:本表中各区县在校学生数为各区县普通中学生和小学生之和。数据来源为《2014年重庆统计年鉴》。

从表12所反映的重庆市学生人均拥有图书量来看,全市学生人均拥有图书量的数值是3.07,都市发达经济圈学生人均拥有图书量的数值为9.52,渝西经济走廊学生人均拥有图书量的数值为1.83,三峡库区生态经济区学生人均拥有图书量的数值为1.42。都市发达经济圈的学生人均拥有图书量,约是三峡库区生态经济区学生人均拥有图书量的6.7倍。

(三)城乡教师收入情况

《中华人民共和国教师法》(以下简称《教师法》)规定:教师的平均工资水平应当不低于或者高于国家公务员的平均工资水平,并逐步提高。《教师法》实施十多年来,重庆市各级教师的平均工资水平明显提高,但是现在尚未建立专门的教师工资支付机制,教师的平均工资水平不得低于当地公务员的工资水平这一法律规定还没能得到实质性实现,①重庆市农村教师的工资仍

① 参见吴琳玲:《重庆市城乡义务教育均等化供给研究》,西南财经大学2012年硕士学位论文,第38页。

然较低。而重庆的特殊地理环境又决定了大量山村学校的存在。山村教师工作环境艰苦,如很多地方山区小学还不通车,也不通网络。虽然国家规定了对于山村老师有一定的补贴,但是由于县级财政的压力较大,针对山区教师的一些政策性补贴并不能有效落实,这在无形中更加拉大了城乡教师收入差距。据统计,2007年重庆市义务教育学校教职工年人均收入23,624元,其中,市直属义务教育学校教职工人均收入为60,307元,城区义务教育学校教职工人均年收入31,361元,县及以下义务教育学校教职工人均年收入为21,816元。① 由此可见,城乡间教师收入差距是很明显的。

2008年在网络论坛上有一张晒教师收入的帖子,其中在重庆教师的队伍里,有这样几个留言:"我工作十二年,中级职称,工资700元,课时费教案费等杂七杂八有1600元,然后做班主任有1100元,总共3400大洋。这个数字只是勉强温饱,在我居住的城市自从发现股票和基金后觉得它们改变了我的人生,所以再加股票基金收益不等,但是我坚信美好的明天!""我是重庆的一名农村小学教师,工作7年,2001年被评为小教一级。现在每月工资是745元。其他没有包括第13月工资。只够我一个人基本解决温饱。""我是重庆万州的教师,95年大专毕业,中一职称,873元每月。""我是重庆市农村教师,工作17年才877元。""我是重庆铜梁的小学教师,每月才700元,哎失望哟。"②这些或许是教师网友们的吐槽,但是它从一个侧面反映了农村教师收入偏低这个不争的事实。2008年年底重庆永川、铜梁等地出现了教师集体罢课的事件,最终以市政府提高对农村义务教育阶段教职工的补贴幅度而收场,此事件也引起了对农村教师收入偏低现象的重视。中国还是一个以农业为基础的国家,重庆市也是一个农村人口占多数比例的直辖市。如果农村教师因待遇太低而生活不稳定或者消极上课,将对农村地区的教育事业产生重大影响,统筹重庆市教育发展的目标也无法实现。

值得欣喜的是,重庆市委、市政府逐渐意识到发展农村教育的重要性,高度重视落实义务教育教师绩效工资的政策,在全国率先落实并兑现义务教育阶段教师绩效工资。为了落实绩效工资,在资金筹集上实行"管理以县为主、

① 参见邱家洪:《城乡教育资源非均衡配置的政策归因与对策建议》,载《南方论坛》2010年第4期。

② 《全国各地教师收入大比拼》,载QQ校园论坛:http://cq.qq.com/a/20080731/000222_1.,最后访问日期:2012年9月2日。

资金上市与县共担，适当向贫困区县倾斜"的原则。2010年全市投入近49亿元用于中小学教师的绩效工资，其中，中央资金3.08亿元，市级资金21亿元，惠及31.7万名义务教育在职和离退休教师。[①] 随着绩效工资的推行，城乡教师的工资差距有所缩小，但是，绩效工资的推行只是缓和城乡教师收入差距，并不能真正消灭城乡教师收入差距。由于重庆市义务教育阶段的绩效工资是由区、县级政府确定，而不同的区、县财政收入状况不一样，其确定的各级教师的绩效工资的水平也不一样。绩效工资只是体现区、县内同级别教师的工资平等，但是区、县间同级教师的收入仍然有较大差距。

（四）城乡师资力量情况

百年大计，教育为本；教育大计，教师为本。教师的数量和质量是决定教育质量的关键。重庆市教育资源的城乡差异不仅表现在生均教育经费和教学条件的不均衡，还同样表现在基础教育领域的师资配置上。目前，我国农村中小学教师队伍的构成主要有：一是20世纪80年代初的一批中师生，他们虽然通过函授或自学考试取得大专文凭，但是由于没有系统接受现代化教育，因此与现代教育改革和创新要求有一些落差；二是一定比例的"民转公"教师和"代课教师"，他们的教龄不短，年龄偏大，有一定的教学经验，但大部分没有接受正规的师范教育，素质参差不齐。[②] 重庆同样存在这样的问题，农村教师队伍的现状严重制约着农村教育质量的提高。表13是有关2003年重庆城乡教师的学历对比。

表13　2003年重庆市城乡中小学师资条件对比情况

单位：%

	本科以上学历比例	专科学历比例	中、高级职称比例	师生比例
城镇小学	5.46	55.66	34.58	1/20
农村小学	0.86	39.15	21.93	1/28
城镇初中	45.88	49.02	35.86	1/15
农村初中	16.8	72.15	17.28	1/20

注：资料来源为《2004年重庆市教育事业统计分析资料》。

① 参见重庆市教育委员会编著：《重庆教育年鉴－2011》，重庆出版社2011年版，第95页。
② 参见范忠：《我国城乡义务教育资源分配公平问题研究——以福建省永定县为例》，南昌大学2009年硕士学位论文，第23页。

从表13所反映的教师的学历层次来看,在2003年,重庆市本科以上学历的教师,城镇小学为5.46%,农村小学仅有0.86%;城镇初中达45.88%,农村初中仅有16.8%。专科学历教师,城镇小学达55.66%,农村小学仅有39.15%;城市初中为49.02%,农村初中多达72.15%。从具有中高级职称的专任教师数量来看,城镇小学为34.58%,农村小学仅21.93%;城镇初中为35.86%,农村初中仅17.28%。总体来看,在城镇初中的教师队伍里,本科以上学历和专科学历的老师占了全体教师的94.90%,且两者比例相当。但是,在农村初中,本科以上学历和专科学历的老师占全体教师的88.95%,其中专科学历的老师比例高达72.15%。换言之,农村初中教师的学历主要集中在专科层次,教师的学历层次在整体还有待加强。

重庆市农村中小学教师除了在学历、职称方面与城镇中小学教师相比存在一定差距。另外,在教师合格比例、学历提高率等方面,城乡差异也比较明显。(见表14)

表14 2005年重庆市城乡中小学师资条件差异比较

学校		合格教师比例(%)	学历提高率(%)	中级以上教师比例(%)	师生比
小学	城镇	99.46	78.20	42.61	1/21
	农村	98.12	60.67	28.55	1/24
初中	城镇	98.01	64.52	46.98	1/18
	农村	96.02	39.02	26.65	1/19
高中	城镇	90.74	0.77	56.41	1/19
	农村	74.82	0.24	36.97	1/18

注:资料来源为《2005年中国教育统计年鉴》。

从表14中的数据得知,2005年重庆市城镇中小学教师合格比例都保持在90%以上,农村小学和初中也达到了90%以上的水平,农村高中教师合格比例较低,仅为74.82%,但三组数据均显示农村教师合格率低于城镇。在教师学历提高率方面,城镇小学最为突出,提高率为78.20%。农村高中最低,为0.24%。总的来说,全市小学教师学历提高率最高,其次为初中,最后为高中。另外,中小学中级及以上职称教师的比例是反映师资力量的一个重要指标,反映的是教师的执教水平和从业能力,是教师自身综合素质的重要体现。[①] 重庆市这一比例的城乡差距较大,分布不均衡,小学、初中、高中差值分别为14.06%、20.33%和19.44%,农村中小学中级及以上职称的教师比例大约只有城镇的1/3。

另外,据《2009年重庆教育发展报告》载,2009年重庆市全市拥有普通小学专任教师117,460人,其中达到高中毕业及以上学历的专任教师116,414人,学历达标率99.1%;达到专科毕业以上学历90,681人,学历提高率77.2%。全市普通高中专任教师30,093人,其中达到本科毕业及以上学历的专任教师28,516人,学历达标率为94.8%;达到研究生毕业及以上学历者520人,学历提高率1.7%。全市普通初中专任教师达到本科及以上学历者53,108人,学历提高率69.5%。全市普通中小学和幼儿园专任教师学历达标率全面超过全国平均水平,除普通高中专任教师学历提高率偏低外,全市普通中小学教师学历提高率位居全国前列。2009年的统计信息并未涉及城乡之间教师学历达标率和学历提高率的对比,总体而言相较于2008年的数据,学历达标率变化不大,但教师学历达标率正在逐步提高。就学历提高率而言,综合2008年的数据进行分析,则有了显著提高,特别是普通高中教师学历提高率从2008年的0.77%和0.24%上升到1.7%,虽然总体人数仍然相对较少,但是呈现出了明显的上升趋势。同时,《2009年重庆教育发展报告》还以全国的维度分析了重庆市的情况,虽然城乡之间差距依然存在,但在总体上,其中小学教师学历达标率和提高率在全国而言还是有很大的发展,这说明重庆统筹城乡发展教育取得了一些积极的进展和成果。

表15　2008年重庆市城乡中小学专任教师、在校学生情况

学校		专任教师及比例		在校学生及比例		师生比
		（人）	（%）	（人）	（%）	
小学	城镇	58,725	49.3	1,171,204	52.2	1/20
	农村	60,436	50.7	1,072,712	47.8	1/18

① 参见李文婧:《重庆城乡基本公共服务均等化评价研究——以义务教育为例》,重庆大学2013年硕士学位论文,第21~22页。

续表

学校		专任教师及比例		在校学生及比例		师生比
		（人）	（%）	（人）	（%）	
初中	城镇	57,417	77.5	1,041,736	77.1	1/18
	农村	16,709	22.5	308,715	22.9	1/18
高中	城镇	26,992	93.1	517,847	92.9	1/19
	农村	1993	6.9	39,558	7.1	1/20

注：资料来源为《2009年重庆教育年鉴》。

表15是有关2008年重庆市专任教师人数及在校学生人数的统计，全市小学专任教师119,161人，农村小学教师占50.7%；初中专任教师74,126人，农村中学教师占22.5%；高中专任教师28,985人，农村高中教师占6.9%。全市小学在校学生2,243,916人，农村小学生占47.8%；初中在校学生数1,350,451人，农村初中学生占22.9%；高中在校学生数557,405人，农村高中学生占7.1%。

表16　2009年重庆市城乡中小学专任教师、师生比情况

学校		专任教师及比例		师生比
		（人）	（%）	
小学	城镇	59,442	50.6	1/17.87
	农村	58,018	49.4	1/17.7
初中	城镇	59,439	77.8	1/13.68
	农村	17,012	22.3	1/17.91
高中	城镇	28,458	94.6	—
	农村	1635	5.4	—

注：资料来源为《2009年重庆教育发展报告》《重庆市城乡义务教育均等化供给研究》。

表16反映了2009年重庆市城乡中小学专任教师的情况，全市小学专任教师117,460人，农村小学教师占49.4%；初中专任教师76,451人，农村中学教师占22.3%；高中专任教师30,093人，农村高中教师占5.4%。相较于

2008 年的数据,我们可以发现 2009 年农村专任教师占全市专任教师的比例均有小幅下降,且农村小学专任教师和高中专任教师的人数也有小幅下降。

通过观察表 13、表 14、表 15、表 16 有关城乡中小学师生比可以发现,2003 年全市城乡小学师生比分别为 1:20 和 1:28,城乡初中师生比分别为 1:15 和 1:20。2005 年全市城乡小学师生比分别为 1:21 和 1:24,城乡初中师生比分别为 1:18 和 1:19,城乡高中师生比分别为 1:19 和 1:18。2008 年全市城乡小学师生比分别为 1:20 和 1:18,城乡初中师生比分别为 1:18 和 1:18,城乡高中师生比分别为 1:19 和 1:20。2009 年全市城乡小学师生比分别为 1:17.87 和 1:17.7,城乡初中师生比分别为 1:13.68 和 1:17.91。从以上数据可以看出,重庆市中小学师生比的城乡差距不大,结合国务院颁布的《关于制定中小学教职工编制标准的意见》的相关规定,其基本符合国家规定的师生比核编标准。虽然从量上来看,农村教师基本能够满足农村学子的师生比例的需求,但是从农村老师队伍的构成可以看出,其学历层次不高,主要集中在专科及以下学历,因此从质的方面来讲,农村教师与城镇教师相比存在较大的提升空间。

通过观察表 15 和表 16 中城乡中小学专任教师的比例,可以发现,从小学到高中,农村教师所占比例逐次下降,农村小学教师与城镇小学教师人数在总体比例上大致相等,人数基本相当。农村初中教师和农村高中教师人数相较于城镇而言,则人数相对较少,特别是农村高中教师仅占高中教师总人数的 5.4%。这种情况的出现,一方面,有历史的原因,从传统上来讲,高中学校主要在城镇,农村总体上高中学校较少,初中学校也类似。另一方面,也有现实的城乡教育发展不均衡的原因存在,上述历史的原因也属于广义的城乡教育发展不均衡的范畴。另外,虽然总体上农村小学教师和城镇小学教师人数总体上差距不大,但从《2009 年重庆教育发展报告》的论述中可以发现,农村教师在人数和师资质量上还存在很多亟待解决的问题,比如:(1)结构性缺编,即超编和缺编现象共存,音乐、体育、美术、英语和信息技术等学科教师数量不足;(2)培训经费不到位,教师培训工作时有时停,教师教育可持续发展缺乏基本经费保障;(3)农村教师一人上多个学科甚至包班的情况较突出。

值得欣喜的是,2010 年重庆市城乡教师队伍建设机制改革取得了一些新突破:一是对 19 个国家和市级重点扶贫开发区县进行送教培训,选派主城 9 区 300 名优秀中青年教师和 1000 余名优秀大学生到 15 个区县支教 1 年;二是开展了高中新课改校长、教导主任、教研员、教师培训,对村小教师、中小学英语、美术等短缺学科教师以及市级骨干教师、特级教师进行培训;三是组建市名师工作室，评审认定主持人5人；四是实行“3+2”师范教育模式，培养适应农村小学的本土化教师1000余名。[①]

虽然通过这些举措提高了农村教师的业务能力和综合素质，但由于大部分农村教师很少有机会参加一些交流和讲座等，在正式施教前也很少有上岗培训的机会，即使有一些培训也很难达到最初预料到的目的。因此从总体上来看，农村老师的业务能力与城镇教师相比，还有一些差距。并且由于自身能力的限制，很多现代化的教学设备即使送到农村学校也不能很好发挥其作用。一些先进的教学方法没有经过自己的实践探索，使农村教师自己很难驾驭，教学效果得不到学生的认可。相比之下，城镇教师每年甚至每月都有各种形式的经验交流会和讲座，定期去学习，正式上岗前有专门的培训期。对于一些现代化的教学设备和教学方法，很多教师在大学期间就有专门的教学考试，对他们来说也是驾轻就熟。因此，在推进城乡统筹教育的过程中，需要切实加强对农村教师培训的经费保障和制度保障，提高农村教师整体师资水平。同时，要不断加大力度，改善农村教师结构性缺编的现象。最终实质缩小城乡区域教育以及校际之间的差距，拓展城乡优质教育资源，实现全市整体教育水平的提高。

表17　2013年重庆市各区县生均拥有专任老师数

单位：名

区　　县	普通中学专任教师数	小学专任教师数	普通中学生人数	小学生人数	普通中学生均专任教师数	小学生均专任教师数
全　市	113, 880	115, 204	1, 678, 976	1, 989, 128	0.0678	0.0579
都市发达经济圈	25, 324	21, 887	338, 517	363, 069	0.0748	0.0602
渝西经济走廊	32, 832	30, 916	447, 655	564, 715	0.0733	0.0547
三峡库区生态经济区	55, 724	62, 401	892, 804	1, 061, 344	0.0624	0.0587

① 参见陈切锋：《2010年重庆市统筹城乡教育发展报告》，载重庆市教育委员会官网：http://www.cqjw.gov.cn/site/html/cqjwportal/sjts/2012-11-30/Detail_11003.htm.，最后访问日期：2013年7月10日。

续表

区　县	普通中学专任教师数	小学专任教师数	普通中学生人数	小学生人数	普通中学生均专任教师数	小学生均专任教师数
1小时经济圈	65,417	59,761	881,181	1,036,489	0.0742	0.0576
都市功能核心区	16,170	12,897	213,270	223,458	0.0758	0.0577
都市功能拓展区	9154	8990	125,247	139,611	0.0730	0.0643
都市发展新区	40,093	37,874	542,664	673,420	0.0738	0.0562
渝东北生态涵养发展区	34,877	37,986	581,318	679,274	0.599	0.0559
渝东南生态保护发展区	13,586	17,457	216,477	273,365	0.0627	0.0638
渝中区	2483	2202	24,872	30,633	0.0998	0.0718
大渡口区	1209	936	15,288	17,074	0.0790	0.0612
江北区	1896	1764	38,805	28,685	0.0488	0.0614
沙坪坝区	3909	2724	43,533	48,900	0.0897	0.0557
九龙坡区	4409	3224	54,519	58,299	0.0808	0.0553
南岸区	2444	2047	36,253	39,867	0.0674	0.0513
北碚区	2235	1991	30,591	26,056	0.0730	0.0764
渝北区	4095	4342	56,508	70,760	0.0724	0.0613
巴南区	2824	2657	38,148	42,795	0.0740	0.0620
涪陵区	4129	4151	57,771	66,005	0.0714	0.0628
长寿区	3132	2807	37,238	42,700	0.0841	0.0657
江津区	4357	4324	62,911	77,964	0.0692	0.0554

续表

区县	普通中学专任教师数	小学专任教师数	普通中学生人数	小学生人数	普通中学生均专任教师数	小学生均专任教师数
合川区	4040	3577	58, 887	66, 525	0.0686	0.0537
永川区	3699	3645	46, 529	76, 620	0.0795	0.0476
南川区	2084	2494	31, 573	41, 367	0.0660	0.0603
綦江区	4480	4020	56, 125	59, 557	0.0798	0.0675
大足区	4069	3360	44, 583	63, 695	0.0913	0.0528
潼南县	2650	2541	40, 015	50, 732	0.0662	0.0635
铜梁县	2826	2195	42, 724	44, 560	0.0661	0.0493
荣昌县	2516	2797	35, 799	49, 201	0.0703	0.0568
璧山县	2111	1963	28, 509	34, 494	0.0740	0.0569
万州区	5823	4771	101, 234	81, 764	0.0575	0.0584
梁平县	2762	2974	44, 241	54, 214	0.0624	0.0549
城口县	761	1214	12, 205	20, 019	0.0624	0.0606
丰都县	2802	3114	44, 909	62, 639	0.0624	0.047
垫江县	2636	3542	49, 830	76, 569	0.0529	0.0463
忠县	2930	2969	47, 062	60, 837	0.0623	0.0488
开县	5662	5995	87, 759	111, 348	0.0645	0.0538
云阳县	4055	4475	75, 110	69, 603	0.0540	0.0643
奉节县	3216	3919	57, 303	66, 149	0.0561	0.0592
巫山县	2319	2389	35, 525	43, 291	0.0652	0.0551
巫溪县	1911	2624	26, 140	32, 841	0.0731	0.0799
黔江区	2617	2630	40, 954	44, 256	0.0639	0.0594
武隆县	1196	1814	19, 501	26, 589	0.0613	0.0682

续表

区　　县	普通中学专任教师数	小学专任教师数	普通中学生人数	小学生人数	普通中学生均专任教师数	小学生均专任教师数
石柱县	1987	2642	31,318	39,696	0.0634	0.0665
秀山县	2421	2953	33,733	41,478	0.0717	0.0711
酉阳县	2933	3857	49,097	65,146	0.0597	0.0592
彭水县	2432	3561	41,874	56,200	0.0580	0.0633

注:本表教育数据统计口径包括普通中学、小学,普通中学生均专任教师数和小学生均专任老师数根据数据计算得出。资料来源为《2014 年重庆统计年鉴》。①

从表 17 中的数据计算得知,2013 年重庆主城 9 区教师数量为 47,391 人,占全重庆市教师总量的 20.68%。其中,普通中学老师数量为 25,504 人,占总量的 22.39%;小学教师数量为 21,887 人,占总数 18.99%。同时,重庆主城 9 区的普通中学学生为 338,517 人,占重庆市普通中学生总人数的 20.16%;小学学生为 363,069 人,占重庆市小学生总数的 18.25%。主城 9 区普通中学师生比例为 1/13.27,小学师生比例为 1/16.58,均高于 2008 年的师生比。而 2011 年的中学生总数为 1,838,917 人,比 2013 年的中学生总数多出 159,941 人。2013 年的中学教师总数为 113,880 人,比 2011 年多 2929 人。这说明 2013 年与 2011 年相比,普通中学学生的数量有所减少,而普通中学教师的数量则有所增加,因此才导致 2013 年的师生比较大。每位老师面向的学生数减少,这是个良好的发展趋势。另外,对比 2013 年和 2011 年的数据我们可以发现,小学生人数由 1,954,818 人小幅增加到 1,989,128 人,增加了 34,310 人,而同期小学教师数量则从 11,534,343 人下降到了 115,204 人,减少了 142 人,导致 2013 年的小学师生比例有所降低,笔者相信,这个比例的降低只是短暂

① 都市功能核心区,是指渝中区全域和大渡口、江北、沙坪坝、九龙坡、南岸 5 区处于内环以内的面积为 294 平方公里的区域。都市功能拓展区,是指主城 9 区除都市功能核心区以外的面积为 5179 平方公里的区域。都市发展新区,是指涪陵区、长寿区、江津区、铜梁区、綦江区、合川区、永川区、双桥经开区、大足区、南川区、潼南区、荣昌区、璧山区及万盛经开区面积为 2.32 万平方公里的区域。渝东北生态涵养发展区,是指万州区、梁平县、城口县、丰都县、垫江县、忠县、开县、云阳县、奉节县、巫山县、巫溪县 11 个区县。渝东南生态保护发展区是指黔江区、武隆县、石柱土家族自治县、秀山土家族苗族自治县、酉阳土家族苗族自治县、彭水苗族土家族自治县 6 区县。

的现象，随着统筹城乡教育的发展，小学专任教师数受乡村撤校原因而减少的情况将会发生转变。同时，随着城镇化的推进，主城及其他区域的城镇教师人数也会随之增加，即师生比逐渐提高才是长远的发展态势。但分区域考察，从普通中学生均拥有专任教师数来看，2013 年全市普通中学生均拥有专任教师数为 0.0678，都市发达经济圈为 0.0748，渝西经济走廊的数值为 0.0733，三峡库区生态经济区的数值为 0.0624。从上述数值明显可以看出，重庆市都市发达经济圈的普通中学生均拥有专任老师数相对较高，三峡库区生态经济区普通中学生均拥有专任老师数相对较低。其中，普通中学生均拥有专任教师数最高的是渝中区，其数值为 0.0998，普通中学生均拥有专任教师数最低的是垫江县，其数值为 0.0529，两者相差 0.0469，普通中学生均拥有专任教师数量次低的是云阳县，其数值为 0.0540，与渝中区相差 0.0458。普通中学生均拥有专任教师数的巨大差距，反映了重庆市主城区的中学教师资源比偏远的渝东北生态涵养发展区要好得多。另外，从 2013 年小学生均专任教师数来看，小学生均专任教师数最高的还是渝中区和北碚区等主城区，其数值分别为 0.0718 和 0.0764，小学生均专任教师数最低的仍然是垫江县和丰都等距主城较远的渝东北生态涵养发展区，其数值分别为 0.0463 和 0.047，这也反映了在小学教师资源方面，重庆主城区与农村地区之间存在较大差距。

二、对重庆市教育资源城乡配置统计结果的分析

以上统计数据显示，改革开放以来，尽管重庆市的教育事业取得了较快的发展，教育资源城乡分配不公的现象有所缓解，但从总体来看，当前重庆市教育资源的城乡配置仍然存在较大的不均衡现象。不仅存在农村教育资源总量不足的现象，而且存在城乡教育资源配置机制不健全的问题，导致重庆有限的教育资源没有用在“刀刃”上，没有实现教育资源的优化配置。教育资源短缺是个全球性问题，中国由于“人口众多”的事实，使教育资源短缺问题更为突出。特别是农村教育资源在财力、物力和人力等方面较平均水平相差甚远，各方面条件还处于比较落后的阶段，存在总量上不足的问题。重庆作为西部内陆直辖市，教育资源的拥有量与东部沿海地区相比有较大的差距，加之“大城市、大农村”的特殊市情，使重庆市教育资源城乡配置不均衡的特点也非常明显。具体而言，重庆市城乡教育资源的配置呈现以下特点。

（一）城乡教育经费差距不断拉大

表 1 ~ 表 4 对重庆市城乡中小学教育经费差异的考察，是从生均教育经

费、生均预算内教育经费、生均公用经费、生均预算内公用经费等指标和农村小学、城镇小学、农村中学、城镇中学4个维度进行的。从表中列出的数据可以明显看出,从2007年到2011年纵向看来,重庆市城乡教育经费都呈上涨趋势。这是重庆市对教育投入的总体情况。但是对比城乡教育经费的投入比例,可以发现重庆市教育经费的城乡差距在不断拉大。比如,2007年、2008年、2010年和2011年,重庆市农村中学生均预算内教育经费与全市平均数相比,分别相差37元、133元、209元和238元,农村初中生均预算内公用经费与全市平均数相比,分别相差1元、128元、222元和264元,农村小学生均预算内教育经费与全市平均数相比,分别相差52元、51元、163元和73元,农村小学生均预算内公用经费与全市平均数相比,分别相差33元、52元、199元和172元。

通过上述数据可以看出,从2007年到2010年,无论是农村中小学生均预算内教育经费还是生均预算内公用经费,城乡差距都不是在慢慢缩小,反而是在急剧拉大,这跟市政府统筹城乡教育资源的初衷是相悖的。为何会出现这样的现状呢?这需要追溯到我国教育经费分配管理的源头。长期以来,我国义务教育在投资体制上实行"分级办学、分级管理"。资金的筹措、分配主要由地方政府或较低一级的政府负责。地方政府对教育的投入主要根据本辖区经济发展水平和财政收入情况而定。重庆市由于其"大城市、大农村、大库区"的客观市情,决定了城乡经济发展水平的巨大差异,并导致城乡教育经费分配不均衡。具体表现在人、财、物等硬件方面和教育环境、教育机会等软件方面的差距。

同时,我们也可以看到积极的一面,从表4关于2011年的数据中可以看到,农村小学生均预算内事业费和生均预算内公用经费与全市平均数的差值比2010年有所减少。特别是农村小学生均预算内教育经费与全市平均数的差值比2010年降低了90元,差距明显缩小。上述数据表明,在统筹城乡教育发展的过程中,重庆市委、市政府注意到了城乡教育经费分配不公平的问题,并正在着手进行解决。但也要看到,虽然农村小学生均教育经费和生均预算内公用经费与全市平均数的差值2011年比2010年小,但在农村初中的这两项指标仍在扩大且整体上农村小学在经费方面与全市平均数还存在一定差距。说明在破解城乡教育经费分配不公平的问题上还需要继续进行改革和探索,进一步缩小城乡教育经费差距,实现城乡教育的统筹发展。

城乡教育经费分配的不公平是城乡教育资源分配不公平的突出体现。城乡教育经费差距的不断拉大，说明了政府对农村教育的倾斜力度还不够大或者地方政府在落实农村教育经费方面还存在较大的不足。教育经费投入的差距造成了城乡之间学校办学条件的差距，农村学生很难像城市学生一样享受到优质的教育资源，从而延缓了农村学生学业上的进步。城乡各种教育资源的公平配置，最关键的是经费资源的公平配置，而不是平均配置。各级政府应制定完善政策，加强政府行为，在生均教育经费、生均预算内教育经费，尤其是生均公用经费和生均预算内公用经费等方面尽快缩小城乡差距，切实改变长期以来农村教育投入严重不足的状况，改善农村教育办学条件，保证弱势群体接受教育的权利。

（二）城乡教育办学条件差距依然明显

表5中城乡中小学生均享有教学设施包括了生均拥有危房面积、每100名学生拥有计算机、生均拥有图书、生均拥有电子图书、生均拥有固定资产和生均拥有仪器设备价值这6个方面。其中除了生均拥有图书量之外，其他5个方面城乡差异均较为明显。例如，在生均拥有固定资产和生均拥有仪器设备价值这两方面，农村中小学只为城镇中小学拥有量的1/2。

造成这一差距最直接的原因主要是农村教育资金的缺乏，除此之外还存在其他的一些因素。一方面，教学设施如教学楼、操场等都不是一蹴而就的，需要时间积累和资金保障。虽然教育资金对农村开始有所倾斜，但是重庆市农村中小学数量多，分布广。要想在硬件设施上与城镇中小学靠齐不仅需要资金，还需要一个长期改善和关注的过程。另一方面，教学设备仪器的正确使用还需要有相关专业知识的老师，如在农村学校设立的计算机室、音乐室、实验室等，由于各种计算机、音乐、美术等教师的缺乏，很多教学器械的利用率非常低，甚至处于闲置状况，只备上级检查之用。农村中小学的自然实验仪器和理科实验仪器的利用率也很低，实验课程开设不足的现象普遍存在。农村教师自身知识的有限和培训机会的缺乏使这些有技术含量的教学设备难以在农村学校中迅速得到运用，很难实现其应有的价值。

农村教育设施的不健全使农村中小学学生在计算机、音乐、美术等方面无法在基础教育阶段打下基础。居住、学习在城市的孩子能够去各种博物馆补充课外知识，而农村学生很多都没有离开过自己所在的县乡，城市学生喜闻乐见的展演、研讨交流会也很少走进农村学校。农村学生的素质教育缺乏较好的内外条件，这种情况在重庆乃至整个中国都普遍存在。

(三)城乡教师收入差异大,师资力量不均衡

就重庆市农村教师情况而言,最主要有三个方面的问题:首先,农村教师收入低,生活条件、工作环境较差,且时有拖欠工资的现象,政策补贴、福利通常不能按时到位,城乡中小学教师待遇存在较大差距。农村教师的收入不能满足其生活需要并致使其工作的积极性不高,许多优秀教师调往条件和待遇好的城镇和城市,使优质师资集中在城市中小学。由于待遇低,环境差,甚至还有一部分年轻教师离开了教师工作岗位,下海创业、经商,或者外出打工,这使农村基础教育师资缺乏现象更加雪上加霜。此外,城市的生活条件远远好于农村,大部分师范毕业生愿意留在城市工作,不愿到农村从教。其次,收入低微和工资拖欠、农村相对生活环境和生活条件欠佳不但造成了农村教师生活质量低于城市教师,转而影响教学的质量,还带来了教师队伍的不稳定和人员的大量流失。于是就产生了第二个问题,即城乡教师分布不均衡。优秀教师都愿意留在城里,造成了城镇教师局部过剩,农村教师大量短缺且水平差的不平衡状态,形成了结构性缺编的情况。农村学校的一名教师常常要上几门课,其体力、精力与新课程改革的要求相差甚远,而且农村学校十分缺乏专门的外语和音体美教师,师资力量有待提高。最后,留在农村学校的教师整体师资力量与城镇相比存在较大差距。城市中的教师几乎都是专科以上学历,很大一部分是本科学历,甚至一些重点中学已明确要求只有研究生学历才可以参加招聘。反观农村学校,大部分教师都是专科及以下学历,农村年龄较大、学历较低的教师多为当时"民转公"教师,而且多集中在农村小学。从表 13 中的数据可以明显看出,农村小学教师本科率只有 0.86%,专科学历也只有 39.15%。"民转公"教师为当时的教育发展发挥了积极作用,但随着教育事业的改革发展,尤其是新课程改革实施后,由于自身知识水平和年龄的原因,大多很难适应新形势下的教育教学工作。城乡师资水平差距越来越大,而这恰恰与农村迫切的教育需求背道而驰。这三个方面的相互作用造成了农村教学质量长期停滞不前,拉大了与城镇教育之间的差距。

自 20 世纪 90 年代以来,随着高等教育尤其是师范教育的大发展,加之计划生育使农村学龄儿童的减少,一度短缺的农村师资问题得到了有效缓解,从表 13 ~ 表 16 中的师生比例中,可以明显看出这一点,城乡师资在数量上的差距基本消除。但在师资水平和教师素质方面,差异还是很明显。目前农村教师素质的提高面临着这样三个方面的挑战:第一,农村教师素质提高的起点低。当前,农村教师队伍整体素质提高面临两大困境,即年龄老化和第一学历

偏低。随着计划生育政策的实施和农村人口向城市流动，许多农村地区学龄儿童不断减少，农村学校规模和教师编制也随之减少，因此，许多农村地区近几年一直没有年轻教师补充，还有一些地区由于财政困难，即使有编制也不愿意补充新教师，这就造成了教师老化现象。教师年龄老化不仅导致教师年龄结构不合理，而且带来教师知识老化问题，同时伴随着教师观念的问题。同时，知识老化的教师造成了现有农村教师很多达不到音乐、美术、计算机等知识内容多或者更新快的科目的教学要求。从教师学历来看，当前农村教师的最高学历已基本达标，但是有相当比例的农村教师的最高学历属于第二学历，第一学历普遍较低，第二学历往往不是通过全日制教育取得的，而是工作以后通过在职进修获得的。在职学习不能保证教师全身心地投入到学习之中，这影响了农村教师队伍的整体素质。第二，非标准化的学校教师负担过重。目前，在重庆市奉节县、秀山县等一些农村地区，存在许多小规模学校，这些小规模学校教师数量很少，一个教师要教同一个年级的几门课程。部分农村地区还存在复式教学，一个教师要教几个年级，这些教师的教学负担很重。一个教师教几门课程，而教师参与学历提高教育或科研培训，一般只能攻读一个学科或参与一门课程，如果接受全部所教学科的学历提高和科研培训，时间压力、经济负担都会过重，不利于农村教师教学水平的提高。在一些教师比较少的学校里，教师如参与培训或科研活动，学校的教学活动就要停止。这样就导致了教师负担过重，没有时间学习和进修，严重影响了他们专业水平的提高。第三，农村社会条件不利于农村教师素质提高。农村社会是一个分化不充分的社会，没有书店、图书馆、大学，以及教师进修学校，教师要想买书、看书、提高学历、参与培训都要到县城或者大中城市，这无疑增加了教师素质提高的经济成本和时间成本。农村学校不能给教师提供方便条件，让教师本人和他们的子女获得教育和发展的机会，因此，农村教师、特别是农村优秀教师，一旦有机会就向城市流动，而城市中一些考核不合格的教师有时候也会被安排到附近农村学校。这就加剧了农村教师队伍素质不高的窘境。①

（四）农村教师培训机会有限，培训没有发挥实效

在农村教师技能培训方面，存在这样一些问题：首先，高水平的培训较少。虽然在国家政策影响下，教育行政部门、学校和教师都很重视教师培训和继续

---

① 参见秦玉友：《农村教师素质提升的现实困境和破解思路》，载《教育研究》2008 年第 3 期。

教育，但是对于基层一线教师而言，有的培训非但不能给他们带来提高和帮助，反而成了负担。老师们真正需要的、能开阔眼界更新观念、能给教育教学带来切实帮助的高水平专业培训和研修较少，而大多是低水平的重复培训，如英语、计算机等级、信息技术、普通话、三笔字培训等。这些培训大多与评职称有关，费用基本由教师个人承担，这对农村教师是一笔不少的支出。教师培训主要是学历补偿培训，很多内容与教师的现实工作、专业发展风马牛不相及。其次，培训内容脱离实际。现在的培训大多都是自上而下的培训。即培训谁、培训什么内容、什么时间培训，都是由上面主管部门决定，缺乏针对性，培训课程往往与教师们的实际脱节。目前教师培训工作大多安排在师范院校或各级教育学院，由大学教师或专家进行授课。由于一些大学教师对中小学的教学和管理情况不甚了解或了解不多，而新课程对许多大学老师来说也是新的，并且没有固定的模式可循。所以，一些授课教师往往把培训的重点放在宏观的理论上，甚至有的教师将自己多年来积累的相关研究成果以“压缩饼干”的方式传授给参训教师，内容注重理论性、系统性、基础性，却缺乏针对性、实用性和可操作性，忽视经验学习和实践学习。另外，一些培训的内容陈旧，注重过去，却忽视现在和将来。而广大教师没有选择的空间，只能被动地接受。教师得不到自己所需要的东西。这种培训内容的“虚”“空”以及脱离实际的情况严重影响了教师参加培训的积极性和培训的效果。最后，教师培训有名无实。大多农村教师参加的是由当地教师进修学校组织的县级培训。课题组通过对参加过培训的一些教师进行访谈后了解到，他们所参加的培训大多是听理论专家的报告（录音）及部分领导的讲话，内容脱离农村教学实际，他们回到当地教育主管部门组织一些教师的培训也是“现炒现卖”，很多培训与教师专业发展和业务能力提升无关。秀山县的张老师曾说道：“现在很多教师提到培训都是一肚子气，每次都是打着培训的幌子收老师的辛苦钱。并表示不参加培训将取消‘优秀教师’‘模范班主任’称号，很多教师都是在不情愿的情况下参加培训的。”另外，当前的教师培训和课程改革不同步，不少农村学校的老师是先进入新课程，然后才接受相关的培训，他们感觉最大的困难是“经验不足”和“无心理准备”。农村教师在平时教学实践中缺少专家具体有效的专业引领，缺少专题性的咨询指导。①

① 参见王金铎：《重庆市城乡统筹中的教师资源配置问题研究》，西南大学2009年硕士学位论文，第13页。

近年来,在《中华人民共和国义务教育法》(以下简称《义务教育法》)精神的推动下,重庆市开展了通过教师下派、交流以均衡教师资源、促进教育均衡发展、推进教育公平的实践活动。这些活动,无论是从理论上还是实践上,都有其合理性与实效性。[①] 但在实践中,也出现了如下问题:从优秀学校派遣教师导致了教育资源均衡中的"削峰"问题,薄弱学校的复杂性导致了"削峰"资源难以"填谷",这种做法也在一定程度上影响了城乡教育统筹的实效。显然,城乡教育统筹不应是在优秀学校与薄弱学校之间的"削峰填谷",而应是二者的双赢共进;城乡教育统筹不是区域内学校间的"简单拉平"或"城乡混合",而是基础教育与中、高等教育之间的资源整合、融合和良性互动。[②] 因此,在城乡教育统筹中,既要"造峰",促进优秀学校可持续地发展,又要"扬谷",促进薄弱学校良性发展。其中,从实现教育公平、促进社会和谐角度来讲,关键是解决薄弱学校的教育资源供给问题。

从城乡教育经费、办学条件、师资力量以及教师培训四个方面的差异综合来看,重庆市农村教育资源不仅存在总量不足的问题,而且在中小学教育资源的利用上存在一些效率较低的现象。所谓教育资源利用效率,从宏观角度来讲,是指整个社会全部教育活动的投入产出状况,或国家为教育部门所投入的资源的利用效率;从微观角度来讲,即探索一定部门、一定地区或学校教育活动中的投入产出状况,特别是学校教育过程中的教育资源的利用效率。[③] 重庆市农村中小学规模普遍较小,教师数量较少,为应付课程需要,教师往往担任非其所长的科目,学校内很难形成一个整体结构优化的教师队伍。这样势必影响教育质量,影响教育经济效益的形成,并且物力资源配置也很难合理,设备利用率低,造成教育资源的浪费。而城镇的一些中小学校规模又较大,存在大额班教学的现象,学生总人数过多时,也会影响教育质量。因为学生人数过多,在不增加新投入的情况下,生均占有的教育资源就会减少,不利于师生感情交流和教育信息的反馈,不利于因材施教,学生参与集体决策与管理的机会也相应减少。另外,在学校规模较大时,行政管理中也会存在一些困难,长此以往势必影响教育质量。可见,学校规模过小或过大,都不能充分合理地发

---

① 参见邓涛、孔凡琴:《关于推进基础教育师资配置均衡化的思考》,载《中国教育学刊》2007 年第 9 期。

② 参见左瑞勇、王纬虹:《城乡统筹背景下重庆市基础教育均衡发展的思考》,载《中国教育学刊》2008 年第 5 期。

③ 参见范先佐主编:《教育经济学》,人民教育出版社 2007 年版,第 261 页。

挥教育资源的作用。因此,学校适度规模的确立是十分必要的,并且还需对全市的中小学校进行合理布局,这样不仅能使人力、物力、财力得到充分、合理的使用,而且有利于教育经济效益的形成。

综上所述,通过对重庆市教育资源配置现状的调查与分析不难看出,当前重庆市教育资源的配置欠优,城乡教育资源配置存在较为明显的差距。这种教育资源的不均衡状态如果得不到及时控制,差距势必增大,而且现在已经有了差距扩大的事实,进而会影响教育资源配置的公平。在农村的教学经费和教学条件逐渐改善的同时,农村教师的质量和素质正在成为制约农村教育发展的重要“瓶颈”。众所周知,城乡教育差异是长期的历史积淀造成,消除城乡差异也将是个漫长的历程。为此,我们必须在教育公平理念的指导下,继续加大政府教育的投入力度,促进城乡教育资源的合理流动,全面提升农村教师的教学水平,为最终实现城乡教育一体化奠定坚实的物质基础。同时,教育结构的失衡又影响了教育资源配置的效率,阻碍了全市统筹城乡中小学教育一体化发展的进程。城乡教育的失衡与城乡间经济、文化、公共设施等方面的失衡一样,是随着城乡的相对分离和城乡功能的相对划分而产生,随着城市的快速发展而日益扩大的。

重庆教育发展的城乡不均衡是客观存在的,这是长久以来形成的历史问题。城市教育的基础设施、教学质量、教学理念等的优越和先进是客观存在的,农村教育的相对落后也是有目共睹的,再加上重庆市城乡发展的实际情况,两者在较长时期还存在差距。因此,在统筹两者的发展中,应尽量推进城乡教育的平衡发展,特别是大力发展农村教育,提高农村教育的发展水平。当然,要想解决好城乡教育配置不均衡问题,需要从多个方面进行原因分析,才能找准出路。

第三章　城乡教育资源配置不平衡的制度诱因

考察重庆的办学历史,我们不难发现,重庆农村地区的办学一度是走在全国前列的。巴蜀之地历来乃西南重镇,物资丰润,人杰地灵。早在新中国成立以前,就有数所有一定知名度的学校落户重庆农村地区,如有着百年历史的长寿中学、江津中学、合川中学等,它们大多选址于相较城市中心较远的农村地域,因此重庆市农村地区的教育并非一直都很落后。

新中国成立初期,百废待兴,国家建设以工农业为中心,对教育业的关注较少,重庆农村地区的教育发展也未受到充分重视。直到"文化大革命"之后,新中国教育业才真正地随着改革开放的进程一步一步发展起来。1977 年我国恢复高考制度,1978 年邓小平在全国科学大会上指出"科学技术人才的培养,基础在教育",1982 年党的十二大把教育作为经济发展战略重点,自此我国教育体制改革不断深入。但是,由于我国教育体制发展较晚,至今也才 30 余年,先进教育资源量少质薄,先进教育理念、"科学技术是第一生产力"的思想尚需时间才能逐步深入人心,再加上在"加快城市化进程的发展""让一部分人先富起来"思想的指导下,教育体制改革首先惠及的是城市,国家把大量的人力、物力资本投放在城市教育基础设施建设上。农村地区一方面得不到国家教育资源的优先支持,另一方面又受自身解决温饱问题等经济发展问题的限制,教育资源被稀释,城乡教育资源配置的差距开始逐渐拉大。在城乡二元结构的大背景下,城乡教育也呈现了二元结构的特点。第一,城乡有别的教育供给制度。由于国民待遇的非普惠性,城市教育主要由国家财政保障支持,农村教育主要由乡镇政府甚至是农民家里负担。第二,城乡教育处于隔离并行的状态。由于城乡分割制度的存在,城乡教育要素缺乏交流,师资的横向流动很少。因此,从全国范围来看,城乡教育资源配置均存在不平衡的现象。历史考察城乡教育发展是理解城乡教育一体化思维的逻辑起点。可以说,由于历史原因而逐渐形成的城乡二元社会结构是导致城乡教育出现困境的根本原因。城镇化是中国经济和社会发展的一个不可逆转的进程。在城镇化的进程之中,城市和农村分别面临着不同的教育困境。一系列的教育措施和政策的出台,起到了改善教育环境的作用,使教育现状有了很大改观,但是根本问题并没有得到解决。因为城乡教育所面临的困境,不仅仅是教育一方面的问题,实际上是一个复杂的社会性问题。城镇化的过程,给城乡带来了不同的发展机遇和成果,但也同时造成了城乡经济的发展差距,由此也决定了教育发展的不均衡。教育起点、教育资源和教学方式等的差距,直接导致教育结果产生巨大差异。

与我国其他地方一样,重庆市教育资源的城乡配置也不均衡,其不均衡除了历史原因之外,还有其他一些原因。

从经济方面来看:首先,重庆市城乡物质条件差距较大。由于重庆市农村的生活基础设施建设、人均收入水平、信息可获性与城市相比差距较大,故教师更愿意选择居住条件好、工资薪酬高、福利待遇好、文化消费质量高、接触时代前沿信息多和职业更换、升迁机会多的城市——这决定了优质师资主要配置于城镇。其次,重庆市城乡教育投资不平衡。根据世界银行高级教育经济学家萨哈罗普洛斯提出的“教育投资回报率”理论,教育存在明显的“外溢效应”,一个地方人均受教育水平的提高对于促进此处经济的发展和经济增长具有重要作用。① 反之,对经济发展渴望越高的地区对教育水平的渴求也就越多。“外溢效应”的幅度还受到基础设施和制度环境的影响。重庆市以前一直以城市的经济发展作为中心,因此,主管教育事业的行政部门在制订诸如设立学校等教育发展规划时,自然较农村而言更偏向城市。因此,在“外溢效

① 参见董银果、郝立芳:《中国教育投资回报率度量的关键问题探析》,载《西南大学学报》2011 年第 1 期。

应”的反作用下,重庆市的教育投资也更倾向于城市。最后,重庆市城乡与教育相关的资源配置也不平衡。高等教育受教群体的“用脚投票”也是教育规划和教育投资的考量因素,“用脚投票”具体来说,是指各地居民可以根据各地方政府提供的公共产品和税负的组合,来自由选择那些最能满足自己偏好的地方定居。居民们可以从不能满足其偏好的地区迁出,并迁入可以满足其偏好的地区居住。对于受教育群体来说,“用脚投票”可考量的因素就包括教育水平、消费水平、投入的时间成本、发挥空间等。学生往往向往生活条件较好,距离文化中心、商业中心更近的市区内部的学校,并且在经济中心的学校读书,可以享受更优质的实习、就业机会。例如,在重庆市合川区(主要是农村人口)读大学的学生很难参加在重庆市沙坪坝区(重庆市老城区)举办的招聘会。在市场经济供求关系均衡原理的指导下,教育资源的供应不得不同教育受体的需求相匹配,因此市场的本质也驱使教育资源更多地配置于城市。

除了经济原因之外,重庆市城乡教育资源配置不平衡也存在很重要的社会文化原因。由于长期形成的城乡二元格局,城市在经济条件、物质水平以及发展机会等方面都明显优越于农村,由此形成了“城市先进发达而农村落后愚昧”的社会心理,并且这种心理随着农村居民不断涌向城市而不断强化,城乡教育资源分配也在这种社会文化心理作用下呈现日益不平衡的现象。随着交通的愈发便利,农村学生去城市读书的时间成本日益减轻,在城市优质教育的吸引下,许多农村学生选择去市区上学,致使农村地区的学生数量减少。在城市经济发展对高教育水平群体的需求和城市巨大的经济吸引力作用下,受教育水平较高的人们大多在市区谋求工作——无论其祖籍是城市还是农村,这形成一种很重要的“标榜引导”。上述两个原因,最终导致人才的单向流动——从农村流向城市。城乡学校规模呈现出城镇学校超大化与农村学校超小化的矛盾。城镇学校的规模不断扩大,农村学校随着学生人数的减少不断撤并,由此带来的是教育资源和经费的相应增减,并导致城乡教育的差距逐步加大。上述原因导致的另一个结果是受教育水平较差的群体集中于农村地区。总体而言,由于自身所处的环境差异,城乡居民对于教育的认知和理念存在很大的差别。大多数城市居民都可以认识到知识可以改变命运,除了学校的教育之外,家长还为学生安排了各种各样的学习课程和课外辅导,希望孩子可以找到自己的兴趣所在,得到全面发展。反之,农民对“知识改变命运”的认识相对不够深入,对子孙后代受教育问题的重要程度的认识有限。梁漱溟先生的乡村建设理论强调文化模式与教育模式的同一性,并从中国文化的特质、人与社会的文化本质问题出发，从文化社会学和教育对社会改造的观点阐述了乡村建设的基本原理。费孝通先生在对乡村社会进行深入分析后，发现农村中现有教育安排与总的社会情况不相适应，①学校上课的时间同农忙时节相冲突，农村基本生活、生产问题和后代接受教育之间的冲突会动摇农村父母望子求学的决心。综上，一方面，农村的生源和人才单向流入城市；另一方面，农村对于教育的渴求程度由于认识因素而有限，或者接受教育同农村基本生活节奏相冲突，导致了农村生源紧张，甚至形成一个小学几个年级加起来学生人数接近教师人数的局面。农村人才流失严重，农村教育投资激励有限，导致农村享受的教育资源较城市而言相形见绌，这造成了农村基础教育业的内在恶性循环，城乡教育距离的拉大成为了必然。

重庆市教育资源的城乡配置不均衡除了上述历史、经济以及社会文化原因外，更为重要的是教育体制本身。由于教育体制是教育事业行为的规范和纲领，是教育事业发展改革的指导和核心，因此，教育体制的缺陷是造成重庆市城乡教育资源配置不均衡弊病的根源。现有的教育政策和法律法规与现实存在一定的差距，在实施上存在滞后的现象，所以教育政策与法规亟待修正，以匹配当前需要解决的教育难题。在现有体制下，办学主体——政府“一家独大”，难以形成资源配置市场化；在投资方面，缺少社会资本的流入，地方财政压力巨大；在管理方面，中央和地方分权，财权与事权不统一，无法调动地方配置教育资源的积极性；在融资方面，农村学校融资渠道有限，调动社会资源能力薄弱；招生考试制度方面无法发挥农村地区考生优势；教育法律体系的构建也存在诸多问题。教育体制的健全与否直接关系到城乡教育资源配置的均衡与否。一个良好且行之有效的制度和体制是解决问题的根本，要深入探究重庆市教育资源城乡配置不均衡的原因，只有从现有制度的路径依赖入手，才可对症下药，有所斩获。

一、办学体制方面的原因

（一）办学体制的演进与现状

办学体制，是指教育行政部门管理各级各类学校兴办的一套制度体系，是规定哪些主体可以办学、设立教育机构的权利义务体系。改革办学体制是优化重庆市城乡教育资源配置首要考虑的问题。

---

① 参见费孝通著：《江村经济》，内蒙古人民出版社2010年版，第42页。

改革开放以前,计划经济体制限制民间力量投资教育产业,教育事业一直是国家统一管理,学校的兴办也一直是政府垄断。1978年我国进行改革开放以后,在邓小平理论的指导下,神州大地发生了天翻地覆的变化。在教育领域,在市场经济大潮的不断冲击和个体经济、私营经济迅猛发展助推的作用下,我国的办学体制也发生了重大改革。政府垄断的办学体制被打破,民办教育逐渐成为办学体制的有力补充,办学主体日益多元化,政府办学负担减轻,日益形成了以政府出资兴办教育为主体,以民间出资办校、募捐办校及中外合作办校为补充的办学体制现状,重庆市也不例外。

我国教育办学体制大体经历了三个阶段。第一阶段是从新中国成立到改革开放,国家是唯一的办学主体。这一时期是我国的计划经济时代。该时代的突出特点是国家行政权力巨大,掌控国家建设各方面的决定权。在教育业领域,我国采取政府办校的模式,政府综合人口和政治等原因规划全国各地的办学数量、办学等级等因素,学校的发展路径也完全由政府决定。学校无论是设立、管理、运行、取消,都是由国家统一安排。当时,这种国有化的办学体制与我国公有制的经济体制是相适应的。直到改革开放初期,教育业也一直未能走出计划经济的阴影。在这一阶段,重庆市的办学同样由政府统一安排。第二阶段是从1978年到2003年,这一阶段国家逐步将办学权力向社会放开。1986年颁布的《中华人民共和国义务教育法》首次提出"国家鼓励企业、事业单位和其他社会力量在当地人民政府的统一管理下,按照国家规定的基本要求举办法律规定的各类学校"。1993年《中国教育改革和发展纲要》明确指出,教育体制应"采取综合配套、分步推进的方针,加快步伐,改革包得过多、统得过死的体制,初步建立起与社会主义市场经济体制、政治体制改革相适应的教育新体制"。在办学体制方面,此纲要也明确指出"改革办学体制,改革政府包揽办学的格局,逐步建立以政府办学为主体、社会各界共同办学的体制"。1999年《面向21世纪教育振兴行动计划》提出"公办学校办学体制改革,要在教育行政部门的指导下进行试点"。《中共中央国务院关于深化教育改革,全面推进素质教育的决定》提出,应"进一步解放思想,转变观念,积极鼓励和支持社会力量以多种形式办学,满足人民群众日益增长的教育需求,形成以政府办学为主体、公办学校和民办学校共同发展的格局"。[①] 第三阶段是从2003年至今。在这一阶段,民办教育获得了与公办教育同等的法律地位。

---

① 杜育红、梁文艳:《教育体制改革30年的辉煌与展望》,载《人民教育》2008年第19期。

2003 年施行的《中华人民共和国民办教育促进法》(以下简称《民办教育促进法》)规定“各级人民政府应当将民办教育事业纳入国民经济和社会发展规划”,第一次在法律上肯定了民办教育事业的法律属性为公益性事业,赋予民办学校一定的权利和义务。2004 年国务院颁布的《中华人民共和国民办教育促进法实施条例》(以下简称《民办教育促进法实施条例》),最终标志着我国社会资金投入教育事业的办学体制全面开展。

虽然我国在 2003 年就施行了《民办教育促进法》,并且国务院在 2004 年出台了《民办教育促进法实施条例》,赋予社会组织和个人利用非国家财政性经费举办各级各类民办学校的权利,但是由于长期计划经济理念的影响,教育资源配置权力依旧由政府把握。重庆市也不例外,其教育业的发展也一直由政府垄断,政府按照计划、指标去建立教育体制,忽视市场需求,没有把资源匹配到最需要的地方。而民办教育在政策上、经济上甚至社会文化认识上并没有得到相应的支持,因此,其发展缓慢且对农村教育资源的补充能力薄弱。总体而言,教育业既无竞争也无效率,城乡教育资源分配的不均衡现象进一步恶化的趋势并未得到缓解。

(二)农村民办学校发展落后的诱因

虽然 2003 年《民办教育促进法》的出台在法律意义上保证了民办教育的权利和义务,使社会资金可以在法律保障下投入教育事业,但由于这种民办资金办学的历史基础薄弱、可依赖的历史发展路径少,导致教学模式单一、管理体系混乱等。农村民办教育存在的问题则更为突出。由于相关法律对城乡民办教育区别对待、农村民办学校资金紧缺、农村民办学校社会认可度低等原因,农村民办学校发展十分缓慢,这成为进一步拉大城市和农村的教育发展差距的隐患。

1. 法律诱因

首先,农村民办教育的管理主体、投资主体都缺乏明确的法律规定。根据《中华人民共和国教育法》(以下简称《教育法》)第 15 条的规定,国务院教育行政部门主管全国教育工作,而县级以上地方各级人民政府的教育工作由本行政区内教育行政部门负责。《民办教育促进法》第 8 条也规定,县级以上地方各级人民政府教育行政部门主管本行政区域内的民办教育工作。这种立法模式导致农村民办教育管理主体缺失,农村民办教育主体是谁,责任在何方,立法并未明确。

由于生源数量的影响,农村教育多集中在基础教育领域。根据 2006 年

《义务教育法》第15条的规定,“县级以上地方人民政府根据本行政区域内居住的适龄儿童、少年的数量和分布状况等因素,按照国家有关规定,制定、调整学校设置规划”。其对义务教育的办学主体并未明确具体到何种类型,且《中华人民共和国义务教育法实施细则》也是采用“地方各级政府负责”的模糊用语。《民办教育促进法》和《义务教育法》皆是根据国家政策而制定的,很难判断谁是一般法抑或谁是上位法,究竟是否允许社会资金进入到义务教育领域也无明确法律说明,民办教育资源补充农村教育资源的最主要方式受到钳制。

其次,农村民办教育的产权归属存在争议。由于我国有关民办学校的法律体系不完备,只有一部基本性立法,因此民办学校在自身发展方面也陷入法律困境,其中最明显的是产权归属问题。《民办教育促进法》第35条规定:“民办学校对举办者投入民办学校的资产、国有资产、受赠的财产以及办学积累,享有法人财产权。”这表明民办学校对于其财产是享有法人财产权的,即有权占有、使用、收益、处分。但是该法第3条第1款规定民办教育事业属于公益性事业,因此,民办学校的“收益权”就只能从“获得为继续发展教育事业之维持的利益”角度理解,即投资民办教育不像投资公司或者其他企业那样可以回收经济利益的。该法第59条继续规定民办学校清偿应退受教育者学费、杂费和其他费用,应发教职工的工资及应缴纳的社会保险费用等其他债务后的剩余财产,按照有关法律、行政法规的规定处理。此处的“按其他规定处理”,没有明确表示投资者是否可以按投资索取。若一所民办学校停办,投资者连自己的投资收回都可能存在障碍,可想而知,这将对投资者的投资欲望产生严重的抑制作用。虽然该法第51条规定了“合理回报”,但这显然不足以弥补经济利益的缺失,且会导致投资者投资的欲望锐减。因此,民办学校产权归属的法律规定存在内涵界定不明、制度规范缺失、可操作性差等问题,这也是导致民办学校产权不清、权利义务不明的重要原因,直接影响了投资者的投资保障和相应激励约束机制的生效。经济收益无法得到保障,必然会滞缓民办学校的发展。

最后,农村民办教育缺乏良好的法制环境。由于普法活动尚需层层深入,农民的法律素养相对落后,农村的整体法制环境相对城市较差,再加上立法本身存在一定缺失,导致农村民办教育纠纷发生的可能性更高,矛盾化解的可能性更低,农村民办教育投资中经济利益的回收就更可能受到限制,因此,农村民办学校发展缓慢。

2. 经济诱因

城乡在吸引民办教育投资方面存在较大差距。民办教育资源作为社会资本,其投放受市场化经济利益驱使。一般而言,办学校是一项利润薄、收益周期较长的事业性投资,在健全的政策法制环境基础上,必须能够预测到稳定的未来运营收益,投资人才会作出相关的投资决定。投资人对教育的投资选择,一是与地区的经济发展水平有关,经济发展水平高的地区往往学校的建设和运营环境好,基础设施和师资相对较多;二是与地区受教育水平有关,受教育水平高的地区往往学校的规模比较大,教学成果较明显,收益周期比较短;三是与投资人对地区的个人喜好有关。学校的收益始终围绕着学生的基本学杂费,而农村地区经济发展水平较城市落后,居民可支配的收入较城市更少,相应的,民办学校在农村的学费定价就低于城市。另外,目前民办学校的模式基本停留在职业高校、技术学校层面,如汽配维修、厨师职业培养等,而这与农村对基本文化培养教育的渴求存在一定偏离,导致此类民办学校多选址于城市。因此,由于经济收益无法得到最大满足,农村并不是投资者设立民办学校的偏好所在。农村在吸引民办教育投资上处于劣势地位,这种劣势地位会随着城镇化的短期影响而进一步加深。农村教育投资的经济回报率不高,是农村民办教育投资吸引力差的根本原因。因此,解决城乡经济发展差距是解决城乡教育差距的第一步,也是关键和根本的一步。

3. 社会文化诱因

放眼海外,美国的哈佛大学、斯坦福大学、普林斯顿大学等享誉世界的数所名校,均是由成功人士捐赠建立的私立高校。反观我国,从教育体制的发展进程来看,在我国教育办学体制的三个阶段中,从国家是唯一的办学主体到政府办校的模式,再到逐渐引入民办教育投资,虽然民办教育投资在逐步增加,但是教育经费的来源仍然主要是国家和政府,所以国外捐赠形式的私立高校在现阶段的我国难以实现。由于缺乏这种社会资金流入教育业的传统和基础,我国鲜有教学质量杰出的民办学校。民办学校没有自身独特的优势,社会认可度低。一提及民办学校,人们往往想到的是以盈利为目的而忽视教学质量的私营企业。而且此种对民办学校的认识误解在农村的影响远深于城市,相对于民办学校,公立学校因其资金来源稳定,师资雄厚,学生负担的学杂费更低,更容易得到农村的认可。民办学校在农村的设立也就遇到更大的社会文化阻力。与此同时,《民办教育促进法》第 19 条规定:“民办学校应当设立学校理事会、董事会或者其他形式的决策机构。”这种董事会的管理模式与传统的行政办学管理模式格格不入，其企业管理文化的精华也难被农村认可。缺乏社会文化的认可和支持是农村办学体制难有突破的重要原因之一。

（三）办学体制弊病的表现形式

由于政治、经济、社会文化、法律等原因，办学主体多元化的效果并不理想，影响了教育体制的改革，制约着城乡教育资源的均衡配置。

1. 政府垄断教育资源配置权

政府垄断教育资源配置权，行政因素自然融入教育业，对学校的设立、教育资源的市场匹配、学校运作的自由和教育业竞争产生诸多影响。

其一，政府垄断教育资源配置权的危害严重，特别是行政权力的干预造成农村办学脱离教育的本质。由于官本位思想严重，学校的设立、教育资源的市场匹配和学校运作自由受到明显的行政干预，深深烙上了行政痕迹。① 其突出表现是学校的行政化现象严重，学校的发展方向和政策规章的制定，以至于具体招生制度和考核等，全部打上了行政的烙印。虽然在发展方向的把握上，这种机制可以对学校进行统一规划和布局，有利于学校的整体发展，但从客观上来说，行政化严重阻碍了学校的自我发展和良好学术氛围的养成。一方面，由于教育业行政化产生了政治资源的诱惑，从而为具有行政目的的投资者和从政的官员提供了权力寻租的契机，既阻碍了学校学术的发展，又容易滋生教育腐败和政治腐败。在城市设校容易接触到更多的政治升迁等机会，所以高校更倾向选址城市。相反，在农村，这一切有利的资源统统不存在，投资者对教育投资的愿望不容易达成，所以教育资源难以分布在农村就不难理解了。另一方面，教育业行政化导致教育业的发展模式受到行政制约。教育业的发展以行政指令、行政计划为纲，使学校丧失自主办学的独立性，学校的自身发展受到行政化的严重阻碍，无论是学术发展还是招生师资，如果学校没有主动权，就难以根据自身情况制定出符合学校发展的良策。行政化分配下的学校资源，由于难以和学校现实情况匹配，会导致教育资源的浪费现象严重，资源不能自动匹配到所需之处，却由行政权力实现了“节流”，教育资源配置的对象、渠道、种类、数量、质量都不是需求的选择，政府行政权力壁垒阻碍了教育资源向脆弱的农村教育业流动。此外，受行政权力影响，学校的管理渐渐形成了“去教育性”，②偏离了学校管理、促进学生自身发展的价值目标，也严重脱

① 参见朱勤：《教育体制改革背后的文化困境》，载《探索与争鸣》2010 年第 8 期。

② 郑园：《教育体制改革对高校管理的意义探析》，载《价值工程》2012 年第 12 期。

离了学校教书育人的真正目的。农村学校的内部运作献媚于行政考评，而非农村学生的教育，行政化制约了农村教育资源的分配，使原本少之又少的教育资源根本不能真正应用到学生身上，而农村学校的学生由于经济拮据又严重依赖学校的资源，这种行政考评实际上浪费了来之不易的教育资源。

其二，政府垄断教育资源配置权，容易形成教育业“城市优先”的地方保护壁垒，不利于形成城乡教育主体的有效竞争，削弱了农村学校改革争先的积极性。城市学校和农村学校都是由行政权力指导而运行的，由于城市教学无论是学费收益还是社会效益都要高于农村；从投入产出的角度来说，城市教育比农村教育投入更少，城市学校的基础设施建设难度较小，师资和先进的教学方式的引入相对来说都比农村容易；在教育成果的产出上来看，城市学校无论是学生成绩还是教师考核，都更容易产生教育成果。在这种情况下，城市学校教育发展被行政权力偏爱，农村学校竞争力必然受到限制。各学校教育水平的高低是采用行政化评比标准而非业绩评比标准，农村学校通过内部教学、管理的改革而提高教学质量的难度较大，即使克服困难，提高的幅度再大，政府不加以重视，其提高教育水平的积极性也会受到打压。这种“城市优先”的保护壁垒，运用政府垄断教育资源的优势，实际上是目前城乡教育资源分配不均的主要原因。长此以往，必然会削弱农村教育的积极性，进而形成农村教育内在的恶性循环。

其三，政府垄断教育资源配置会阻碍教育信息资源向农村传递。教育资源原本是有限的，在政府垄断教育资源的大背景下，政府往往存在分配资源的一系列指标，所以无论是城市还是农村的学校，都需要采取竞争的方式来争取少量的教育资源，以符合这些指标。从政府角度来看，考虑的是如何将这些教育资源产出更多的教育成果，所以资源分配的信息会更多地向城市倾斜，农村获取教育信息的渠道受阻。例如，国家若要举行全国性的学校教学水平评比，科研项目立项申请或者是优秀教职工、学生代表的评级，这种信息和资格政府往往分配给城市学校，农村学校即使具备评比实力却连机会都难享有。新颖先进的教学理念试点往往先从城市入手，因而农村学校实现与全国接轨、与世界接轨的步伐远远慢于城市。

其四，政府垄断教育资源配置，容易导致教育资源浪费。学校为了得到教育资源，往往会产生竞争，政府分配教育资源的标准是统一的、可量化的，所以不同学校为了得到教育资源，采取的措施和改革往往大同小异，甚至不同的城区之间会形成恶性竞争。假若重庆市沙坪坝区某小学实现了一项得到市委高度重视的教学突破，渝中区便会效仿，把本区教学资源更多投入到与沙坪坝某小学的竞争之中去，进而忽视了辖区内部更加需要教育资源配置的农村学校。恶性竞争、重复建设浪费了宝贵的教育资源，此消彼长之间，农村同城市的教育资源差别继续被拉大。

其五，教育盛衰与政府财政紧密挂钩，这使优质教育往往更多地在城市存在。城市和农村分属于两个不同的教育系统，两种系统之间资源往往是内在的自循环，城市的资源流向农村的可能性不是很大，“大城市办大教育”的模式使高校的设置地点主要集中于大城市，且长期形成的教育模式趋于同质化——重视理论性、研究性人才的培养，这同农村地区需要大规模生产结构调整、急需各类应用型人才①的现实不相匹配，因而农村对教育成果的享受程度有限。城乡两种教育模式的产生与之相对的财政状况紧密相关。一方面，教育发展依靠的是政府的财政投入；另一方面，教育的产出效果也是政府投入财政的考量指标之一。所以，政府财政对城市教育的投入和支持力度原本就比农村大得多，城市学校的教育成果反馈也是农村学校无法相比的，从而造成了优质教育资源仅仅在城市存在的现象。

其六，政府垄断教育资源配置给权力寻租留有空间。学校发展中行政化色彩严重，容易滋生教育腐败和政治腐败。学校教育的投资者和经营者容易结交政治人物，以获得财政支持和更好的教育资源。在学校的运行之中，行政化的色彩也极容易导致政治过多地参与到教育中，影响教育的发展。一方面，政治诱惑会动摇乡村学校积极改革自身教育水平的决心而选择“剑走偏锋”；另一方面，也会催生地方政府在配置教育资源时的不当行为，最终影响城乡教育资源的合理规划。

2. 办学主体多元化缺失

重庆市幅员辽阔，人口众多，但城乡发展进程相距甚远，导致各地贫富差距较大，政府教育资源有限，很难全面照顾到所有地区均衡发展。同时，政府作为单一的办学主体势必造成教育投资的不足。所以在政府投入教育资金和资源的基础上，更多的是要求学校自身能够有寻找和创造资源的能力。城市学校在寻求资源上有更多的优势，因此在制定学校发展战略时不会像农村学校那样束手束脚。而农村学校在发展时则受到了自身条件的诸多限制，导致

① 参见黄晓勇、张菀洺：《“十二五”时期我国教育体制改革与科教兴国战略研究》，载《中国社会科学院研究生院学报》2010年第2期。

寻求资源困难重重,随之而来的是难以实施发展战略。教育作为一种公共产品,应当是全社会的责任而非仅仅是政府自己的义务。保罗·萨缪尔森在《公共支出的纯理论》中认为,公共物品是每个人消费这种物品不会导致别人对该种物品消费的减少。[①] 教育是典型的公共物品,应遵循“谁受益谁负担”的市场经济原则。教育的“外溢效应”使非受教育人也会获得受益,因此,整个社会都应为教育投资买单,社会组织或者个人均有资格分担教育成本。正如美国高等教育财政专家布鲁斯·约翰斯的“高等教育成本分担”理论,为各国的高等教育财政危机提供了有效的方法。[②] 因此,社会资本有义务投资办学支持教育业发展。但在现实中,由于民办教育投资办学收益的权利义务关系规定不明确,社会经济人恐于将资金投入到教育领域;教育投资周期长,长时间才能得到回报,投资者往往碍于收益的原因不敢将资金投入教育领域;公立学校占有大部分教育资源,使有志于无偿奉献教育事业的善意捐献建校行为的积极性受挫;政策支持得不到保障,国外资本也不敢轻易进入我国教育业。政府垄断教育资源的配给,剥夺了社会资本进入教育业的机会,限制了教育业吸收社会资源的能力,阻碍了成本分担理论的实践。综上,由于社会资源进入教育领域存在较高的门槛,对于本处于资源分配劣势的农村来说更是雪上加霜。

办学主体多元化缺失使教育业市场化难以实现。从理论上来讲,首先,在市场经济的自发调节下,教育资源会自动流向资源匮乏的农村。农村教育资源缺乏,其教育投资的边界成本较城市更低,投资农村教育的社会收益和经济收益比投资城市学校相对更大。社会资本受市场驱使,涌入农村,将大大缓解农村教育发展的压力。其次,根据市场竞争的原理,新办学校会与旧有学校形成有效竞争,促进农村学校教育实力的增强,从而缩小城乡教育资源差距。但是,在现实中,由于在教育资源分配上政府一家独大,以及教育事业的公益性,使竞争机制和教育业市场化的优势得不到发挥,教育业无法形成良好的竞争秩序,学校改进教学质量的积极性不高,农村学校的教学质量无法提高,其社会竞争力无法提高,社会声誉也就越来越低,对于生源吸引力越来越差。如果农村学校的生源无法得到保证,会使教育设施难以建立,教学计划和改革得不

---

① 参见王善迈主编:《教育经济学简明教程》,高等教育出版社 2002 年版,第 58 页。

② 参见孙海丽:《高等教育投资主体多元化研究——积极推进民办高等教育的发展》,载《中国集体经济》2011 年第 4 期。

到开展，也不能吸引优秀师资力量的加入，学校的规模就会受到影响，其教学的社会贡献能力减弱，而此时政府对其分配教育资源的意愿也会进一步削弱。这种现象在现阶段的农村教育中是普遍存在的，所以农村学校在不断地被撤并，最后甚至出现学生数量和老师数量相当的情况。长此以往，农村教育系统的自在内循环将会拖垮整个农村教育。在此恶性循环之下，农村教育资源的可得量和城市之间的差距越发突出。

在初级教育资源方面，农村对紧缺的民办教育资源享有度低的情况较之城市更为明显。由于农村学校辐射的学生数量毕竟远低于城市学校，其教学层级大多停留在初级教育，而政府对农村教育资源的分配基本也仅停留在设立初级教育学校上，如学前班、义务教育的小学或是初中。但是，农村对农业、工业或者第三产业专业技术人才的渴望程度日益增加，甚至不再低于对初级教育的需求。由于行政资源有限，对专业人才的培养需要依靠社会力量来补充。但是，如上所述，民办学校进入义务教育领域的条件是否放宽并没有法律、政策上的明确规定，民办学校通过设立职业高中、技术学校来参与教育业的能力受限，无法满足农村对此方面教育资源的需求，阻碍了农村教育资源的有效补充。

二、教育投资体制方面的原因

教育投资，也称教育资源、教育投入、教育经济条件等，是指一个国家或地区，根据教育事业发展的需要，投入教育领域中的人力、物力和财力的总和，或者说是指用于教育、培训、后备劳动力和专门人才，以及提高现有劳动力智力水平的人力和物力的货币表现。[①] 教育投资体制，是指规定谁来负责管理和运营向教育业投放的资源的一整套制度，其涉及投放资源的主体，投放资源的管理形式，投放资源的数量、质量和结构问题，以及如何筹集这些资源等因素。改革开放以来，我国颁布了《中国教育改革和发展纲要》《教育法》《中共中央关于教育体制改革的决定》《国家中长期教育改革和发展规划纲要（2010—2020年）》等政策和法律，一步一步地改革教育投资体制，促进教育体制的不断完善。但是，中央和地方的教育投资义务和责任不匹配、投资力度不够，中职教育和农村享受的教育资源不足等投资结构不均衡、财政不中立等体制弊

---

① 参见褚继平主编：《优质教师资源共享与区域教育均衡发展》，上海远东出版社2007年版，第136页。

病，给均衡城乡教育资源配置和促进教育体制改革的进一步发展带来诸多阻碍。

（一）教育投资体制的演进与现状

如上文所述，改革开放以后，我国的教育体制改革兴起，教育投资体制也发生了显著的变化。

首先，从投资结构来讲，我国逐步形成了县、乡、村三级办学，投资经费县、乡两级管理的模式。1985 年《中共中央关于教育体制改革的决定》提出"基础教育由地方负责、分级管理"，是教育投资管理体制改革的肇始。该决定还提出"为了保证地方发展教育事业，除了国家拨款以外，地方机动财力中应有适当的比例用于教育，乡财政收入应主要用于教育。地方可以征收教育费附加，此项收入首先用于改善基础教育的教学设施"。这就进一步明确了各级地方政府对教育业投资的具体要求，并补充了教育经费筹集方式。

其次，从投资总量来讲，1993 年国务院制定的《中国教育改革和发展纲要》中规定："逐步提高国家财政性教育经费支出占国民生产总值的比例，在本世纪末达到 4%。"1999 年《中共中央国务院关于深化教育改革全面推进素质教育的决定》和 2010 年的《国家中长期教育改革和发展纲要（2010—2020）》重申了这一要求，规定要在 2012 年年末达到 4% 的标准。这些教育投资规划是我国教育投资体制的投资数量要求。中央决定，在 1998 年至 2002 年这 5 年中，提高中央本级财政支出中教育经费所占的比例，每年提高一个百分点。在对教育投资的认识上，实现了从一般性投资到战略性投资的重大转变。① 结合《民办教育促进法》和相关规定，最终形成了教育投资地方负责、分级管理的责任承担机制，和以国家财政拨款、专项拨款、社会资本补充和教育附加税、收取的学杂费为经费来源的教育投资体制。

重庆市作为一个直辖市，其教育投资体制与国家的教育投资体制保持高度一致，并未形成自己的特色。然而，结合重庆的实际情况，我们不难发现，这种由县、乡、村三级办学，投资经费由县、乡两级管理的模式，对于重庆市城乡教育资源的配置会造成不均衡的结果。因为，重庆市主城区的财政实力相比于渝东北和渝东南的郊县而言，有明显的优势，他们更有实力投资于当地的教育事业，而渝东北和渝东南的一些郊县，财政比较困难，且主要是农村地区。

---

① 参见唐佳文：《中国高等教育投资体制的改革与发展》，载《吉林省教育学院学报》2011 年第 3 期。

因此,这种县、乡、村三级办学,投资经费县、乡两级管理的模式,只会造成重庆市城乡教育资源配置的差距越来越明显。

(二)农村教育投资匮乏的诱因

其实就农村学校而言,它的用地价格明显低于城市土地,教职工工资等其他费用也不及城市高,投资农村学校的固定成本远低于城市学校。但是为何政府不重视对农村学校的投资呢?一方面,这与我国教育投资地方负责、分级管理的投资体制不无关系。“地方负责”忽视了地方经济发展不均衡的现状,“分级管理”分散了教育投资资源,而农村地区本身经济发展较缓慢,乡级财政实力有限,难以负荷农村教育投资的压力,导致农村教育受困于乡级财政的投入不足的束缚,难以得到发展。“地方负责”的规定本身意在分担教育投资压力,但是中央政府和地方政府的财力比较,中央政府的财力比重高,基本超过50%,却没有负担相应的教育投资责任,实践上却把责任过多苛于底层的乡级政府。同时,分级管理意味着教育分层级,客观上承认教育资源匹配的分层级,是默许城乡教育资源不均衡的政策。另一方面,虽然我国《教育法》第55条规定:“各级人民政府的教育经费支出,按照事权和财权相统一的原则,在财政预算中单独列项。”但在实际运行中,由于缺乏相应的监督制度,教育预算混在科教文卫事业费和社会文教基建费的预算中,并没有实现单独列项。在每年编制的预算中,既难以反映教育经费需求的总量,社会各方面又无法进行有效的监督。① 教育经费预算的等级不高、教育部门对于教育经费没有编制权、教育部门不享有教育经费的分配权和管理权,②这些都是导致农村教育投资匮乏的原因。

(三)教育投资体制弊病的表现形式

1. 教育投资结构不合理

我国教育投资结构不合理,首先表现为投资主体结构不合理。由于我国教育管理体制是地方负责,义务教育经费的筹措责任就压在了各级地方政府的肩头。中央、省级政府以前对义务教育的投入非常有限,绝大部分经费由地方政府负担,地方政府的财政能力在城市和农村又有不同。我国绝大多数农

① 参见张静、段宝霞:《我国教育投资不平等的思考》,载《河南师范大学学报》2009年第6期。

② 参见谢华:《关于我国义务教育资源配置与教育公平关系的思考》,载《内蒙古师范大学学报》2006年第2期。

村学校采用“三级办学、两级管理”的分级管理模式，即县办高中、乡办初中、村办小学，县、乡两级政府统一管理。作为学校经费支出最重要部分的教师工资，由县、乡财政按照中央和省级政府统一标准的规定支付，而学校校舍基建投资则主要采取“拼盘”的办法，即小学校舍新建和维修一般由乡政府给予一部分拨款，余款由村政府筹措，初中校舍的建设和修缮由县政府拨一部分款项，其余由乡政府筹措。据统计，从农村义务教育资金的投入比例上看，中央财政仅分担2%，省级财政也只分担11%，县级财政分担9%，农村乡镇财政则分担了78%。[①] 可以说，由于城市地区政府经费充足，故城市学校的建设基本上完全由政府投资，而农村地区由于财政紧张，故农村学校的兴建则由农民承担较大责任。反观其他国家，日本现行的农村义务教育经费由中央、都道府县、市町村三级政府共同分担，且三级政府各自分担基本同等的责任；法国的农村义务教育经历了以市镇投资为主转向中央投资为主的过程，但均为多级政府共同负担，[②]农村层级教育投资压力小于我国。农村底层政府教育投资负担过重，有违财政中立原则。所谓教育投资财政中立原则，是指无论受教育群体所处地域财富差距如何，立法都不能因此而拒绝平等分配教育资源。级别越高的政府理应负担更重的投资责任，去补足贫困地区的经费不均等，应该实现侧重高级别政府投资责任，使受教育者平等享受教育资源。财政不中立，农村学校急需的教育资源未得到高级别政府的重视，农村人民肩负的教育投资责任重于城市人民，这种不合理的投资主体结构难以实现城乡教育资源的均衡配比。

投资结构不合理的另一点体现就是投资客体结构不合理。由于生源数量有限、对实用型教育偏爱等原因，农村学校以小学、初中、专职学校等初级、中级教育为主。而初、中级教育投资正是我国教育投资的最薄弱环节。根据国家对各级学校投资力度的分析表明，发达国家中等教育投入总量最大，初等和高等教育大体相当；在发展中国家，初等教育投入总量最大，中等教育次之，高等教育最少。[③] 2011 年的《中国教育统计年鉴》表明，在重庆市各级教育生均

---

① 参见武锐、方媛：《从中日对比谈我国农村教育投资效率的主要问题》，载《青海社会科学》2009 年第 6 期。

② 参见张燕、曲铁华：《典型国家农村义务教育投融资法制比较研究》，载《湖北社会科学》2011 年第 7 期。

③ 参见孙怡春：《中国经济持续增长与教育投资对策研究》，复旦大学 2009 年硕士学位论文，第 23 页。

公共财政预算教育事业费方面,2010 年中等职业学校生均 3666.36 元,普通高等学校生均 7135.63 元;2012 年《重庆教育统计年鉴》表明,2011 年中等职业学校生均 4917.11 元,而普通高等学校生均 12,660.96 元。中等职业学校生均公共财政预算教育事业费增长 34.1%,而普通高等学校增长 43.7%。这体现出市政府对于各级学校的投资结构与国际发展趋势明显相背。政府投资的方向依然以城市高等教育为主,忽视了中、初等教育资源的配比,滞缓了农村教育水平的提高。

2. 教育投资效率不高

教育投资效率不高,表现在教育投资的资本数量不达标和投资回报率不高。厉以宁教授在谈及教育投资比例合理性时采用以下几种方法:教育投资在社会总产值中的比重、教育投资在国民收入中的比重、财政支出的教育投资在全部财政支出中的比重、教育基本建设投资在全部基本建设投资中的比重。① 我国目前采用“财政性教育经费支出占国民生产总值的比例”这一标准衡量。我国早在 1993 年就提出在 2000 年实现国家财政性教育经费占 GDP 4%的目标,但该目标在 2012 年之后才实现。其原因有二:一是与此相配套的教育财政体制还未能建立起来;二是没有教育投资使用的相关监督体系作保证。财政教育投资是解决教育经费短缺的首要途径,投入的资本数量得不到保证,加重了农村办学的压力和农村学生上学的负担。

重庆市教育投资的回报率也并不令人满意。教育投资的回报率表征于受教育群体受教育水平的产出如何,即投资是否使教育产出质量水平提高、是否拓展了人们选择的自由、教育的个人收益率与社会收益率是否相近、教育结构是否做到了“物尽其用、人尽其用”。② 目前重庆市农村教育集中于初级、中级教育,而近些年来随着城镇化的发展,农村在发展农业的同时,引进了很多手工制造业和第三产业的企业,农村发展对人才的需求已经不像以前一样,仅仅需要懂农事的受到基础教育的人才,而初级、中级教育对于农村受教育群体个人素质水平提高能力有限,这种教育投资结构不仅不能满足农村发展的现实需要,而且城市受教育群体反哺农村率低,教育体制现状并未有效拓展人们选

---

① 参见厉以宁:《〈教育投资在国民收入中的合理比例和教育投资经济效益分析〉研究报告》,载《中国高等教育研究》1987 年第 1 期。

② 参见王锋:《从公平与效率角度评析现有教育投资体制》,载《世界经济情况》2008 年第 3 期。

择职业、生活居住地区的自由。随着“普九”力度逐渐增强，我国的文盲人数不断下降，社会收益率稳步增高，但在农村，受教育群体依然以从事低生产效益的工作为主，个人收益率与社会收益率无法相提并论。农村渴望先进农业、工业技术人才以期提高农村生产力，但由于农村中等、高等教育投资不足，职高、农业大学等高技术职业人才的培养集中于城市，技术与生产脱离，现有教育资源投资体制无法满足需求。

3.教育附加税作用发挥不到位

现有的教育投资体制以政府投资为主，投资规划政策受到社会经济影响较多，为保证教育投资的持续性、连续性，就必须保证教育投资的固定来源，在像教育这样的公用事业中，由政府来提供这种服务资金的主要依据是不应剥夺不愿为此支付成本的个人使用它的权利。① 税收正是一种固定的政府提供服务资金的来源，因此教育附加税是教育投资的补充。以美国为例，它的地方基础教育的经费大部分直接来源于地方教育税。根据我国关于教育附加的规定，凡缴纳增值税、消费税、营业税的单位和个人，按“三税”的3%计征城市教育附加。农村教育附加税征税办法和计征比例，由省、自治区、直辖市政府规定。《重庆市地方教育附加征收使用管理办法》(2011年)第3条规定，增值税、消费税、营业税的单位和个人(包括外商投资企业、外国企业及外籍个人)，均应按照其实际缴纳“三税”税额的2%缴纳地方教育附加。虽然《重庆市地方教育附加征收使用管理办法》规定了重庆市教育附加属于政府非税收入，收入全额缴入市级国库，纳入基金预算管理；财政部门会同教育部门按照部门预算管理的要求统筹安排，报同级人大审定；地方教育附加实行专款专用，专项用于教育事业发展，包括用于城乡义务教育均衡发展，发展学前、高中和职业教育等。但是由于没有专门规定教育附加收入应优先发展农村的教育，因此，即使重庆市教育附加收入充足，也不能保证此部分收入能够真正投资于农村教育业，从而实现对农村教育资源的有力补充。

三、教育管理体制方面的原因

教育管理体制，是指国家依照法律、政策建立起来的一整套关于如何管理教育事业的体系。我国整体的教育管理体制是“地方负责、分级管理”，即中

---

① 参见[美]理查德·A.波斯纳著：《法律的经济分析》，蒋兆康译，法律出版社2012年版，第707页。

央把教育事业管理权下放给地方，实现县、乡、村三级管理。如此一来，一方面，降低了管理的重心，赋予地方广泛教育管理权限，一定程度上使具体教育行为同各地区自身特点相吻合；另一方面，也缓解了中央政府对具体城市、农村情况不了解，对管理工作“鞭长莫及”的压力。但是，在现有的教育管理体制下，教育业“行政化”色彩浓厚，公办学校同民办学校管理体制存在一定冲突，政府重视城市教育管理而忽视农村教育管理，且“三级管理”实际上并未扩大农村管理权力等，导致教育管理体制对城乡教育资源配置的不均衡存在很深影响。

教育管理体制包括内部管理和外部管理两个方面。其中内部管理即学校管理，如学校针对自身的发展制定政策规章、教学方案、招生考试政策等。外部管理是涉及教育管理部门或其他社会力量同学校之间划分权力和责任的体制，是如何使用被分配的教育资源的规划，即政府或社会对教育事业的管理。我国“地方负责、分级管理”的教育管理体制即为外部管理。按管理内容外部管理可以分为宏观管理和微观管理。宏观管理，是指有管理权力的部门对被管理者整体的人力、物力、财力的规划、分配、使用，具体来说，就是教育行政管理部门对于各地区办学数量和办学种类的规划安排，教育经费的预算、分配、使用，学校教师等工作人员的配比数量、招生数量、教师和学生质量评估奖罚计划等。微观管理，是指管理主体对于具体的被管理客体在教育业的行为的指令、指导、信息服务等。学校对教育进行有效的管理是学校持续发展所必需的条件和要求，[①]这种管理涉及学校发展的方方面面，包括政策规章、招生考试和考核考评等，在这几方面之中，学校的决定起到了最主要的作用，但是其对教育资源配置的影响相对较弱，主要是学校外部的政府和其他资金源的影响较多。因此，对于城乡教育资源分配不均衡的问题，本书将主要从宏观和微观两个角度研究教育外部管理方面的因素。

（一）教育管理体制的演进与现状

为了适应教育业财产包干的体制，1985 年《中共中央关于教育体制改革的决定》提出“基础教育由地方负责、分级管理”，奠定了我国教育管理体制的基础。之后教育体制不断改革深化，经过数十年的不断探索，正在逐步形成与我国社会主义市场经济体制及社会发展相适应的教育行政体制的新框架。过

---

① 参见吕建生：《对我国中小学教育管理体制改革的方向性思考》，载《学术研究》2012 年第 1 期。

去那种国家包揽办学、过度集权的体制逐步被打破，基础教育管理地方化逐渐增强，大大提高了地方办学积极性，增强了地方办好基础教育的责任感。在具体的实施过程中，我国形成了城市地区市、区两级管理的格局，农村地区县、乡、村三级办学，县、乡两级管理的模式。1993 年中共中央和国务院颁布的《中国教育改革和发展纲要》中提出，高等教育改革重点要放在促进多种形式的联合办学，至 2000 年形成中央和省两级管理、以省级政府为主的高等教育管理新体制，这被学者视为"条块分割到条块结合"的进程。[①] 1995 年《教育法》第 14 条规定："国务院和地方各级人民政府根据分级管理、分工负责的原则，领导和管理教育工作。中等及中等以下教育在国务院领导下，由地方人民政府管理。高等教育由国务院和省、自治区、直辖市人民政府管理。"2006 年《义务教育法》第 7 条规定："义务教育实行国务院领导，省、自治区、直辖市人民政府统筹规划实施，县级人民政府为主管理的体制。"进一步明确了不同教育等级的管理主体。在目前高等教育行政体制中政府与学校的关系上，正在逐步形成政府依法宏观管理、学校依法自主办学的新机制，中央与地方的关系正朝着"国家和省级政府两级管理、分工负责，在国家宏观政策指导下以省级政府统筹协调为主"的方向迈进。

目前，我国的教育体制基本实现了教育业地方分权制，提高了教育业活动的效率和灵活性，但是分级管理不一定有利于农村学校的发展建设。以重庆市为例：首先，县、乡两级政府财力有限，对学校教育的财政投入会较少，这对于学校的发展来说是一个较大的不利因素；其次，县、乡政府的管理能力不如城市强，而且把农村学校管理的责任下放给乡级政府，规避了市政府在农村教育资源配置上的责任。条块分割的教育管理体制，造成了教育资源的配置分散，使办学规模过小、内部交流有限、教育资源的规模效益难以形成。同时，微观上行政权力过度膨胀，教育业"行政化"色彩浓厚，行政干预支配教育业，阻碍社会力量对教育业的补充和支持，加剧了城乡教育资源分配的不均衡。正如《国家中长期教育改革和发展规划纲要（2010—2020 年）》第十五章中明确提出：健全统筹有力、权责明确的教育管理体系。以转变政府职能和简政放权为重点，深化教育管理体制改革，提高公共教育服务水平，这是新阶段教育管理体制改革的重心。

---

① 参见马勇、丁里里：《从话语分析的视角看我国高教宏观管理改革的过程与特点》，载《山东科技大学学报》2011 年第 4 期。

(二)教育管理体制弊病的表现形式

教育事业的管理必须关注四个基本点——规模、结构、体系、质量。[①] 但是我国教育管理体制,在宏观管理上,政府宏观统筹作用不明显,义务教育的财政责任落实不到位;在微观上,没有用立法、拨款、规划、信息服务、政策指导等其他手段对学校直接管理。从城乡教育现状来说,城市学校的数量多,分布密集、规模较大,师资力量雄厚,学校的教学行政机构比较完善,教学体系也相对健全,在如此"软件"和"硬件"条件都有优势的情况下,教学质量相对较高,成果稍丰。而农村学校往往规模不大、结构不合理、体系不健全、质量不高,师资力量也比较薄弱,与城市学校相比存在较大差距,教育事业的管理工作任重而道远。

1. 教育宏观管理体制弊病

教育宏观管理体制弊病的第一个表现,即管理主体制度,存在威胁城乡教育资源合理配置的隐患。

首先,管理主体忽视城乡教育管理内容的区别,没有给予农村教育业应有的偏向性支持。中央政府负责规划全国教育资源的分配问题,重庆市城乡教育资源分配的责任落在市政府肩头。但是,地方政府分权型投资体制不能顾及城市和农村经济发展的特殊性。由于义务教育的经费支出划到地方各级财政,由市区或县、乡政府负担,而重庆市幅员辽阔,区县、乡级行政机构较多,由各个区县、乡政府所负担的教育财政比较分散,基本上都是对本地区的教育经费投入负责。此外,由于各个区县、乡的财政状况不同,贫富差距较大,所以导致对教育事业的投入比例大不相同。例如,沙坪坝区和渝中区等地区,经济发展比较迅速,财政实力雄厚,对教育的投入相对较多,因此这两个地区的教育事业发展得较好。但是类似于巫溪县和铜梁县等经济实力不是很强的县城来说,政府每年对于教育事业的投资也会相应的比较少,这样对于教育的发展来说无疑是一个消极因素。针对以上列举的城乡之间发展差距较大的现实,教育经费的支出由地方各级财政负担,具体由区、县、乡政府负担,这种地方政府分权型的教育经费投资模式,极易形成两极分化严重的教育现状。因此,各地教育资源占有的多少就取决于各地政府的财政实力,进而形成了"富地区办富教育,穷地区办穷教育"的局面,这必然导致城乡教育资源分配不均衡。现

---

① 参见田刚:《地方政府应该这样管理教育事业?——兼谈宏观教育学的主体内容》,载《当代教育论坛》2010年第7期。

行投资体制未能顾及较贫困农村教育自身条件，其“硬件”“软件”相对滞后，需要加大教育投入，获取更多的财政支持、公共信息或者转移支付，以谋求地区义务教育的健康发展。① 很多农村学校的教学硬件设施匮乏，师资力量有限，需要得到投资的偏向保护，而现有的管理体制却“一视同仁”，对农村教育投资本身匹配就不足，更别谈倾斜性支持保护，极度不利于农村教育教学的发展。

其次，管理部门管理行为不统一、管理主体不确定，尤其表现在职业教育的管理上。职业教育是教育业的重要组成部分，农村职业教育的发展更是对农村教育质量的有力保证。但是农村职业教育与其他教育基本上各自为政，彼此沟通不足，与区域经济团体协调不畅通，基本处于自我发展状态，未形成一个社会化交流、沟通与正确引导的健康氛围和平台。② 这是由于在资源配置上存在多头管理、统筹乏力的缘故。职业教育涉及部门较多，如教育部、农业部、劳动部等十几个部门，而各部门权力分散，缺乏统筹，责任相互推诿，出现监管真空，难以保证职业教育资源的平等享有。尽管国家努力倡导、鼓励、支持各种形式的联合办学，但由于学校行政隶属关系不同，各隶属关系学校之间的合并和联合办学实质上有名无实，③教育资源的存量调整还是不易实现。

教育宏观管理体制弊病的另一个表现为管理内容问题。其一，在办学管理方面，政府一家独大，管理的约束使多元化投资主体的办学体制并未实现，上文已作论述，在此不再赘述。其二，也是管理内容中最重要的方面即教育资源经费管理问题。“以县为主”的农村义务教育投入的管理方式，旨在从制度上实现农村义务教育经费主要由农民负担转变到政府负担，投入责任从以农村为主转变到以县为主。但是，以县为主造成政府财政责任的转移，导致城乡二元经济结构进一步加深，使农村义务教育资源经费不足，教育资源投入结构失衡，尤其是义务教育公共财政区域预算内的公用经费投入失衡，最终导致城

---

① 参见徐文宇：《贫富地区机会均等教育投资体制的构想》，载《江西教育科研》1994 年第 5 期。

② 参见李敬、刘志兵：《服务型政府与农村职业教育的宏观管理》，载《安徽农学通报》2010 年第 1 期。

③ 参见《高等教育资源配置研究》课题组：《我国高等教育资源配置的现状、成因和机制研究》，载《财税理论与实践》1997 年第 1 期。

乡义务教育资源匹配存在较大差距。[①] 根据国家统计局2014年的数据,我国有2109个县级财政,4.6万多个乡级财政,财政收入1.4万亿元,其中中央政府占45.9%,省级政府占10%,市级政府占17%,县乡两级政府共占20%以上。[②] 县、乡两级政府用1/5的财政收入支持大部分义务教育事业的发展,压力过重。教育业决定权在上级政府,而资源经费的管理却由下级政府负担,事权财权不统一,农村学校教育资源充足性、投入连续性得不到保证。这一方面影响整个教育系统内在资源的灵活运作,另一方面不利于政府对于教育经费和资源的管理。由于重庆市政府对于各级政府教育资源分配比例的统一规划和分担机制未能建立,导致县、乡两级政府在教育资源分配上捉襟见肘。其三,在师资配比、招生数量、教师和学生质量评估奖罚计划等方面,学校的行政化现象严重,又形成了行政权力博弈的竞技场。由于我国各地的教育管理和评估机构是教育管理部门,相同的教育管理和评估规则对于各地区之间不同的教育现状来说,不仅不能起到正面的激励作用,反而会带来不同学校之间的恶性竞争,使农村学校的竞争力越来越弱,积极性越来越差。现行的资源配置模式,对于重庆这个幅员辽阔的直辖市来说,无疑是“一刀切”。资源不是按效率最大化配置,而是依行政命令,奖惩评估不是由中立的非官方机构作出,评估的激励作用也没有真正体现出来。在行政权力博弈的过程中,教育事业的发展容易造成混乱,所以目前去“行政化”也是改革教育发展的重要一步。

2. 教育微观管理体制弊病

长期以来,我国对教育的管理强调政府统一领导,政府和学校之间的关系纯粹是一种上下级的行政关系。我国业已形成的高度集中的招生管理、经费投入、学历认定、人事任用等方面的政策,无不贯彻政府的意图。[③] 行政命令左右学校的发展,学校丧失自主管理权,使学校高效使用教育资源的主观积极性被削弱。行政命令固化的是整个教育资源系统,教育资源的配置一旦交由

---

① 参见赵承福:《义务教育管理体制的改革与创新——一项具有前瞻性、针对性、时效性、理论性的研究项目》,载《山东社会科学》2011年第8期。

② 参见张燕、曲铁华:《农村义务教育投融资法制困境及破解途径》,载《中国发展》2011年第4期。

③ 参见陈松洲:《改革我国高职教育宏观管理体制的若干思考》,载《高等职业教育》2011年第1期。

政府的行政命令管理，会导致教育微观管理的“资源运用效率”①不高。

政府管得过宽，不利于学校充分利用教育资源。在学校兴建规划或学校刚刚建成之时，规范化的统一行政命令有利于学校管理迅速体系化、模式化，但之后则会渐渐扼杀学校自主发展的积极性和信心，当学校需要根据客观情况变通管理模式时，就受到行政管理的约束。农村学校具体教育情况同城市学校不同，师资、教学硬件、学生数量、教学周期、就业导向等都可能存在特殊性，如在义务教育小学阶段，每个年级学生数量同教师数量不成比例、学生需要帮家里务农、学生完成义务教育后选择回报家乡等。如果按照行政统一的管理模式，并不利于农村高效地利用教育资源。教育资源运用效率是教育业管理的根本目的，管理就是对效益的不断追求。② 目前政府的教育管理是短视效益，是竭泽而渔的管理方式，只有放开教育业微观管理体制，才能促进农村教育资源的高效使用。

微观管理的行政化对于民办学校和部分职业学校的影响，也是不容忽视的。民办学校和部分职业学校是吸纳社会资源而建立的，其从出生就流着市场经济的血液，追求效率的最大化。由于农村地区教育资源相当吃紧和对专业性技术人员的大量需求，逐步刺激社会资源涌入教育业，这是需求决定供给的体现。基于此建立的民办学校和职业学校理应根据不同地区经济、社会因素的差异性而选择性地提供教育资源。义务教育资源缺乏的农村地区需要将社会资源投入义务教育办学上，农业、工业等方面技术使用量大的农村地区吸引着职业技术学校的兴办。此类学校提供方式应该灵活多变，管理方式应适应学校的发展而变化，如采用内部董事会等方式，适应时代潮流。教育管理行政化，限制了社会力量办学的自由发展，其设立、教育行为、退出机制等均受到政府统一规划和严格控制，导致社会力量办学教学特色不突出、师资资源流失、教学与农村生产脱离③等诸多问题，无法实现对农村教育资源补充的作用。

四、教育融资体制方面的原因

教育融资体制，即关于教育事业经费来源渠道、管理方式、使用等一整套

① 陈光明：《高等教育管理效益的内涵及其提高》，载《湘潭大学社会科学学报》2002 年第 5 期。

② 参见周三多主编：《管理学——原理与方法》，复旦大学出版社 2009 年版，第 138 页。

③ 参见孙广星、金青玲：《机制视域下我国高职教育管理及运行问题探讨》，载《成人教育》2012 年第 1 期。

制度和体系。目前,我国的教育业学校资金来源主要源于政府财政性拨款,并以社会主体投资、学费收入、非学历教育收入等事业收入,社会捐集资以及科研经费、校办产业收入、银行贷款[①]等几方面为辅。但是,传统的这些融资方式难以满足学校建设的需求,更无法平衡城乡教育资源的配比。除银行贷款外,教育债券、信托业务、融资租赁、资产互换等融资方式并没有走入人们的视野。农村学校融资困难,阻碍其自身获取更多的教育资源。

(一)教育融资体制的演进与现状

1993年《中国教育改革和发展纲要》出台,其中有关教育经费的条款提到:运用金融、信贷手段,融通教育资金。它首次提到可以通过银行贷款的方式融通教育资金。1995年《教育法》第62条规定:"国家鼓励运用金融、信贷手段,支持教育事业的发展。"1998年《中华人民共和国高等教育法》第60条规定:"国家建立以财政拨款为主,其他多种渠道筹措高等教育经费为辅的体制。"2001年教育部印发的《全国教育事业第十个五年计划》,再次提出可以适当采用财政、金融、信贷多种手段发展教育业,合理利用银行贷款,争取世界银行贷款项目。2004年教育部和财政部联合下发的《关于进一步完善高等学校经济责任制加强银行贷款管理切实防范财务风险的意见》,给出了高等学校银行贷款的额度控制和风险评价模型。[②] 作为对教育融资体制的政策补充,各地方政府也相继出台了多个规定。如上海市教育管理委员会在2008年出台了《公办高校贷款管理办法》,进一步完善地方特色的公办高校银行贷款制度;湖南省政府在2009年颁布了《关于切实做好省属公办高校老校区资产处置工作的通知》,从高校老校区资产置换角度规范高校融资方式;重庆市政府在《重庆市统筹城乡教育综合改革试验实施方案》的精神指导下,为配合统筹城乡教育综合改革,深化教育投融资体制改革,在2008年成立教育银行,发展公益性教育基金,发行教育彩票,并且探索建立教育发展公司,推进非义务教育学校采用BOT方式进行基础设施建设。[③] 这些都是我国教育融资体制改革的试点探索。

---

① 参见王欧亚、马杰:《浅析高效融资渠道建设——北京印刷学院融资渠道建设设想》,载《北京印刷学院学报》2011年第1期。

② 参见王雄伟:《关于融资问题的探讨——以高等学校融资为例》,载《中国集体经济》2011年第7期。

③ 参见朱薇:《重庆改革教育投融资体制成立教育银行》,载新华网:http://news.163.com/08/0812/18/4J5Q9UBA000120GU.html.,最后访问日期:2012年9月1日。

不难发现,虽然我国从法律和政策上都认可了教育业多种融资渠道的重要性,但目前不但财政投入徘徊不前,[①]而且由于配套的法律法规和资本市场的不完善,教育贷款频频受阻,多种融资渠道还没有放开。此外,以义务教育领域为主要方面的农村教育融资手段较少,无法通过社会资本补充的方式缓解地方财政压力。

(二)教育融资体制弊病的表现形式

尚处在发展阶段的教育融资体制,一方面,使各级学校无法充分利用自身技术优势和现有闲置资源融资发展,依然以传统的政府财政和收费来“以学养学”,融资渠道单一,缺乏想要打破现有的教育局势和教育水平,并谋求进一步发展的资金的理念;另一方面,农村义务教育融资渠道欠缺,农村教育发展欠缺新的动力,平衡城市和农村教育资源的能力受到钳制,城乡教育资源配比不均衡的趋势被拉大。

1. 现有融资渠道受限

首先,财政对教育业投资力度有限。如上文所述,我国教育投资占 GDP 比重不足 4%,距世界平均水平有较大距离。重庆市财政对教育的投资也相当有限,以政府拨款为主的教育融资渠道过于单一,在前期的教育投入中,政府的拨款是教育发展的基础,能够提供基础设施建设的经费,保障学校的硬件设施建设。在上升期发展之中,学校需要大量优秀的师资力量、先进的办学设施以及教学科研经费,这些项目的财政若仅凭政府财政的投入,则不仅政府财政供给能力不够,也会贻误学校发展的时机,教育再发展能力不能得到明显增长。

其次,学校事业性收费的增长日趋缓慢,对教育资源的补充能力难有提升空间。除了高等院校和高中可以收取学费外,根据国家有关规定,义务教育阶段将全部免除学杂费的收取,因此,学校事业性收费的增长受到限制。与此同时,我国已出现人口老龄化现象,接受教育群体的数量渐渐呈下降趋势,招生数量的减少也影响着学校事业性收费。在重庆农村,教育以义务教育为主,高等教育院校较少,事业性收费对农村教学资源的补充能力微乎其微。因此,以财政支持和事业性收费为手段的融资渠道,势必无法保证农村教育资源的供给。这种融资体制加重了城乡教育资源分配的不均。

最后,银行贷款模式并没有对教育业融资起到很大帮助。从我国实行教

---

① 参见翟志华:《我国高等教育融资途径新探》,载《现代教育科学》2010 年第 1 期。

育贷款以来，出现了贷款办学热，以银行贷款来维持学校日常开支和拓展教育领域已经成为了学校融资的重要途径之一。由于以下原因，农村学校可贷款的能力较城市学校更差：第一，农村学校可抵押资本有限。通过银行贷款途径融资是需要抵押资本的，农村学校缺乏固定抵押资本，校舍和用地又不可通过银行抵押，影响农村学校贷款实力。第二，商业银行放贷意愿低，政策性银行无专门的农村教育贷款业务。由于向农村学校放贷收益不高，潜力有限，商业银行一般不愿发放贷款给学校办教育，就只能靠政策支持或其他途径。但是我国只有三大政策性银行，没有对教育业专门发放贷款的政策性金融机构，农村学校基本上贷款无门。重庆虽然建立了全国首家教育银行，但其功效还没有完全发挥出来。而重庆的农村商业银行的主要业务停留在服务中小企业、县域经济小企业“便捷贷”贷款、小企业“发展贷”贷款、中小企业合同鉴证贷款、中小企业出口退税质押贷款、固定资产贷款等方面，①并没有专门针对农村教育领域的贷款业务。第三，法律法规对教育贷款的规定模棱两可。农村金融机构立法本身就缺失，更别谈农村教育融资体制的建立。缺少立法的保护成为农村教育融资的弊病之一。

2. 多元融资渠道缺失

首先，教育债券在教育融资体制上作用不大。教育债券相较其他融资方式而言更灵活、金融风险较小、利息较低、学校负担轻，因此本应成为教育融资的重要手段之一。1998 年到 2000 年，国家发行教育国债 57.65 亿元，近几年发行的债券更多。但我国实行集中的财政体制，国家公债基本上都是中央公债，地方政府不能发行内债，②而单以国债形式发放债券灵活性有限，国债收入用作教育统筹经费，对重庆市地方教育改革尤其是农村教育发展的帮助作用不大，农村教育业基本无法从教育国债中受益。虽然我国发行教育债券具有广阔的市场，部分教育产品进入产业领域给发行教育债券提供了条件，又能使融资学校获得稳定收益，③但是由于可以针对具体情况决定融资数量、融资使用方式的地方教育债券以及专门用于农村教育发展的义务教育债券发展缓慢，农村教育融资享受不到教育债券的实惠。

---

① 资料来源：重庆市农村商业银行网：http://www.cqrcb.com/List/23_1.htm，最后访问日期：2012 年 9 月 1 日。

② 参见张怡主编：《写给法律人的宏观经济学》，法律出版社 2004 年版，第 212 页。

③ 参见杨继瑞、孟显芮：《发行高等教育债券：若干思考与对策》，载《高等教育研究》2011 年第 4 期。

其次，BOT融资方式并没有被重庆市教育业广泛使用。BOT是民间兴建运营后转移模式，是一种公共建设的运用模式，即"建设——经营——转让"的基础设施建设、经营的融资方式，其将政府所规划的工程交由民间投资兴建并经营一段时间后，再由政府回收经营。如应用到教育业领域，它可以为学校融得社会资本，加快教学用楼、教学设施、后勤服务设施等固定资产建设。据调查，在重庆、四川、云南三个地区中，高校采用BOT模式的项目占75%，正在实施的BOT模式项目的比例为18.4%，只有3.2%的项目目前不准备实施BOT这种模式，[①]可以说BOT融资模式已经给不少高校的建设带来好处。可是，在重庆市农村教育办学层面上，鲜有采用BOT融资模式的学校。一方面是由于农村学校融资市场效益吸引力低；另一方面，由于没有相关的地方法规、政策的保护和推动，这种全球广为使用的高效融资手段对调整重庆市城乡教育资源分配不均衡并没有起到改变作用。

最后，委托贷款、融资租赁、资产置换、区域性资产证券化[②]等方式，不仅目前对教育融资发挥的空间较小，而且对于农村教育资源的补充能力更是非常有限。事实上，农村教育基本上只能通过政府财政性资金来融资，不仅同拥有多种渠道融资的城市学校之间的差距越来越大，最严峻的问题是由于法律、法规的滞后性，其可开发的新融资渠道也非常狭窄，长此以往，城乡教育资源分配的差距只会越来越大。

五、招生考试制度方面的原因

招生考试制度是教育制度的重要组成部分之一，包括招生政策、选拔形式、入学标准、录取方式等。[③] 在"普九"的指导方针下，我国目前小学升初中无须考试，实行免试划片、就近入学的制度。而初中升高中、高中升大学，都需要通过考试才可获得入学资格。其中又包括保送、特长生考试、考试加分等多种附加的入学条件情况。虽然我国招生考试制度并没有明显体现出对于城市学校毕业的学生和农村学校毕业的学生的区别对待，在入学成绩要求上一视同仁，但是现有的招生考试制度规定却隐性地左右着城市和农村学生的受教

---

① 参见程敏、杨东、孙金坤：《BOT融资模式在高校中的运用分析》，载《山西建筑》2012年第3期。

② 参见吴泽强：《浅析我国高等教育融资途径》，载《成人教育》2011年第5期。

③ 参见吴佳鑫：《浅析高效招生考试制度改革的多元化趋势》，载《黑龙江生态工程职业学院学报》2012年第1期。

育水平，导致教育资源在城市和农村之间配比不均。

（一）学籍制度影响城乡教育资源分配

学籍，是指学生在某校就读的资格，它影响着学生选择就读学校的范围。我国为了保证“普九”工作的顺利完成、有效管理义务教育阶段的教育教学工作，实行严格的学籍制度。虽然学籍制度建立的初衷是有效管理学生流向，但是已逐步演化成限制、约束学生资源流动的工具。导致了城乡居民教育资源占有不均、流动人口入学难、高考移民等社会广泛关注的问题。

从《重庆市义务教育阶段学生学籍管理办法》来看，重庆市义务教育阶段学校学生的学籍管理仍由各区、县（自治县）主要负责、具体执行。将学籍的管理层级制定在区、县一级，虽然有利于各区、县具体指导本辖区学籍管理，但是为各区、县教育资源割据埋下隐患。该办法第5条规定义务教育阶段实行“免试划片就近入学”，即学生无须考试，凭学籍选取片区内的学校就读。决定学生是否具备入学资格是以“三对口”原则为指导的，即学龄儿童与父（母）的户口、房管证（或房屋产权证、购房正式合同）和实际居住地一致。这一套学籍制度基本保证了每个学生都有学上、有书念，对于普及九年义务教育、提高全民教育文化水平有重大支撑作用，并且防止生源过分集中于名声较好、教育水平较高的学校，但是却严格限制了学生的流动，从而影响着城乡学生可享受到的教育资源多寡，从结果上反映城乡教育资源分配的不均衡。

一个地区受教育水平的高低，影响着该地区教育可持续发展能力的强弱。在重庆，主城区的教育水平明显高于农村，无论是学校的师资配比、硬件设施，还是素养培养、升学数据，都可得到证实。甚至在农村内部，农村中心学校一般情况下也优于偏远地区的学校。但是由于学籍制度的规定，给生源之间的相互流通带来很大困难，学生不能选择有利于自己的学习环境，只能就近选取片区内部学校就读，想要转学去理想中的学校受到很多牵制，尤其是需要支付一定的“借读费”或“赞助费”，有些学校的“借读费”或者“赞助费”的费用相当昂贵，不是一般农村家庭能够承受的。在支付高价费用进入新的地区或者新的学校就读后，学生也许还需回到原学籍片区参加中考或高考。“跨区借读”的学生从制度上来说，是借其他片区的教育资源来读书，相对于这个片区的学生来讲是“外来人口”，借读生想融入此片区的学习生活也并不容易。因此学籍制度的规定限制了教育资源本身就匮乏的农村学生获得高水平教育的机会，农村学生即使想通过“跨区借读”的方式获得更好的教育环境，在现实条件下这种愿望也是很难达到的。与此同时，一个片区内的学校由于不存在竞争的压力,易垄断一个片区的受教育群体,抑制了其提高教育水平的积极性。农村教育水平质量提高不上来,进而影响学生接受教育资源的质量,并形成农村地区教育的恶性循环。

(二)高校附加招生条件影响城乡教育资源分配

时任国务院总理温家宝在《充分认识制定教育规划大纲的重大意义》中提到,农民经济收入的不断提高理应伴随着农民子女上学机会的不断增多,但是现在他们上高职、上大学的比重却日渐下降。城乡学生受教育水平的失调跟高校附加招生条件有重要关系。

学生进入高校就读,主要通过参加"一考终身"的高考、保送生选拔、文体特长考试、自主招生考试等几种渠道,此外,在我国又存在政策性加分、收费性招生等额外考试招生条件。除在招生中占绝大份额的高考途径外,其他几种招生条件可称为高校附加招生条件。这些条件的制定,一方面有利于保证社会稳定,如少数民族加分;另一方面有助于促进素质教育的发展,培养全面人才,如文体特长考试。同时,也可在一定程度上保证高校招生自主权,录取更适合学校要求或学校培养方向的学生,如自主招生考试。但是,高等教育入学机会的竞争已日渐成为激烈的社会竞争的一个缩影。名牌大学的就读机会可能给学生带来巨大的就业优势,可以决定学生以后的经济财富、名誉声望、社会地位等。因此,作为高等教育入口的高校招生考试领域就自然成为社会不同阶层激烈争夺的场域,各个社会阶层充分运用自己的文化资本、经济资本、社会资本展开竞争。[①] 农村子女相对城市子女而言,社会资本较弱,在激烈的高校招生竞争中占不到优势。这种加分政策往往会使原本占据较多资源的富人有更多的机会获得优秀的资源,而远在偏远农村地区的学生则享受不到这样的资源,得不到这样的竞争机会。长期的恶性循环由此形成,导致农村中学毕业的学生在诸如自主招生、保送生、特长生等方面的表现远远不及城市中学毕业的学生。

如文体特长考试,是通过对学生文艺或者体育方面杰出才能的考核,选拔艺术特长生或者体育特长生。体育特长考试相对客观、规矩,但文艺特长考试较主观,没有量化的统一标准,可操作空间较大。这种考试制度下,对于城市、农村学生选拔的公正性不易保证。并且,城市父母往往更具有经济实力培养

---

① 参见罗立祝:《高校招生考试制度对城乡子女高等教育入学机会差异的影响》,载《高等教育研究》2011 年第 1 期。

子女的艺术或体育特长，且在城市生活的子女可接受的社会信息更新颖、充分，也有时间去学习。但是农村子女因为经济、农忙时间等原因，学习艺术或者体育专长的学生非常少，即使参加学习班学习，其指导老师也可能技艺有限，不掌握新颖、潮流的艺术信息，不了解科学、系统的体育知识，保证不了学生学习质量。因此，文体特长考试的受众基本都是城市子女，这方面的高等教育资源在事实上只分配给了城市学生，农村学生很难得到此方面的高等教育资源。

又如，在自主招生考试中招生学校通过自主命题，希望招得各方面素质满足学校要求并可以进一步完成学校教学目标的学生。其题目由高校自己确定，题目设置大多新颖、灵活，涉及政治、经济、文化、社会新闻、法律等多个领域，以全面考核学生综合素质。但是考试的内容和考核标准偏爱前卫、时尚、新鲜的事物，隐性地偏向城市学生。例如，2010 年北京大学的自主招生考试题中要求学生根据网络歌曲回答问题，华中科技大学考察“囧”字是什么意思，复旦大学讨论燃油税费改革以及上海交通大学谈论世博会。[①] 这些契合城市学生生活的题目无疑戳中信息掌握不充分的农村学生的“死穴”。因此，能够通过自主招生考试进入高校读书的受惠者依旧大多是城市学生。

同上述高校附加招生条件相比，政策性加分可以说是少有可以惠及农村学生的。例如，重庆市对于享受照顾的区县考生、农村独生女考生、三峡库区淹没地区考生给予 5～20 分的高考加分，但是大多加分条件限制严格，如必须报考在渝高校，必须在各批次录取分数线 5 分以内等，真正可以享受到这种政策性加分的农村学生数量并不多。在原加分政策中，重庆制定的“报考市属院校的三峡库区搬迁移民考生加 5 分”和“报考市属院校的农村独生女，线下 5 分可视为达线，由学校审查决定是否录取”这两项针对农村学生的高考加分照顾政策已于 2017 年取消，这无疑在实际上又拉大了城乡学生的资源配置差距。

无论是学籍制度还是高校附加招生条件，现有的招生考试制度在力求以多方位多角度招生并提供多样化的竞争机会的同时，实质上也只是在原有的资源分配格局上重新为城市学校的学生提供更多的机会，这些机会都是农村学生接触不到的。即使农村学生也获得了相同的竞争机会，由于长期的经济

① 参见张纪伟：《高校自主招生考试内容的城乡公平性研究》，载《教育与考试》2011 年第 4 期。

发展差距和社会认知不同,农村学生想在激烈的竞争中崭露头角的可能性并不大,所以这一系列的政策看似更公平,实际都在隐性中一定程度地剥夺了农村学生接受高质量教育的机会,从结果上印证了城乡教育资源分配的不均衡。

六、其他制度原因

城乡教育资源配置不均衡的制度诱因,不仅包括教育业内部的各种制度规定,还同时涵盖教育手段贫乏、法律法规配套不全、依法治教力度不够、城乡二元结构等其他症结。

首先,我国的教育体系并不完善。我国的教育手段主要以义务教育、高等教育、职业技术教育等为核心,而学前教育、社区教育并没有受到社会的广泛重视。农村由于经济匮乏并未建立起完善的学前教育体系,政府在此方面的投入和监管不到位,学前教育质量不高、管理混乱,甚至还曾出现教职工不负责任打骂、体罚学生的现象。学前教育得不到完善,对于农村学生基本文化素养的培养就无法从小抓起,学习兴趣和各方面综合素质就得不到及时开发,这些都将影响到学生以后的发展。社区教育方面,其本应承担起沟通学校教育、家庭教育的桥梁作用,抑或是成为职工教育、农业人才教育、成人教育的集中地。但根据数据显示,我国社区教育经费中的国家财政经费在 2008 年仅达到 50.1% ,同美国财政投入最低的 1998 年仍然高达 63% 的比例相差甚远。教育经费的不足,严重影响了社区教育的组织建设、人员配备和教育质量,①阻碍社区教育发挥对于农村教育应有的补充作用。

其次,我国有关教育的法律、法规不完善,依法治教力度不够。例如,在教育管理体制上,我国《预算法》对于教育投资预算的规定空白,影响着教育经费的预算、使用透明度,制约着教育投资的足质足量。再如,在教育融资体制方面,现行《教育法》对于教育业融资渠道的规定浅尝辄止,学校在选择金融业新型融资手段时由于没有法律的支持而显得力不从心,融资手段往往以地方试点的方式缓慢展开,不能及时填补农村学校教育资源匮乏的漏洞。行政法规、部门规章、地方性法规虽然在一定程度上丰富了办学体制、教育投资体制、教育管理体制等,但是由于立法层级过低、可实行性有限、相互矛盾等情况,也不能改变城乡教育资源分配不均衡的现状。

最后,城乡二元结构的弊病也深刻影响着城乡教育资源分配。在城乡二

① 参见张军果:《中美社区教育经费来源比较与启示》,载《继续教育》2012 年第 2 期。

元结构下，农村在居住、就业、户籍、社保、医疗、税收等诸多方面同城市存在差距，影响城市人口流向农村。一方面，城市在诸多方面的优势影响着城市优秀教育人力、物力资源流向农村。教师下乡，在获得宅基地、社会保障、医疗保障、个人纳税等方面受到限制，生存、工作条件得不到保障，且生活质量远不如城市。对于农村教育投资也受到税收、土地使用权等问题的困扰，城市经济优势的触手伸不到农村之中。另一方面，城市生存、工作环境的优势也阻碍着农村教育成果——受教育学生反哺农村。城市资源不愿涌入农村，农村培养的优秀人才也不想回报农村，投身农村教育建设，不仅没有形成教育资源配给由城市流向农村，反而形成了教育资源从农村输送至城市的单向循环。农村迟迟得不到人才、资金和技术的补给，造成农村人口在年龄结构上的不合理分布。同时，由于城乡二元体制和户籍管理制度的限制，以及村庄建设规划的不合理，导致农村外延的异常膨胀和村庄内部的急剧荒芜，形成了农村空心分布的状况。在教育资源上，城市越来越富，农村越来越穷，城乡教育资源的分配不均持续恶化。

第四章　国外统筹城乡教育发展的经验及启示

"百年大计，教育为本。"教育是一个国家经济发展和社会进步的基石，教育公平是社会公平的重要标志之一。近几十年来，各国政府纷纷出台相关政策，积极采取多种措施以图实现教育资源的合理配置，推动城乡教育的统筹发展。在各民族、国家和地区共同勾勒的当代世界教育图绘中，一些国家尤其是发达国家在均衡城乡教育发展的过程中积累了丰富的成功经验。虽然这些实践经验具有鲜明的国别和地区特色，但是我国统筹城乡教育改革具有多层次性与共交叠性，不同国别的统筹治理特点几乎都能在中国梯度区域中寻找到治理共性。因此，全面分析其他发展中国家或地区尤其是发达国家或地区在统筹城乡教育发展过程中的策略举措，借鉴其成功经验并规避其不足，不失为促进重庆市城乡教育统筹发展的有效途径。

一、国外统筹城乡教育发展的经验

（一）办学体制

办学体制对城乡教育的发展起着至关重要的作用，从新中国成立之初至今，我国已进行了数次办学体制改革，逐步从国有化向一主多元的办学体制转变。回望国外统筹教育发展的历程，我们不难发现，办学体制改革的问题并不是我国所特有的，这一问题在世界各国都普遍存在。近几十年来，一些国家以办学体制改革为切入点，作了很多有价值的探索。世界范围内的办学体制主要包括以下几种：

一是国有民办。即由国家和政府提供一定的土地和固定的基础设施设立并依照法律程序交由具有法人地位的社会团体或公民个人承办的教育机构；承办者享有社会力量办学的政策和办学自主权；学校承办者负责依法筹集全部或大部分学校事业费和日常运行经费，并负有对校产保值增值和对培养计划保质保量完成的责任。国有民办是介于纯政府办学与纯民间办学之间的一种形式。此种办学形式综合了政府强大行政权力，能综合运用各种资源、动员多方力量的优势，以及民间团体有针对性、灵活性、能迅速针对各种特殊情况及时作出反应的高效特点。然而，此种办学体制需要对政府及民间团体的权力义务进行明确划分，否则会陷入管理混乱、交叉管理或无人管理的困境。

二是教育集团式的办学体制。即学校校长只管把教育教学抓好，对集团负责，而资金投入、基本建设和学校发展等问题都由教育发展集团去解决；一个教育发展集团可跨几个学校和多个地区进行投资办学。此种办学体制能充分发挥教育集团专业化的特点，对学校学生进行专业化的管理，合理安排有效课程，吸收优秀的师资资源。然而由于没有政府的有效监管加上教育集团非公有的性质，往往不能逃脱经济人追求最大利益忽视教育公平的困境。农村及其他不发达地区的教育公平无法得到实现。

三是大学城制。即由企业筹建，开发房地产并兼营后勤和物业服务，学校根据自身需要直接租用或者由政府主导整体规划，政府部门负责部分公共基础设施，其他设备设施由政府通过招投标吸纳企业资本进入教育领域，利益共享。由此可见，此种办学体制主要包括三方面的主体：政府、市场和学校。在大学城发展战略中，政府、社会（市场、企业）及学校三方面各自扮演相应角色，承担义务，各有利可图。

四是混合股份制。即在学校资产中有私有的、集体的，也有国家的或有这三者中的两者，这同企业的有限责任公司制大同小异，为了有所区别，可称教育混合股份制。在这种体制下，有了盈利，不能把获利部分都拿来分红，要先把发展基金、公积金、风险基金留下不少于结余的一半，剩下的由各产权主体按一定比例参加分配。此种办学体制在经济利益的刺激下能充分调动各方积极性，提高办学效率。

2014 年党的十八届三中全会《中共中央关于全面深化改革若干重大问题的决定》中指出："积极发展混合所有制经济。国有资本、集体资本、非公有资本等交叉持股、相互融合的混合所有制经济,是基本经济制度的重要实现形式,有利于国有资本放大功能、保值增值、提高竞争力,有利于各种所有制资本取长补短、相互促进、共同发展。允许更多国有经济和其他所有制经济发展成为混合所有制经济。国有资本投资项目允许非国有资本参股。允许混合所有制经济实行企业员工持股,形成资本所有者和劳动者利益共同体。”由此可见,混合股份制符合国家战略目标,是市场经济体制下办学模式的有益尝试。2014 年 2 月 26 日李克强总理主持召开国务院常务会议,部署加快发展现代职业教育时指出:“引导支持社会力量兴办职业教育。积极支持各类办学主体通过独资、合资、合作等形式举办民办职业教育;探索发展股份制、混合所有制职业院校,允许以资本、知识、技术、管理等要素参与办学并享有相应权利。探索公办和社会力量举办的职业院校相互委托管理和购买服务的机制。社会力量举办的职业院校与公办职业院校具有同等法律地位。推动公办和民办职业教育共同发展。”现在,我国已经在职业教育的办学体制中进行了混合股份制的尝试并取得了一定的进展,希望在未来的中高等城乡教育发展过程也能进一步运用此体制,不断推进城乡教育均衡发展。

世界各国均对教育办学体制改革进行了许多尝试,本书将列举几个有代表性的国家,简述其办学体制改革历程,以期对我国办学体制改革提供一定的经验借鉴。

1. 瑞典——自由学校运动

遥远的北欧国家瑞典是率先开始办学体制改革探索的国家之一,其非常重大的一次改革就是自由学校改革运动。在这场运动中,瑞典的办学体制呈以下特征。

第一,从高度集权到高度分权。20 世纪 70 年代以前,瑞典义务教育阶段完全由中央政府控制,公立学校在运行过程中呈现高成本、低效率的状态,学生和家长对学校几乎没有选择权。社会各界对公立教育颇有微词,要求政府进行教育改革。1992 年瑞典政府颁布教育法案,明确提出每个人都有权开办学校,政府须按学生人数对学校进行拨款资助。这个法案的颁布成为了自由学校改革运动的起点,也使瑞典从一个办学高度集权的国家变成了一个办学高度分权的国家。在自由学校政策实行初期,每招收一个学生,当地政府就为学校提供 85% 的资助,剩余的 15% 由学校自己支付,允许收取少量学费。到 1997 年,瑞典政府对自由学校的资助金额达到 100%,与公立学校拨款达到同等水平。与此同时,瑞典政府明令禁止自由学校向家长收取学费。在瑞典,开办自由学校的申请程序并不复杂，办学者向瑞典教育部提交申请，开具学校的财力证明，说明学校的办学理念和方法，证明学校能够按照国家课程进行教学，并且保证不是纯粹宗教性质的学校，就可以开办一所自由学校。从1992年到2010年，瑞典义务教育阶段的自由学校数量从占学校总数的1%增加到15%，高中阶段由1.5%增加到17%。2010年义务教育阶段学生在自由学校就读的比例是10%，高中阶段在自由学校就读的学生占20%。[①]

第二，营利公司成为办学主体。在创办自由学校的主体中，营利性公司是一支不容忽视的力量。根据瑞典教育部网站公布的数据，目前营利性公司占所有办学主体的60%，并呈现教育集团化的倾向。营利性公司获利的渠道主要有三种：一是依靠政府拨款；二是依靠私人捐助；三是通过销售教材以及组织课外活动、培训等方式向家长收取一定费用。营利性公司十分重视节约成本，许多小规模的自由学校不会在学校里设置图书馆、学生咨询室、医务室等公立学校必备的教育设施。成立于1999年的昆萨布斯柯蓝教育集团是现在瑞典规模最大的自由学校集团，共经营25所初中和8所高中。与瑞典其他学校不同，该集团所属学校的运作方式更像大学——没有正式的课堂，学生完全对自己的学业和自身发展负责，可以选择学习的时间、地点和内容。学生根据自己的情况调整学习进度，学校用“进阶”一词形容学生所取得的进步，每门学科都有35个“阶梯”，代表学生对知识掌握的不同程度。学生在教师的帮助下制订自己的教育计划，但必须严格遵守设定的计划。每天早晨，学生需要拿出计划本，制订一天的学习计划，然后标出进展情况。一般情况下，学生以自学为主，教师很少讲课。除各学科的“进阶”外，该校也提供综合课程。课程和“进阶”学习最大的不同在于，课程是在学校课表中设定的，学生以小组的方式进行学习。综合课程一般结合多学科知识，例如，当学生研究世界战争时，他们不仅学习历史，同时也要了解当时的科技发展和社会变革。营利公司办学十分重视绩效监督。学校会对每位教师的绩效进行考核，并对优秀教师给予奖金鼓励，公司还会对愿意从教学质量较好的学校转向教学质量较差学校的教师进行奖励。

第三，坚持多样化和竞争理念。据瑞典学者的研究，有自由学校的地方，学校间的竞争更加激烈，学校的教学效果更佳。自由学校的学生成绩平均要

---

① 参见焦阳：《瑞典自由学校：“自由”边界渐清晰》，载《中国教育报》2011年12月21日，第3版。

高出公立学校学生20分。此外,自由学校数量不断增加也体现了其存在的合理性与价值。仅2008年至2009年,瑞典政府就收到441份办学申请,包括59所幼儿园,137所义务教育学校,237所高中和8所特殊学校。在2009年的家长满意度调查中,在“我愿意向其他家长推荐孩子所就读的学校”一项上,公立学校20%的家长表示非常同意,而自由学校有50%的家长表示非常同意。调查同时显示,自由学校教师的满意度也高于公立学校。此外,营利性公司因其先进的管理方法,促进了教育市场的竞争。它在利益驱动下,加快扩张学校的规模和数量,让更多贫困学生获益。

2. 美国——重建学校运动

20世纪后半叶,起源于瑞典的自由教育风潮传到大西洋对岸的美国。20世纪80年代以来,美国基础教育出现了反对公共教育整齐划一、义务教育强制性的思潮,要求重视民众教育选择权的呼声日益高涨。期间提出了一些新的教育理念,在实践中产生了许多特色学校,形成了“重建学校运动”。这些改革理念和实践对美国学校的经营管理和内部权利结构产生了重大的影响。这一时期,美国形成了各种新型的办学模式。

一是磁石学校(magnet school)。“磁石学校”顾名思义,就是“有吸引力的学校”,又称为“特色学校”。它办学特色鲜明,针对学生特殊兴趣爱好设置不同的课程,因材施教。在磁石学校,学生既可以学习读、写、算等基本技能,又可以学习特殊专长的学科,如音乐、戏剧、电脑、法律及视觉艺术等。学校形式多样,如高智天才学校、外语学校、蒙台梭利学校、科技学校、艺术学校等。磁石学校没有学区和入学条件的限制,学生可以自愿申请入学,由电脑编班入学。在20世纪70年代创办之初,全美只有十几所磁石学校。20世纪80年代,联邦政府加大城市改造资金的投入,加速了学校的发展,1981年至1983年,约有1/3的大都市开设了磁石学校(共计1000所)。20世纪80年代中后期,磁石学校发展迅速,各类磁石学校在各地,尤其是人口密集、民族多元、贫富分化较为严重的地区更是如此,有力地促进了教育机会均等,增加了不同民族之间的交流。1990年美国学区联合会对52个学区的调查显示,有34个学区办起了磁石学校。1993年约有1/2的大都市设立了此类学校,就读磁石学校的少数民族学生占近一半。①

二是契约学校(contract school)。契约学校,是指民间私人公司和地方学

---

① 参见彭伟强:《美国多元办学模式及其启示》,载《教育科学研究》2001年第10期。

区签约经营的学校。近10年来,为回应教育私有化思潮,各种民间的私人教育公司如教育选择公司、公共策略团体公司、爱迪生教育网络公司纷纷成立。这些公司与政府公立学校签约,根据合同承包校内特殊的服务项目,如交通用具、医疗卫生、食品供应等,通常公立学校的这些服务项目在人员培训、人事管理、设备提供等方面单独所需的经费按合同由私营公司承担,这并不占用学校原有公共教育经费,可缓解公立学校资金不足的困境,提高学校办学质量。教育选择公司是目前介入美国公立中学管理最大的一家公司。1992年它曾与明尼苏达州学校管理当局签订5年的经营合同,负责管理巴尔迪摩市的9所学校(包括学校管理、电脑教学、行政事务等),后来由于其经营不善被政府当局终止了合约。在契约学校中,另一个广为人知的是20世纪90年代初爱迪生教育网络公司推出的“爱迪生计划”(Edison Project)。它曾试图把全国若干学校统一管理起来,形成全国“学校链”,后来因为经费问题而改变了经营管理1000所学校的目标,转而重点承包管理公立学校。得克萨斯州、明尼苏达州、堪萨斯州、马萨诸塞州等地都有“爱迪生计划”经营的数所公立学校。契约学校在减轻政府财政负担、提供高质量的服务,使学校管理更科学化、制度化等方面作了一些有益的尝试,对提高公立学校的办学效率有所帮助。

三是特许学校(chart school)。特许学校,是指由公立教育经费支持,由教师团体、社区组织、企业集团或教师个人申请开办并管理,在一定程度上独立于学区领导和管理的一种新型公立学校。特许学校享有充分的自治权,如在经费的使用、课程设置、教师的聘用等方面。在享受相当大自主权的同时,特许学校也承担着相应的责任。办学者必须提出明确的办学目标,并与当地的教育当局签订合约,一旦不能完成合约要求,政府有权终止合同。1991年第一个特许学校法出现在明尼苏达州。近10年来,通过此类立法的州不断增加。到1999年,已经有36个州(含哥伦比亚特区)通过了特许学校法,运行学校的总数达1700所,在校生共350,000人,其中有近10个州的学生人数占公立学校总数的1%以上。作为20世纪90年代美国基础教育改革的重要举措之一,特许学校成了美国各界的热门话题,备受政府和社会民众的关注。前美国总统克林顿认为:“特许学校能提供真正的公立学校的选择,并要求政府增加投资,以实现成立3000所特许学校的宏伟目标。”

(二)教育投资体制

国外教育投资体制各异,依据各投资主体作用的不同,可以分为政府主导型的教育投入体制、市场主导型的教育投入体制和政府市场配合型教育投入体制三类。尽管教育投资体制不同，但各国的教育投资体制中存在诸多共性和许多卓有成效的特色经验，对这些共性和经验进行总结并消化吸收，可以为我国教育投资体制的改进提供一些思路。

1. 教育投资来源多样性

国外教育投资来源以美国的状况最具典型性，因而在分析国外教育投资时较多地介绍美国的做法。美国的教育投资经费主要由两个方面组成：一是政府拨款，这是美国教育所需资金最重要也是最基本的来源；二是学校自筹资金，即由学校根据国家相关规定自行筹集的部分资金，在满足教育经费需求中占据一定地位。据统计，美国教育所需资金中有高达93%左右的政府拨款来自于州和地方自治机构的预算，而非主要从联邦预算中拨付。这是联邦政府考虑到由州和地方自治机构规范教育投资的规模和形式较从联邦国库中拨款更具有高效性和民主性。各个州或者地区的居民有权利也有义务决定教育的投资来源及程度，这些居民是纳税人，他们依据自身需求和可能性来决定课税税种和额度体现了居民的民主权利。因此，可以说政府对教育的投资实际上来源于州和地方自治机构，联邦政府仅按公正原则对教育资金相对缺乏的少数地区提供少量财政补贴。

州政府的教育投资大部分来自政府预算，以州的日常收入，即公共消费税、个人所得税、公司收入税、间接消费税为主，同时征收专门税种以解决教育经费问题。20世纪90年代的美国为了解决教育所需资金问题，在28个州设置了教育专门税。然而，由于设立专门税需经州政府同意且往往额度有限，因此依靠专门税不能有效解决学校资金问题。[①] 美国主要通过州政府对学校教育拨款，不同的州有各自的拨款方式、方法。包括基本经费保证和专项拨款两种类型：前者是州向学区提供教育资金的主要来源，后者主要用于专业培训、职业技术培训以及学校基本设施建设投资。学校自筹资金也是美国教育投资的重要来源。美国有两种不同性质的学区，包括独立学区和非独立学区：前者可以根据政府规定征税以满足资金需求，而后者则没有这种权利，他们所需经费只能依靠政府保证。美国大部分学区属于独立性学区，因此，财产税则成为学校自筹资金的重要来源。这样的方式有以下优点：第一，以财产为标准，区分富裕家庭与贫穷家庭在教育方面的社会责任，有利于落实社会公正原则，保障了受教育平等权。第二，教育和财富有着直接或间接的因果关系，一个家庭

① 参见张显吉：《中国教育投资问题研究》，吉林大学2005年博士学位论文，第99页。

或某个地区的财富往往依附于受教育的程度,享受受教育的成果。财产税作为学校教育投资的来源意味着对先前享受教育活动的报偿和进一步获得教育所产生经济和社会效益的必要投入。因此,财产税是承担平衡教育上具有不同收入来源的学区的重要机制。

2. 以立法的方式保证教育经费的投入

为保证教育经费的投入,有些国家直接通过立法来规范教育资金的投入。其中,日本和美国制定的这类法律较多。从1952年到1974年的这20多年间,日本先后制定了《市镇村立学校人员工资承担法》《义务教育国库负担法》《义务教育诸学校设施费用国库承担法》《国民学校特殊账户法》《学校供食法》《边远地区教育振兴法》《关于国立和公立义务教师工资等特别措施法》等10多项法律和法规。美国除有专门的《义务教育法》外,还因地制宜地制定了配套的法律,以保障义务教育经费的投入。如1958年的《国防教育法》,要求联邦政府增加教育拨款至41亿美元以上,这些经费主要用于帮助各州和地方社区建设和修缮中小学校舍,更新仪器设备。1962年的《教育电视播放设施法》规定,由联邦政府向公立中小学、各州教育电视机构及非营利基金会等提供补助经费,建立和改善教育电视设施,联邦政府与这些部门的投资比例为3∶1。在联邦宪法和各州法律的保障下,美国义务教育的经费来源趋于稳定并不断增长。

此外,一些国家为了明确各级政府在教育投入中的责任,甚至还在其法律中规定各级政府的法定投入比例或投入事项。巴西就是这类国家的典型代表,它甚至把各级政府对教育的投入比例明文写入宪法。巴西《宪法》规定:联邦政府应使用不少于整个国家预算13%的资金发展教育,预算是来自联邦所得税的收入;州政府应使用不低于25%的州所得税收入投入文化和教育项目;市政府征收的所得税收入的25%必须用于维持和发展教育。① 日本《义务教育国库负担法》规定,义务教育教职工工资的50%由国家负担,其余由各地方政府负担。法国的法律规定,国家要负担教育经费的85%以上,地方政府则主要负责学校建筑和其他设施、设备费中国家补助(五六成)不足部分以及地方当局雇佣的学校职员工资等项目支出。

---

① 参见北京高等教育编辑部:《巴西依靠立法保证教育经费》,载《北京高等教育》1995年第1期。

3. 建立合理的教育财政转移支付制度

规范的教育财政转移支付制度，是解决一国教育经费总量不足和地区发展不平衡问题的重要措施。一个多世纪以来，许多国家经过不断探索和实践，各自建立了适应本国国情的教育财政转移支付制度，推进了城乡教育的公平和均衡发展，值得我国借鉴。

以发达国家为例，政府间义务教育财政转移制度总体上可以分为中央集权、地方分权、集权与分权相结合三种类型。法国是集权型代表，其中央财政承担了70%以上的义务教育经费，由国家直接转移到教师个人账户上，地方政府仅承担义务教育的校舍建设与学校行政经费。同时，通过政府间一般性转移支付和对处境不利群体、地域的特别扶持制度，降低城乡义务教育发展的不平衡性。德国、英国和美国是地方分权型的代表。德国义务教育经费主要由州政府承担，它将教师工资直接划拨到教师个人账户，约占义务教育经费的75%，另有少量经费由州转移给市镇政府。英国义务教育经费的大约80%由地方承担，中央政府的转移资金主要拨付地方教育当局和“中央直接拨款学校”。美国州政府通过一般性义务教育转移支付支持义务教育的经常性费用，这有利于促进州内各学区间义务教育得到均衡发展；联邦政府则主要以专项补助的形式满足特殊教育需求，特别针对贫困儿童。日本则是结合型代表，中央政府对农村义务教育的财政援助主要有国库支出金和地方交付税两种形式，地方交付税是一般性的转移支付，在地方交付税分配额的计算中，中央政府规定了对义务教育支出项目的标准；国库支出金中的95%被用于义务教育，属于义务教育专项转移支付，并且专门规定了用途，分别负担义务教育的人员工资、津贴、教材费、基建费等。这种“地方交付税”制度有助于消除不同地区间因经济发展水平的差异而导致教育经费上的不平衡状态，促使各地区的教育能够均衡发展。

4. 教育投资结构合理

教育投资结构的合理，主要体现在教育投资主体结构的合理和教育投资客体结构的合理两方面。

第一，就教育投资主体的结构来说。以义务教育的投资主体为例，尽管世界各国历史文化传统以及政治、财政和教育管理体制不同，但总体上，各国政府为了确保义务教育的全民性、普及性、均衡性，还是主要以中央或省级政府为义务教育的投资主体。根据经济合作与发展组织的资料显示，韩国、法国、意大利、泰国、荷兰、葡萄牙、捷克、爱尔兰等国义务教育公共经费投资主体是中央或联邦一级的最高行政当局,这些国家中央或联邦政府的投资比重在政府之间财政转移支付前均占53%以上。还有些典型国家,如葡萄牙、新西兰和土耳其,中央投资达到100%。另外,美国、德国、印度、澳大利亚、加拿大、西班牙等义务教育公共经费的投资主体是省、邦、州、都道府县等高层次地方当局,其高层次地方政府的投资占各级政府初等和中等教育公共投资的比重高于中央和基层地方政府投资的比重,一般均在40%以上,其中,比利时占90%以上,德国为76%。以日本为例,日本农村义务教育的具体事务由町村级地方政府负责管理,但其教育经费却由中央、都道府县、町村三级财政共同分担,三级财政负担的份额大致为:中央财政负担公立中小学教师工资和保险福利费的50%,校舍建设或改建费的50%以及危房改建费的1/3;都道府县负责承担教师工资的50%及学校教学设备设施的一部分费用;市町村主要负责校舍建设费的1/3至1/2以及教学设备设施的部分经费。这种三级政府共同分担的教育财政体制,有力保障了农村教育经费来源。

第二,就教育投资客体的结构来说。它主要分为投资比重和投资分配结构。首先,从投入比重上分析。教育经费的投入不是越高越好,而是要有一个平衡的、科学的比例。根据联合国教科文组织(United Nations Educational, Scientific and Cultural Organization, UNESCO)每年出版的统计数据进行比较研究发现,世界各国教育投资比例与经济发展水平之间存在显著的正比关系,即越是经济发展程度高的国家其教育投入比例越大。1975年以来,美国教育经费总投入占GDP的比例基本保持在7%以上,日本为6%以上,其他大多数发达国家如法国、加拿大等国也都在6%以上,韩国近10年来也达到了7%左右,2000年时韩国与美国教育经费占GDP的比重在经济合作与发展组织(Organisation for Economic Cooperation and Development, OECD)国家中并列第一。根据大多数发达国家的实践和经验,较理想的教育投入应占GDP的比重为6.5%。其次,从分配结构上分析。教育投资多不等于经济效益大,要想取得教育投资的高效益,一个关键的因素在于把经费用到"刀刃"上——确保重点。在经济和教育发展初级阶段的三级教育投资分配结构中,初等教育投资比例最大。世界大多数国家教育经费的分配结构是"宝塔形"的,即基础教育的投入最多,越往上级到高等教育的投入越少,如美国2000年教育经费投入占其GDP的比重为6.6%,其中,小学及中学教育经费投入占3.9%,高等教育投入占2.7%。从各国教育投入分配的历史来看,分配各级教育经费的一般规律为:在初、中等教育尚未普及时,优先保证初、中等教育的投入;在初、中等教育普及时,才增加高等教育的投入。

5. 教育投资更多引入市场机制

从全球范围来看,市场机制正在被应用到越来越多的教育投资体制中。在欧洲一些发达国家,从20世纪末期开始就相继发表了各国关于本国在当时的高等教育发展报告书。时任英国首相撒切尔夫人当政时发表了名为《库若姆(craum)委员会报告》,用以检讨大学补助委员会的功能。1985年又发表了《高等教育绿皮书》,主要论述高等教育的改革方针。德国在科尔当政时于1984年在检讨委员会发布委员报告《大学大纲化》。1981年法国在高等教育政策综合再检讨之后发布舒巴尔茨和弗莱维尔委员会报告。接下来的1987年和1988年,保革两党共存政权开始后,先后发布了《大学评价委员会第一次报告》《巴尔德委员会报告》等。这一系列的政策都提出要在高等教育中引入市场机制,这也是当时各国政策所表现的共同点。然而,由于欧洲国家业已形成成熟的国家福利政策总框架,即使有了市场化机制和政策,高等教育个人应负担一部分义务的建议一直未被认可,改革也就停留在象征性地引入价格机制和形成模拟化的"市场化运行"这一状态。与之相比,日本私立大学在教育投资中发挥市场机制的作用在一定程度上领先于欧洲。日本政府对教育的投资分两种方式:一是政府制定规则来管理高等学府是否需要经费补助,这种补助是国家对高等教育学校直接进行的补助,学界称其为直接补助。二是政府以奖学金等方式将国家财政教育经费发给学生本人,学生将其所获资金向大学支付学费,这是间接补助,间接补助还包括政府对学校的专项工作和某种特定研究给予资助。两种补助方式之间差距明显,以直接补助的方式进行补助时,政府并不用考虑补助方的经济能力,在实施结果上给予全体学生无差别的补助。然而通过奖学金等形式进行间接补助时,要考虑每个学生的差别,审查每个学生是否具备接收补助的资格。所以,后者可以更有效地实现政府补助的目的,即在经济上促进教育机会均等。

(三)教育管理体制

现代教育管理体制是随着现代化公共教育制度的建立而出现的。它的发展经历了一个传承与演进的过程,无论是微观或宏观的教育管理体制都受社会生产力发展水平、社会政治、经济制度的制约与影响。由于具体国情和社会发展水平的不同,世界各国的教育行政管理体制主要分为三种:中央集权制、地方分权制和中央与地方合作制(见表18)。

表 18 教育管理体制情况

类 型	中央集权制	地方分权制	中央与地方分权制
代表国家	法国等	美国、德国等	英国、日本等
特 点	教育事业是国家事业，建立代表国家权力的中央教育部，统一领导和监督全国教育事业。凡地方办学，必须遵循中央政府制定的方针、政策	地方自治办教育的思想占统治地位，中央政府只处于指导和资助的地位	介于上述两者之间的制度
教育行政组织机构	中央教育部→大学区→省教育部门→市教育部门→镇教育部门→村教育部门	中央教育部→地方教育部门→中间学区→基层学区	中央教育部→地方教育部门→中间学区→基层学区
优 点	能充分发挥中央办教育的积极性	一般能调动地方办教育的积极性和创造性	在一定程度上能够纠正前两种类型具有的缺点，但实际上却还未臻完善
缺 点	容易脱离各地方实际，束缚地方办教育的积极性和创造性	容易造成各地方自行其是，制度纷杂，教育质量参差不齐等	

近20年来，各国相继在教育管理体制上进行了一些改革。尽管各国的教育管理体制不尽相同，但其中存在一些成功的经验和趋势可供我国借鉴。

第一，中央集权制与地方分权制管理趋于均权化。近年来，各国都在教育行政管理体制上作了一些改革，总的趋势就是中央集权制与地方分权制正在相互趋同。以美国、英国为例，美国是浓厚地方分权色彩的地方分权制教育管理体制，英国是中央与地方分权相结合的教育管理体制。这些地方分权制占主导的国家都正在通过制定一系列目标、政策和措施来强化中央教育行政机构的权限与职责，加强国家对教育的控制权和强化中央的集权地位和作用。而中央集权制占主导的国家有“重心下移”的趋势，如法国开始意识到中央与地方分权的必要，逐渐把办学自主权下移给地方和学校，以调动地方和学校的办学积极性，较好地保证了教育从当地发展的实际需要出发，提高了教育的针对性和实效性,降低了国家对教育教学实行大一统管理的垄断负担。

第二,建立专门协调城乡教育均衡发展的管理组织。为保证城乡统筹和农村教育发展政策的有效实施,一些国家设立了以推进城乡教育统筹发展为职责的机构,建立起立体化的城乡教育统筹发展管理体系。美国在薄弱学校改进的组织管理方面,主要由州、教育服务中心、学区和学校4方共同承担,各司其职。英国政府也从管理层面着手,在各"教育行动区"均设一个具有独立法人地位的团体——行动论坛,行动论坛的成员包括政府官员、学校代表和社区代表,专门负责本行动区薄弱学校的改进问题。在瑞典,除了国家教育署这一专门的中央级教育行政管理机构外,还于2003年成立了国家教育改进司,帮助遇到困难的儿童保育机构、学校以及成人教育组织,使不同地区的学校达到国家教育标准。为实现公共教育资源的公正分配与高效管理,巴西在20世纪90年代成立了基础教育维持与发展及教学促进基金会,以推动教育合作者共同参与,解决教育财政中存在的问题。

第三,教育管理各部门之间协同合作。以职业教育为例,许多国家,尤其是发达国家在其职业技术教育过程中形成了与之相适应的职业教育管理体制,而其中职业教育部门与就业部门、经济部门、雇主组织的密切合作是它改革和发展的重要保证。发达国家在职业教育的管理上,由教育部门与就业部门、工业部门、雇主组织等通力合作,教育不再是教育管理部门独有领地,就业部门、经济部门、雇主组织等越来越多地参与教育的管理和决策。一些发达国家扩大由国家教育部领导的职业教育咨询委员会的作用,通过教育部门、就业部门和工业部门共同制定职业资格,推行统一的国家专业证书和普通国家专业证书,教育部与就业部合并而成立教育就业部,全面加强学校管理机构、教育机构和雇主之间的联系等措施,使各方面的力量形成统一合力,从而使职业教育进入良性循环和协调发展的状态。

第四,扩大学校教学管理的自主权,形成校本管理的新模式。20世纪80年代后,西方国家纷纷开始进行教育改革,校本管理的理念和实践在改革中应运而生。西方国家普遍认为,应实行政校分开,明确政府的职权范围和学校的自主权范围。教育行政部门的教学管理只是宏观上的法规、政策要求、指导、督促和服务,学校教学管理的根本基础和有效执行在于学校本身的教学管理,必须充实和提升学校教学管理的权力,建立健全以校为本的教学管理制度与机制,切实地将教学管理权力下放给学校,扩大学校教学管理的自主权(包括课程设置权),允许学校利用各种资源和社会力量共商教学管理中的重大问题。这种政府主管政务、学校自理校务、政府宏观控制、学校自主办学的新型政校关系，澄清了管理者和办学者的权利和责任界限，使学校成为了相对独立的办学实体。

（四）教育融资体制

充裕的教育经费是学校各项工作正常开展的重要保障，也是教育事业发展的前提和基础。如前文所述，办学经费短缺是制约当前中国教育尤其是高等教育发展的重要"瓶颈"，建立一个完善的教育融资体制对于我国教育特别是高等教育的发展来说非常重要。许多发达国家在扩展高等教育融资来源方面也有过多年的探索和实践，并形成了多元化的融资渠道格局，为高等教育的发展提供了坚实的资金保障。因此，本书将重点分析美国、英国、日本、澳大利亚等发达国家，以及印度等发展中国家高等教育融资实践及经验，以期为我国教育融资体制的完善提供借鉴。

1. 美国高等教育融资模式

美国高等教育十分发达，2003 ~ 2004 年全美共有授予学位的高校 4236 所，注册在校生共有 1732.9 万人，并且在该年度的高等教育经费为 3154 亿美元，居世界第一位。规模如此巨大的高等教育投入要归功于美国多元化的高等教育融资渠道和灵活的融资方式。美国高等教育经费主要由政府投入（包括联邦、州、地方三级政府）、学杂费、私人赠予、助学金及合同款项、捐赠收入、销售与服务收入和其他收入等几个部分组成（见图 1）。分析它的高等教育融资体制，我们不难发现，其具有以下特点：一是政府投资居于主导地位。美国政府对高等教育经费投入包括联邦、州及地方三级政府的投入，其中联邦政府不但对公立学校提供教育和科研资助，而且也对私立学校进行投入。联邦政府在公立高校上的资金投入占到其总收入的 10% ~12%，对私立高校的投入占到 10% ~15%，一些优秀的私立大学所争取到的联邦政府研究资助甚至占到其经常账户收入的 29%。二是学杂费逐年递增，学生及其家庭的投资比例呈不断上升趋势。美国大学本科生教育成本中的 25% ~50% 是由学生及其家庭以学杂费的形式来分担的。美国各类高校对学杂费的依赖程度完全取决于其争取其他收入（如政府投入、研究补助与私人捐赠）的能力高低。总体来说，公立大学的学杂费占总收入平均不到 20%，但私立大学却较之大一倍多（40%）。除一流私立大学外，其他各私立院校对学杂费的依赖（以其占总收入比例来衡量）均超过 50%，尤有甚者，二年制以下的私立职业专科学校的学杂费占总收入比例竟高达 73%。三是社会捐赠是重要来源。美国教育发展极为重要的经费来源是私人或团体的教育捐赠,美国人有从事私人慈善事业的传统,而税收政策对慈善事业的鼓励也从侧面推动了捐赠行为。由此可见,美国高校的融资渠道呈现出典型的多元化格局,且融资方式十分灵活。这种多元化的经费来源格局和灵活的融资方式使美国在高等教育经费短缺成为世界性难题时,仍然维持了其高等教育系统的良好运作,为美国高等教育水平久踞世界首位奠定了坚实的资金基础。

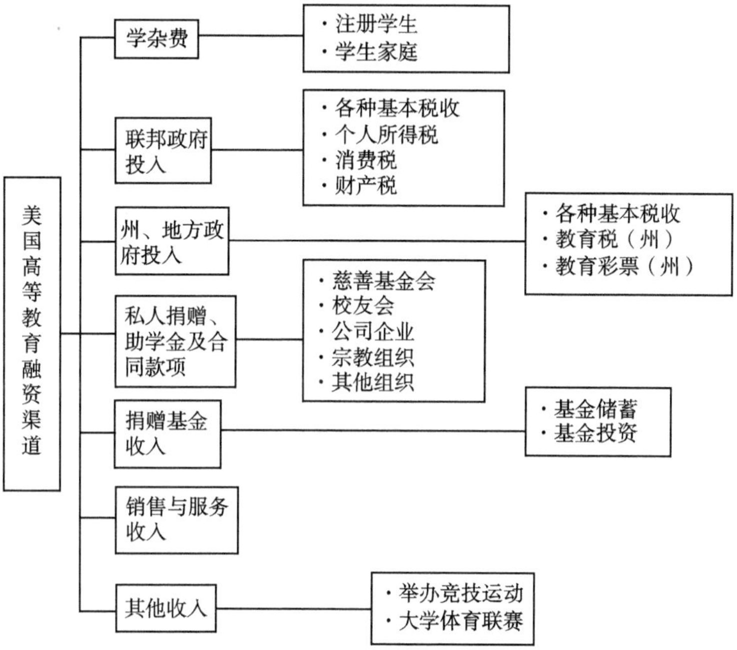

图1　美国高等教育融资渠道

2. 日本的教育融资模式

众所周知,日本国土狭小,天然资源贫乏。第二次世界大战后,日本之所以能在短短的时间内在战争的废墟上建立一个发达的经济强国,其中最重要的原因之一,就是日本非常重视教育,注重开发人力资源。日本高等教育经费来源主要包括政府拨款、学费、校产收入和捐赠收入等。日本国立大学经费主要靠国家财政拨款,占总经费的50% ~60%①。这部分经费主要包括运营费

---

① 参见杨秀文:《日本高等教育的财政拨款与评估机制》,载《中国高教研究》2003年第7期。

交付金和设施建设维修费。运营费交付金,是指各国立高校的日常运作所需经费扣除各国立高校自筹资金后的差额。各国立大学自筹资金包括学费、社会服务费、大学医院收入等经费来源,但所占的比重很小。2004 年 4 月日本国立大学启动法人化改革,允许日本国立高校采用长期贷款和处置闲置土地来筹集设施建设费,同时也放宽了国立大学接受社会团体和个人捐赠。值得指出的是,外部委托研究收入和捐款收入不计入各国立高校的自筹资金,以鼓励高校通过这两条渠道积极创收。

在日本,民间设立的私立大学是提供日本高等教育的服务主体,占全国高校数量的 80%,这在发达国家是非常罕见的。[①] 日本私立大学的日常经费主要依赖于学生交付的学费,占到总经费的 50% 左右。除学费之外,法人代表支出金、利用校产向社会提供服务的收入、社会上各种团体或个人的赞助以及国家和地方政府对私立大学的财政补助性拨款也是重要的收入来源(见图 2)。[②]

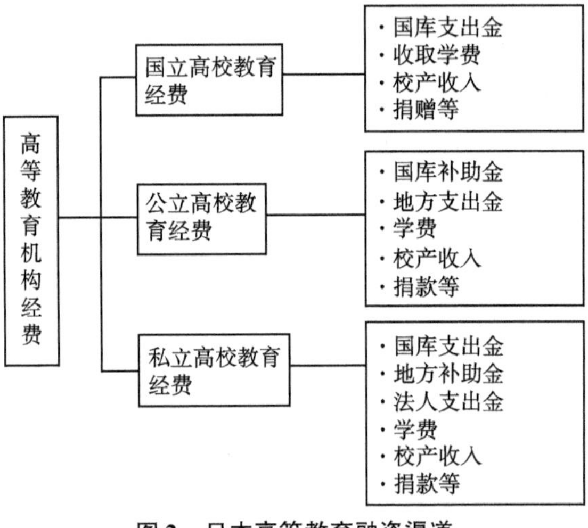

图 2 日本高等教育融资渠道

3. 英国的高等教育融资模式

英国高等教育经费主要来自以下几方面:政府拨款(主要是大学基金拨款委员会)、与企业合作获得应用科研经费、向学生收取学费并招收海外留学

① 参见王鹏玲:《论国外高等教育收费制度及启示》,载《黑河学刊》2009 年第 3 期。

② 参见阙海宝、杜伟:《日本私立大学经费筹措对我国民办高等教育的启示》,载《教育探索》2005 年第 1 期。

生、接受民间捐赠等方式。英国高等教育机构获得的政府拨款全部由中央政府提供,中央政府通过高等教育基金委员会向全国高校提供经费。政府拨款主要采取两种方式:一是对高等学校学生提供贷学金;二是向高校提供科研经费。英国高校从两个渠道获得政府科研经费:一是由政府下属的科学、自然环境、农业、医学、经济与社会研究委员会5个研究委员会设置的研究奖学金;二是申请课题获得的政府机构给予的研究资助。① 由于高等教育规模不断扩大和政府负担日益沉重,英国从1998年开始向学生收取学费,学费收入可以占到英国高等教育拨款委员会分配的高等教育经常性经费总额的近一半。吸引非欧盟国家留学生到英国接受高等教育,是英国教育经费的重要来源之一。英国对其本国和欧盟学生收取不到2000英镑的学杂费,而对非欧盟国家学生收取的教育费用是前者的2~4倍。目前,英国在校大学生中的留学生已经超过15%,每年给英国高等教育带来大约15亿美元以上的经济收入。②

英国民间和社会也具有捐资助学的传统。牛津大学和剑桥大学中各学院经费主要来自大财团和社会各界的捐赠。其他一般大学得到的捐赠款占其总经费收入的3%左右。近几年,英国社会各界对大学的捐赠呈现上升趋势。捐赠者往往以得到某些研究成果或共享某项知识产权为条件,这种交换式的捐赠是英国教育经费筹措的一大特色。③

4. 澳大利亚的高等教育融资

2004年澳大利亚共有44所大学,其中公立37所,另外还有100多所州授予的教授高等教育课程的机构。④ 目前,澳大利亚高等教育经费来源主要有政府拨款、学费、学校自身销售和服务收入,以及海外留学生收入等。

澳大利亚高等教育机构的主要经费筹措渠道是政府拨款,而政府拨款又主要来自澳大利亚联邦政府。州政府只负责对州内高等教育的立法管理及少量对大学的拨款。联邦政府拨款主要通过高等教育委员会、澳洲研究委员会及高等教育司来进行。拨款分为"一揽子"拨款和研究拨款,其中"一揽子"拨款又分为经常性拨款、HECS资助拨款和评价与调查计划拨款。在1974年至

---

① See David Watson, Rachel Bowden, "Why did they do it: The Conservatives and mass higher education", *Journal of Education Policy*, 1999(3), pp. 242 - 244.

② 参见江庆:《英国高等教育财政模式及其启示》,载《复旦教育论坛》2004年第2期。

③ 参见刘向东、张伟:《欧美高等教育机构经费来源及其启示》,载《高等教育研究》2005年第5期。

④ 参见罗尧:《澳大利亚高等教育改革政策探析》,载《世界教育信息》2006年第10期。

1987年,澳大利亚高等教育机构向本科生和研究生提供免费教育。从1988年开始,为增加高等教育经费来源,澳大利亚通过了《高等教育贡献法案》,凡接受高等教育的学生均须做出其“贡献”,即缴纳学费,法案规定研究生的收费标准必须是本科收费的一倍以上。同时还规定:若就读学生不愿意交或没有能力交清,则先由政府向学生提供贴息贷款,等学生毕业后找到工作有收入时再偿还;学费的偿还率与学生就业薪金紧密相关(毕业生年薪达到22,000澳元时,必须用其3%偿还学费;年薪达到32,000澳元时,必须用其5%偿还学费;年薪达到42,000澳元时,必须用其6%偿还学费,直到还清为止);若毕业生的年薪一直低于22,000澳元,则可以终身不还此项贷款。①

5. 印度的高等教育融资体制

印度的高等教育融资途径主要分为以下4种:第一,财政经费。经费拨款有计划内拨款和计划外拨款两种类型。前者用于发展型项目即物质条件的改善,后者用于日常性项目。印度解放后,其高等教育经费高速增长且一直高于国民经济增长率,在各类教育中的比例长期偏高。然而,随着高等教育的规模不断扩大,政府财政难以支撑巨额开支,从20世纪90年代起高等教育拨款占教育总经费的比例出现大幅下降。据统计,从20世纪90年代至21世纪初共下降了17个百分点。为了增加高等教育经费来源,印度政府实行了新的税种。第二,自筹款项。印度大学均为公立,政府对所有大学生提供补贴,学杂费则以非政府投资为主。学杂费以高校科类、专业和层次实行差别收费,公立大学本部和公立学院学生缴费不多,私立学院学生则要缴纳高额学杂费。目前,公立大学每年收费2000至2500卢比,仅占高等教育总成本5%。可以说,印度学校收取学杂费标准较低。印度高校在收取学杂费的同时,为了更好地保护贫困学生的利益而实行奖学金制度和学生贷款制度。印度高校还通过向社会提供成人教育、提供信息咨询、转让科研成果等有偿服务来获得资金。第三,金融资金。近年来,各国更多地运用金融手段为高等教育筹措教育经费,主要包括建立教育银行、发放教育贷款和教育证券、开展教育储蓄、教育保险、教育信托等。印度政府和印度储备银行及印度银联共同实施了“教育贷款计划”,以保证优秀贫困生的高等教育机会。印度财政部、印度人力资源开发部、印度银行协会曾联合推出一项支持由银行提供教育贷款的“助学贷款信

---

① 参见范元伟、宋殿清:《澳大利亚高等教育收费计划改革及其对中国的启示》,载《黑龙江高教研究》2005年第8期。

用保证基金计划”。该计划主要针对不能偿还助学贷款的人，该项保证基金可为其向银行偿还75%的贷款。该项基金的本金为250亿卢比，支持对象为提供40万～75万卢比教育贷款的银行。经认定难以偿还银行贷款的，该基金将在当天内向银行方面补偿75%的包括利息在内的贷款。据了解，银行得到贷款额75%的资金后，政府将成为债权人，敦促教育贷款用户偿还贷款。此举目的在于通过对银行的支持推动教育贷款的普及。即使用户偿还贷款困难，由于向银行补偿了3/4的贷款，也能产生抑制利息的效果。第四，捐赠收入。在印度高等教育经费中，私人捐赠占据重要地位。据统计，20世纪50年代印度高校获得的私人捐助占高等教育经费的13.8%。至1984年私人捐赠比例有所下降，下降至5.4%。为了增强高等院校争取各种捐赠的积极性，印度政府实行了捐献收入全免税政策，同时提出“一对一”的募捐配套政策，创造学校与捐赠主体的“双赢”局面，既减轻学校的财政负担又让捐赠人名利双收。1995年至2002年，私人捐赠在高校所占比例从5.7%升至29.2%。

从以上各国高等教育融资体制来看，政府财政拨款都起到了一个支撑作用，占了高等教育总经费一半以上。2015年我国教育财政经费占GDP比例为4.3%，较5%的世界平均水平仍有距离，因此，我国在不断扩大高等教育融资途径的同时，还应加大政府对教育的投资力度。

（五）招生考试体制

招生考试制度是教育制度的重要组成部分之一，关系着学生入学接受教育的资格。在国外，初中和小学基本上是衔接配套的，大多数学生都选择就近入学。为保证城乡的学生平等地享受到义务教育，义务教育阶段学校基本上是不能举行选拔性招生考试的。如此，高中升大学的招生考试就成了拉开城乡学生受教育水平的重要一环。因此，本书将重点介绍英国、德国、美国、法国和日本等国家一些有特色的大学招生考试制度，希望能为我国招生体制改革提供一些借鉴。

1. 英国大学招生考试制度

英国大学招生一般不单独组织入学考试。除开放大学外，大学选拔新生主要根据申请者参加普通教育证书考试所取得的成绩。大学负责录取新生工作，考试由全国性的招生委员会协调。英国各高校都有负责招生的职能机构。具体有以下特点：第一，考试机构独立设置，国家进行宏观调控。各考试委员会下属机构都很健全，一般包括4个部门，即考试部、发展部、研究部和服务部。第二，考试层次、类别多样。大学入学考试和中学毕业考试合一，由8个考试委员会独立分区组织实施。中学毕业考试，即普通教育证书考试，分为普通水平考试和高级水平考试，各大学依据考试结果，独立选拔学生。1988年英国把普通水平考试和职业性的中等教育证书考试合为单一的普通中等教育证书考试，仍保留普通中等教育证书(General Certificate of Education Advanced, GCE)高级水平考试。第三，考试设科广泛，学生选择余地较大。考生参加大学在录取条件中要求的考试科目，考试合格发给的单科合格证，在全国通用。第四，考试、招生、录取三职分离，招生机构是考生和高校的中介服务机构。英国在20世纪60年代以前一直由各大学独立招生和录取，1961年成立了大学招生委员会，管理全国大学招生具体业务工作，为大学录取和准备升入大学的学生提供服务，协调各大学的招生工作。第五，录取程序复杂，注重全面测查。录取的决定权掌握在大学手里。各院系认真查看申请材料，了解学生以前的考试成绩、日常表现和教师评语，从中选出若干学生来校面试。面试后，大学提出的初审意见分三类，即无条件录取、有条件录取和不予考虑。名牌高校还要组织笔试。第六，技术设备先进。广泛采用现代化技术手段来管理考试的各个环节和考试机构内部各部门，拥有先进的印刷设备和密封机械，早已实现了网上远程录取。英国除正规的综合性大学外，开放大学不问学历，不要证书，也不举行入学考试，招收一切想入学的人。白金汉学院和多科技术学院则由各校独立自主招生。学生可直接与学校联系，个别申请、个别办理。

2. 德国大学招生考试制度

德国高校录取新生，是以完全中学毕业证书或与之有同等价值的文凭为依据，持证者自由选择任何高校、任何专业的权利受到法律保障。德国的高级中学毕业考试及其他高校入学考试，是中等教育范围内的考试，大学不参加。这种考试不是由全国统一进行，而是由各州出题，审批通过后自行组织考试，考试结果得到全国的承认。在德国，进大学原则上只限于“基础学校—完全中学—大学”这一条途径。后经改革，在职人员以及有特殊能力的人通过资格考试，也可获得进入大学的证书，被称为“第二教育途径”。

3. 美国大学招生制度

美国大学录取新生是由民间考试机构主持的一个共同标准的统一考试，其中规模和影响最大的是1947年由大学入学考试委员会、美国教育理事会和卡内基教学促进基金会联合创办的教育测验服务处，它主持的全国性考试有学能测验和各门学科的学业成绩测验。此外，1959年成立的美国高等学校测验机构主持的美国高等学校测验亦为一些高校所采用。学能测验(Scholastic

Aptitude Test，SAT）是被采用最为广泛的高校入学考试，它主要测验学生的综合学习能力，并显示学生在全国大学考生中的成绩排名先后。此种考试每年举行6次，在全美国和世界各地设了数百个考试点，学生可以自由选择合适的地点和时间参加考试。

美国高校测验（American College Test，ACT）包括英语、数学、自然科学和社会研究4部分，主要考查学生的基本知识和基本技能。此项测验与学能测验颇为相似，且在许多情况下可互相取代，每年亦举行6次左右，考生可选择时间应试。

美国大学按录取标准大致可分成以下4类：社区学院和4年制的州立大学实行开放性的招生，录取所有申请入学者，并为那些不合格的学生补课；大部分院校实行"最低限度筛选"的招生，它们接纳那些符合最低入学标准的学生，以便量才施教，而非以此来决定是否录取；近300所院校实行有选择性的招生，入学考试主要考查学生的一般能力，而不注重学业成绩，一般录取中等成绩以上的学生；不超过100所院校实行竞争性的招生，除了学能测验外，还要求学业成绩测验，学能测验的分数通常名列全国所有大学考生分数的前10%以内。中学教师和学生的其他顾问对学生全面详尽的书面评语通常是此类院校招生档案中的重要内容。

4. 法国大学招生制度

法国没有全国统一的高校入学考试，采取高校入学证书制即只要学生通过高中毕业考试并获得毕业资格证书，便获得了进入大学学习的预备资格。法国为了普及高等教育，增加高中毕业生会考通过率至80%，法国有普通类、技术类和职业类3种学业轨道，1995年进行高中毕业会考改革后，这3类考试之间的壁垒被打破，原来技术和职业会考的学生也能进入综合类大学学习，通过普通类会考的学生也可以进入技术和职业大学。普通高中会考分为文科类、理科类、经济和社会科学类，通过普通高中会考的人有94%被高校录取。技术类分为工业技术、医学和科学技术、酒店和旅游管理、音乐与舞蹈等通过该类毕业会考并进入高校学习的人数比例明显低于普通高中会考，约为17%。通过职业类高中会考的人数则更少。

法国高校招生制度灵活，招生范围广，除了应届毕业生外历届考试合格者或者具备所要求经验的人均可申请入学。法国高校分为三类：一是大学校。这类学校规模不大却培养了许多精英人才，因此声誉极高，入学条件也极为苛刻，很难申请。此类学校除要求最为基本的高中毕业会考证书外，还要参考成绩档次并对申请者的学校评语进行审查，甚至另设考试。新生入学后要进行统一考试，只有考试合格者才能进行后续3年的学习。二是综合大学。综合大学在校学生人数构成法国高等教育的主体，占法国大学生人数的80%～90%。三是高级技师学校，学制2年，以培养工业、应用科学和服务业高级技术人员为主，此类学校入学条件宽松，获得技术类高中毕业会考的学生经审查合格即可入学。

5. 日本大学招生制度

日本对国立大学实行国家统一和大学自主相结合的大学入学考试制度，第一次考试由国家大学入学考试中心主持，称为"共同一次试"；第二次考试由各大学自行主持。考生可依据第一次考试成绩参加适合自己兴趣的多所大学的考试，作为大学入学成绩评定的依据。

"共同一次试"是考核考生对高中阶段学习内容的掌握程度。此项考试每年10月底截止报名，第二年1月下旬进行考试，如因故缺考，可以补考。在参加完"共同一次试"考试10天后，考生须向其所报考的学校提出第二次考试申请书。3月上旬，考生参加各大学的第二次考试。第二次考试主要测定考生的学科专业知识水平和专业学习能力、对报考学校和专业的特殊要求所具备的能力。考试的内容由各大学根据各自的专业要求自行确定，考试方法有笔试、口试、实际操作。

（六）其他体制经验

1. 统筹城乡教育的法律监督体制

近几十年来，各国越来越关注城乡教育的一体化建设，不断加大教育经费的投入，但实施效果却不尽相同，究其原因，一个重要的因素在于有无完善的统筹城乡教育的法律监督体制。

以基础教育为例，各国基础教育财政管理体制一个最基本的特点是教育拨款的法制化和规范化，各国的中小学教育经费主要采取公式拨款与专项拨款相结合的制度，力求经费预算制度公平、公正和公开，注重教育经费监控的可操作性与实效性。如属于发达国家的英国、美国、加拿大、澳大利亚，属于发展中国家的巴西、越南等，都建立了以学生学习需求为本的义务教育经费预算和公式拨款制度。另外，为提高资金的使用效率，保证教育经费都真正花费在学校和学生身上，很多国家都逐步建立起一套比较完备的政府、学校、社区之间的纵向、横向经费绩效责任制度和监督机制，以便社会对各个支出主体进行监督和绩效考核。巴西在1998年1月1日成立了基础教育发展基金会，其宗旨在于推动基础教育的普及、维持和改善质量，提高在职专业教育工作者的水平。① 基金会按照规定的比例和公式自动拨款，不受政府及其他因素的影响，解决了教育经费投入不均和资金挪用等问题，为教育经费的使用提供了社会监督。

2. 统筹城乡教育资源配置体制

在国外，许多国家也存在城乡教育资源分配不均、城乡师资对比明显、城乡办学条件存在较大差距等问题。为了解决以上问题，这些国家不断采取各种措施调整其城乡教育资源的配置结构，如今已卓有成效。

首先，对于城乡教育资源分配不均的问题，国外采取了许多向农村及偏远地区学生倾斜的措施，尤其是针对义务教育的资源分配。主要有以下几点：第一，以立法或政策的形式予以支持。为了扶持偏远农村地区义务教育的发展，改造这些地区的薄弱学校，日本先后颁布了《偏僻地方教育振兴法》《偏僻地方教育振兴法施行令》《偏僻地方教育振兴法施行规则》《孤岛振兴法》《大雪地带对策特别措施法》等法律，为偏远地区薄弱学校的改造提供了强有力的法律保障和政策导向。韩国于1967年专门制定《岛屿、偏地教育振兴法》，明确规定"国家优先保证岛屿、农渔村、山区、矿区等艰苦地区实施义务教育的经费。"这些规定为各国实现教育的均衡化发展提供了有力的法律依据和保障。第二，采取扶持贫困学生入学的措施。如巴西于1995年在基础教育阶段启动了一项"助学补助金计划"，政府向贫困儿童的母亲发放一定数额的现金补助，条件是她们得让孩子在学校保持就学，不得辍学。② 法国通过设立助学金、开学补贴、交通补贴、免费教科书、午餐补贴等方法解决贫困家庭子女接受义务教育中的实际问题。③ 第三，保障偏远山区贫困子女和农村流动儿童入学。埃及在边远农村地区开设乡村学校、单班学校，对在这类学校读书的学生实行全部免费。日本为处境不利的贫困阶层儿童提供免费的教科书、学习用品和上学交通费等。古巴为保障居住极其分散的山区少数农户子女能够接受

---

① 参见尹玉玲：《公共教育资金的公正分配与高效管理机制——巴西基础教育发展基金会案例研究》，载《比较教育研究》2009年第2期。

② 参见梅秀荣：《国外是如何促进教育公平的》，载《学习月刊》2007年第6期。

③ 参见桑晚文、王磊、郭秀晶：《国际义务教育发展的基本经验》，载《教育科学研究》2006年第9期。

教育，即使那里只有一个学生也成立“学校”，保障学生能接受正常的小学教育。[①] 还有许多国家十分重视农村流动学生的教育权利。美国从1996年就实施农村流动儿童计划，该计划不仅直接为学生提供全方位的服务，而且积极与家长保持联络，使家长参与流动儿童的教育过程，有利于家长与孩子之间的互动交流。另外，还开展对流动学生的暑期教育，帮助那些因为流动生活方式而使学业中断或者错过了教育机会的流动儿童进行补充式教育。[②] 这些制度和措施的实施有力推动了城乡教育均衡发展。

其次，针对城乡师资力量对比明显的问题，各国亦采取了相关的措施。主要有以下几点：第一，促进城乡间教师的流动。有些国家如日本、韩国采用校长和教师定期流动的措施，以促进城乡间、校际间师资力量的均衡。如韩国规定小学、初、高中的教师每4年流动一次，也就是说，一位教师在一所学校只能工作4年。通过教师的流动使各个学校的师资力量平衡。日本也规定教师要实行定期流动，流动的对象主要包括：在某一学校连续任教10年以上教师和新任教师连续在某校工作6年以上者、为解决人员超编而有必要流动的教师和在区、市、街道、村范围内的学校及学校之间，如教师队伍在专业、年龄、资格、男女比例等结构上不尽合理，有必要调整而流动者。法国则在20世纪80年代推出了“优先教育区”计划来帮助义务教育阶段的薄弱中小学，1989年法国政府颁布的《教育方向指导法》第21条规定：“要制定减少地区之间不平等的教师配额政策来缓解入学差距，还要对各级学校的师生比例进行调整。”这个法律起到了均衡教师资源配置的作用，为地区间配置足够的师资和使适龄学生获得良好教育提供了保障。第二，统筹城乡教师的待遇。这主要体现在以下几个方面：其一，统一城乡教师待遇。日本实行公立学校教师定期调换制度，但教师作为国家公务员，其工资待遇不因调换学校而有所改变。[③] 因为日本中央政府会直接负担教职人员的人头费，从而消除不同学校教师待遇的差异。法国和日本一样，在教师工资的发放上通过国民教育部把义务教育教师

---

① 参见秦晓文、王磊、郭秀晶：《国际义务教育发展的基本经验》，载《教育科学研究》2006年第9期。

② See Basmati Parsad. Sheila Heaviside, “Participation of Migrant Student in Title Migrant Education Program-Summer Term Program”, Accessed December 20, 2007. http://nces. ed. gov/pubs2000/2000061. pdf.

③ 参见李协京：《日本教育财政制度和教育立法的若干考察——教育均衡化发展的制度环境》，载《中国教育研究》2003年第3期。

工资直接划拨到教师的个人账户。德国通过一般性转移支付实现州际财政能力的平衡，再由州政府直接把教师工资拨入教师个人账户。[①] 除此而外，一些国家还通过立法的形式将义务教育阶段教师的工资收入纳入国家公务员或地方公务员系列，由中央或较高层次的地方财政承担，从而消除城乡学校教师待遇的差异，如法国、韩国、泰国等国家均将义务教育阶段的教师工资全部纳入中央财政预算，由中央财政独立承担。[②] 其二，给农村教师优厚待遇。为了鼓励教师到农村任教，俄罗斯对农村教师的工资待遇一直比城市教师高25%。在美国，各州为了使农村教师职业更具吸引力，普遍提高了农村教师的工资起点，建立中小学教师职称晋升制度，使中小学高级教师能获得大学教授一样的报酬。[③] 时任美国总统奥巴马非常注重优秀教师的培养和公平分配，他认为，优秀的教育者可以改变来自于底层的落后学生命运。为了能储备充足的优秀教师资源，确保各地区拥有充分的教育机会和教育质量，奥巴马政府设立了50亿美元的奖励和创新基金，大部分用于奖励教师的教学成效；设立"职业阶梯计划"，鼓励专家型、高级教师前往落后地区、薄弱学校去提供培训、指导或任教。实施"教师服务奖励"政策，使农村教师岗位工资高于城市且要求城镇教师下乡支教。通过富于科学性、系统性以及实践性取向的师资配置政策，推动义务教育教师队伍的良性发展。越南1993年的法律不仅确认农村复式教学的合法性，还规定了复式教师工资两倍于单式教师。[④] 其三，给农村教师额外补贴。如日本的《偏远地区教育振兴法》规定，都道府县必须对偏远地区学校教职工增发特殊津贴，还必须为服务于偏僻地区的教师提供充分的进修机会和所需要的费用以及其他各种形式的津贴，如寒冷地区津贴、单身赴任津贴等。巴西政府规定基础教育发展与教师专业发展基金的60%必须用于教师的培训和工资的提高，并设立"直接到位补贴经费"为贫困地区教师工资的发放提供经费保障。菲律宾实施艰苦工作津贴以鼓励农村教师，农村教师除享有基本工资之外，还享有各种福利补贴，同时在普通拨款法令中明文规定，对

① 参见郭新力：《国外政府实施义务教育的模式及其启示》，载《学习与实践》2006年第4期。

② 参见王娟涓、徐辉：《国外城乡义务教育均衡发展的经验及启示》，载《外国中小学教育》2011年第1期。

③ 参见尹晓琴：《国外如何让农村教育"吃小灶"》，载《东北之窗》2007年第1期。

④ 参见忤桐垾、李桀：《国外均衡义务教育的形成》，载《南方周末》2005年12月1日，A2版。

于到学校上课有困难的教师，如学校与家庭距离10公里以上，在没有通公交车的情况下，应发放特别交通补助。美国2007年颁布的《农村教师保留法案》明确规定，至少在农村任职3年的中小学优秀教师才可以获得工资红利奖金。所以，国外重视农村教师待遇并由国家或州一级政府统一教师工资发放的方法为城乡师资力量的平衡起到了关键作用。

最后，对城乡办学条件差异大的问题，各国主要从统筹城乡软硬件教学条件着手，突出表现为城乡基础教育设施的均衡问题。如韩国从1970年开始推行"教育贫穷化"政策，撤销一批名门学校，推行"教育均衡化"：对小学、初中、高中的"不利学校"增加教育拨款，大力改善其办学条件。① 日本在改善教育资源分配不均上，一方面，对财政拨款一视同仁；另一方面，中央根据各地不同的经济发展水平确定不同的转移支付比例，从而确保义务教育对于贫富地区的儿童一视同仁。另外，日本政府还采取诸多措施改造农村偏远地区的薄弱学校，有力促进了城乡教育的一体化进程。在日本，即使在边远落后的乡村，中小学的师资条件和硬件设施都能达到规范化；有些仅有几个学生的学校也建有体育馆、游泳池，音乐、美术、劳动技术课的老师和设备一应俱全。② 为弥补各学区公立中小学的财产价值差异带来的教育经费差异，美国州政府对下辖学区实行财政补助也称转移支付制度。美国州政府通过州全额负担方式和等额补助方式以实现教育经费的公平分配。通过基数补助方式、税基补助方式和学区财力均等化补助方式等财政转移支付手段，实现对经济落后学区的财政倾斜。③

3. 统筹城乡职业教育发展体制

在国外，职业教育的发展同样面临着城乡均衡发展的问题。自英国"工业革命"开始，世界上大多数国家均经历了工业化、城镇化的过程，从早期的英国、美国、法国到"二战"后及近二三十年来迅速发展的日本、韩国、巴西等亚洲及南美洲国家，在工业化、城镇化的过程中均面临城市人口大量增加、农村经济相对下滑、城乡差距加大的情形。

在此背景下，职业教育城乡协调发展成了摆在各国面前的一个重要课题。也正因如此，许多国家才形成了具有自身特点的统筹城乡职业教育发展模式

① 参见郑海月：《教育均衡化制度与韩国高中教育》，载《现代教育科学》2007年第1期。
② 参见许桐珲、李梁：《国外均衡义务教育的形成》，载《南方周末》2005年12月1日。
③ 参见李文利：《美国中小学教育财政的公平之路》，载《团结》2005年第2期。

和发展体制,主要包括:第一,美国的"乡村复兴"模式。该模式的主要特点是建立完善的职业教育保护政策体系,加强农村职业教育基础设施建设,改革农村职业教育的办学环境,开展多元化的农民职业技术教育,统筹城乡职业教育的课程设置,大力发展综合高中和社区医院。第二,日本的"造町运动模式"。该模式的主要特点是保护农村工商业的发展,为农业职业技术学校和涉农专业毕业的学生提供充分的就业门路,加强农村基础设施建设,增强农村地区对农村职业学校和涉农专业毕业生的吸引力,大力发展各类农业协会,建立与城市一体化的社会保障体系。第三,巴西的"增长极"模式。该模式的主要特点是增加政府财政投入,改进和提升农业生产的条件,完善并促进城市与农村的联系机制,推动农村地区职业教学办学条件、办学环境的改善,统筹促进城乡间社会组织、行业协会发展,大力改革职业教育,加大职业培训力度,成立国家农业培训局、增设职业技术学校。第四,印度的"喀科运"模式。该模式的主要特点是加强农村职业教育基础设施建设,重视农村职业教育办学经费的投入,推广农村职业教育的创新成果。① 从上述几种统筹城乡职业教育的发展模式的主要特点中,可以归纳出一些具有规律性的综合性特点,即大多数国家在统筹城乡职业教育的发展过程中,均重视对农村职业教育经费的投入,加强对农村职业教育基础设施的建设。同时,一些国家结合农村实际,推动农村经济发展,从经济基础上缩小城乡差距,以此为农村地区的职业教育发展创造良好条件。当然,还有一些国家如英国、德国、韩国等,也具有一些本国在统筹城乡职业教育发展中的自身特点。但总体来说,基本上具有代表性国家的发展模式均是在缩小城乡差距的基础上,对农村职业教育发展进行相对倾斜性的扶持或者经费投入,并以农村经济发展实际为导向之一,促进城乡职业教育的均衡发展,一方面,可以缓解农业人口涌进城市所带来的就业压力,另一方面,可以反过来推动城乡差距的缩小,保持农村的活力。

二、国外统筹城乡教育发展的启示

目前,重庆市城乡教育发展存在许多不均衡的情况,发达国家和发展中国家或地区的城乡教育统筹发展所取得的经验可以给予我们很好的启示。

---

① 参见梁成义,朱德全:《国外职业教育城乡统筹发展比较研究》,载《职业技术教育》2010年第28期。

(一)树立教育公平理念,形成一体化思维

坚持教育的公益性和普惠性,是中国特色社会主义教育的显著特征。党的十八大报告提出:“大力促进教育公平,合理配置教育资源,重点向农村、边远、贫困、民族地区倾斜,支持特殊教育,提高家庭经济困难学生资助水平,积极推动农民工子女平等接受教育,让每个孩子都能成为有用之才。”在促进教育公平方面,党的十八大报告作出了明确的制度安排,提出了新的更高要求,我们必须深刻领会其精神实质,切实贯彻落实。大力促进教育公平是努力办好人民满意的教育的重要举措。进入21世纪以来,特别是教育规划纲要颁布实施两年多来,我国各级各类教育得到了快速发展,学校面貌发生了翻天覆地的变化,教育质量得到了显著提升,国民素质也得到了较大提高。正是由于在促进公平和提高质量上实现了跨越式发展,教育工作赢得了广大人民群众的支持和赞誉。但是,我们也应该清醒地认识到,我国社会正从生存型消费进入发展型消费阶段,人民群众对接受良好教育的愿望更加强烈,对教育的要求也越来越高。随着经济的发展和民主化思潮的推进,人们日益重视经济、社会、生活等各领域中的公平问题。教育作为现代社会价值和财富再分配的重要手段,越来越受到各国政府的关注。教育公平作为社会公平的一个重要组成部分,是其他公平实现的前提与基础。社会精英阶层对教育特权的垄断地位被打破,教育权成为每个人的基本权利。在国外,追求教育公平的社会理念是推动各国政府统筹教育发展的社会基础,受到学者的关注和研究。特别是60年代以来,以科斯曼为代表的结果均等论,以及国际社会特别是2000年联合国教科文组织通过的《全民教育行动纲领》对弱势群体教育问题的关注和国外选举政治使各政党上台后纷纷实施教育公平政策,使均衡教育发展的社会理念更加深厚。而教育公平的理念中国也古已有之,孔子“有教无类”的思想即教育公平的体现。首先,他认为无论什么人都可以受到教育。其次,人原本是“有类”的。如有的智,有的愚;有的贤,有的不肖。但通过教育,却可以消除这些差别,“有教则无类”,可见“有教无类”是教育的结果,不是前提。人人都应该是教育对象,不应以政治、经济、种族、出身、区域等方面的差异而加以区分。“有教无类”的教育思想在当时完全颠覆了统治阶级“学在官府”的教育垄断意识,主张将教育对象不断下移到广大群众中。丰厚的人才储备与充满活力的教育环境,都为战国时期百家争鸣创造了客观条件。机会平等只是教育公平最初步的内涵,属于形式上的公平。真正意义的教育公平,应当在入学机会均等的基础上,使每个学生都应拥有获得良好学业成绩的机会,强调教育

结果上的公平。因此，在实现城乡教育统筹发展的过程中应当以教育公平的理念和一体化思维为前提，政府在一切工作中应牢固树立平等对待城市教育和农村教育的思想观念，不可有任何忽视、漠视和歧视农村教育的倾向和现象。同时，还要加大宣传力度，不断培育城乡教育统筹发展的社会理念，通过政府和社会的合力，破除掣肘城乡教育统筹发展的体制机制障碍。

长期以来，由于二元社会结构，政府在思想根源上容易存有"农村教育没有城市教育重要"的观念，形成以城市为中心的精英教育价值取向。此外，在对待城市教育和农村教育时，政府也习惯于二元思维，即分别对待城市和农村的教育问题，把城市和农村看做两个孤立、封闭的系统，分别研究和解决它们内部的问题。事实上，统筹城乡教育发展需要政府树立教育公平理念，形成一体化思维。首先，政府应该在城乡教育统筹发展的总体框架下，准确定位农村教育发展目标和办学方向。在面对农村教育劣势上，政府不能放任不管，应该制定出有效的措施，并要符合农村教育发展的实际，既能让农村的学生提高学习成绩，又能改变对农村教育的固化思维。不管是城市教育还是农村教育，都是为国家的经济建设服务，其教育发展目标都是培养社会现代化的建设者，促进人的全面发展。在这一点上，城乡教育没有差别，是一致的。其次，一些城市居民由于历史上存在的优越感，使他们从心底里不愿让农村居民享受和他们一样的教育政策，结合政府在政策上的二元化思想取向，说明二元化的社会心理和社会意识是城乡教育统筹发展的思想壁垒。因此，加大宣传力度，培育公平、公正的社会理念，消除根深蒂固的二元化的社会意识成为解决城乡教育统筹发展的一个重大举措。当然，二元化的社会结构和社会意识是造成城乡教育发展不均衡的首要原因，相对于农村居民来说也是一个外在的原因，培育农村居民从思想上重视教育，价值取向上正确对待教育的观念也是城乡教育统筹发展的一个重要推动条件。"农村教育的价值选择应该定位在为城乡共同发展服务上，定位在培养合格公民而不是局限在培养'新型农民'上。"①从而走出农村教育发展目标是为了"离开农村"还是为了"为农村服务"的困惑。再次，以人为本，关心农村学生的思想、愿望和要求，使农村孩子健康成长，加大扶助力度，保证农村地区及弱势群体顺利完成学业。政府在统筹教育的工作中应平等地对待农民工子女，使他们享受与城里孩子一样的教育，创造城乡

---

① 褚宏启：《城乡教育一体化：体系重构与制度创新——中国教育二元结构及其破解》，载《教育研究》2009年第11期。

一体化的文化氛围，消除农民与城里人相比的自卑心理，形成教育公平的观念，使农民重视和支持教育。最后，政府应该把城市教育和农村教育作为一个整体对待，在研究教育问题、制定教育政策、进行教育决策时，要运用一体化思维，如此才能放大和产生新的教育发展的功能和效益。因此，贯彻落实党的十八大和十九大精神，把“人民满意与否”作为一切教育工作的检验标准，大力促进教育公平，努力提供均等化的基础公共教育服务，使全社会的受教育机会、公共教育资源配置、教育制度规则的公平状况都有明显提高。

（二）加强城乡教育统筹发展的法制化

实现城乡教育统筹发展，需要以教育公平的理念和一体化的思维为前提，这些属于思想观念和思维模式的范畴，而一体化的制度则是实现城乡教育一体化的刚性保证，其中法律制度的完善又是推进城乡教育一体化制度建设和改革的核心和关键。发达国家在统筹城乡教育发展中针对教育均衡发展和农村薄弱学校改革问题，制定了一系列的法律、法规和政策，为城乡教育的均衡发展提供了坚实的法律基础。如上文所提到的美国克林顿政府颁布的《学校改进法》加大了对薄弱学校尤其是农村学校的财政支持力度，提出要通过特殊拨款和专项资助等形式来促进学校的均衡发展；布什政府2002年年初颁布的《不让一个孩子掉队》的教育法案，旨在促进教育公平。日本出台过针对偏远地区教育的《偏僻地方教育振兴法施行令》《偏僻地方教育振兴法》《孤岛振兴法》等法律，为偏远地区薄弱学校的改造提供强有力的支持。1967年韩国制定实施的《岛屿、偏地教育振兴法》规定国家优先保证岛屿、农渔村、山区、矿区等艰苦地区实施义务教育的经费。俄罗斯2004年修订的《联邦教育发展纲要》明确提出农村教育现代化不仅是教育事业发展的需要，更是农村社会、经济、文化发展的要求。① 印度政府在1986年颁布的《国家教育政策》第四部分中也明确指出要给社会上所有教育落后的地区，特别是农村的落后地区提供适当的支持。巴西为解决入学率低和地区发展不均问题，在20世纪90年代实施了专门针对东北部贫困地区的“东北地区基础教育计划”。这些法律法规为各国实现教育的均衡发展提供了有力的法律依据和保障。

统筹城乡教育发展的过程，是城乡教育利益共同体的形成和分享过程。随着城乡教育一体化格局的形成，原有的教育政策体系和教育法制体系必然

---

① 参见王正青：《国外推进城乡教育均衡发展新趋势——社会生态系统的理论框架》，载《中国教育学刊》2011年第1期。

与日益发展的城乡一体化教育形成尖锐的矛盾，这就需要我们进行超前研究，注意均衡和协调各种教育诉求，维护教育公平，促进整体教育利益提升。重视教育政策、教育制度的设计和创新，通过政策、机制、体制和制度的创新，协调各方面的利益关系，化解新的矛盾，促进城乡教育和谐发展。疏通城乡之间教育利益诉求表达渠道，建立和完善不同社会阶层参与教育决策的机制，维护城乡每一个受教育者的合法权益。我国一直高度重视保障公民的受教育权，目前已经初步形成了以《宪法》为基础，以《教育法》《义务教育法》《中华人民共和国职业教育法》《中华人民共和国高等教育法》为核心的保障公民受教育权的法律体系。然而与推进城乡教育一体化的基本理念和要求相比，还需要长期的不懈努力和积极探索，以期实现通过加强教育立法让所有弱势群体的孩子上得起学，以法律来保障教育公平的实现，做到在教育公平下接受教育，在教育公平下构建和谐社会。我国虽然已经出台了很多有利于促进城乡教育均衡发展的政策文件，但大多都采取“决定”“意见”“通知”等形式发布，真正从法律层面上规定和定义的较少。况且已有的法律只是从国家的层面对城乡教育均衡发展进行原则性规定，还缺少相应配套的行政法规、地方性法规、行政规章、地方性规章，以及其他有关教育的规范性文件，尚未形成一个完整统一的法律体系，这极大地制约了我国教育尤其是城乡义务教育的均衡发展。发达国家教育发展的经验提示我们：我国城乡义务教育均衡发展不仅需要相关政策进行指导，更需要完善的法律体系作为保障，要走“依法治教”的道路。

（三）发挥政府的主导作用，同时鼓励和支持社会力量的参与

发达国家的经验表明，政府在统筹城乡教育发展的过程中起着不可忽视的作用，仅仅依靠经济发展自身规律来弥合城乡教育的差距是远远不够的。政府应发挥主导作用，将市场调节和政策干预结合起来，制定和实施有利于城乡教育统筹发展的倾斜政策，切实有效地促进我国城乡教育的统筹发展。

具体而言，一方面，政府应当在统筹城乡教育发展中发挥主导作用。这主要体现在政府在资源分配中的主导作用。要进一步明确中央、省、市、县、乡各级政府在推进城乡教育一体化进程中在经费、师资、评估方面的统筹责任，构建动态均衡、双向沟通、良性互动的教育体系、制度和机制，实现以城带乡、以乡促城、相互依存、互补融合、协调发展的城乡教育关系，逐步消除城乡教育二元结构格局，实现城乡教育均衡发展。进一步调整财政支出结构和教育支出结构，建立城乡一体化的教育经费保障体系，加大对基础教育和农村教育经费的投入力度，发挥国家财政促进区域教育均衡发展的调控能力。如上文所述，各国政府均把健全公共教育财政体制作为促进教育均衡发展的重要环节，如日本政府的“地方交付税”制度、美国的基础教育转移支付制度等，这些都有效消除了不同地区间因经济发展水平不同而造成的教育经费的不均衡，有力促进了城乡教育的均衡发展。因此，重庆市政府在资源分配中应当向教育倾斜、向农村地区教育发展倾斜，加大财政对教育尤其是义务教育的投入力度，力争使公共教育投入占 GDP 的比重增大，明确各级政府统筹城乡教育发展的责任。此外，政府还应对城乡教育的发展起到规划作用，这种规划不同于一般意义上的宏观调控，它是指在政府的规划下给予学校更大的办学自主权，使其市场活力得以充分涌现并能主动适应不断变化的社会主义市场竞争。另一方面，重庆市政府还应进一步鼓励和支持社会力量参与到教育的发展中，营造全民支持教育的氛围。从美国的教育发展来看，社会捐赠是其教育融资的重要渠道之一，韩国教育改革中的“新村运动”掀起了全民参与教育的热潮，日本高等教育改革历程中鼓励社会力量办学促进了高等教育的大众化与普及化。这些实践说明，在城乡教育的统筹发展中不仅要发挥政府的主导作用，还要调动更多的社会资源，发挥非政府组织、社区等在提供教育服务方面的作用，鼓励和支持社会力量办学。就我国而言，还可以通过以下几条路径促进各级政府切实履行促进城乡教育均衡的职能：第一，通过理念引导。理念是行动的指南，通过舆论大力宣传，让各级政府切实理解政府在促进义务教育城乡均衡方面具有重要的责任，从而有助于各级政府树立为公民提供高水平、高质量与均衡化程度较高城乡教育执政理念。第二，法律保障。在相关法律条文中明确各级政府的职能与责任，并通过立法对职能履行不到位的政府给予责任人一定的惩戒。第三，行政问责。建立一定的问责机制，通过问责机制的压力，促进各级政府切实履行促进城乡教育统筹发展的职能，以免遭受问责。第四，社会监督。推进城乡教育统筹不能单纯依靠教育部门的有限职能，需要政府多部门参与推动地区内部的综合改革。在发挥政府职能促进城乡教育均衡的过程当中，还需要充分动员社会力量加强对政府部门的监督，让城乡教育利益相关者随时知晓且参与督促政府积极发挥职能促进城乡教育均衡。

（四）大力采取补偿政策保证农村及弱势群体教育均等

教育资源配置应向农村等资源匮乏地区倾向，通过科学合理的现代公共财政配置制度，确保农村教育能得到政府全方位的支持与保障。为了实现教育公平，发达国家采取了多种保证贫困学生等弱势群体能够平等地接受教育尤其是义务教育的措施。如法国政府将一些条件最差的地区作为“教育优先区”加以重点扶持，解决来自处境不利的社会阶层和偏远地区、城市外围地区以及贫困地区的学生学业失败问题，有效保障了这些地区学生的教育质量。韩国在财政有限的情况下，政府的教育经费优先保障义务教育发展且教育经费优先支持经济困难的岛屿和偏僻的农村地区，确保了弱势群体能够享有均等的受教育机会。美国为消除教育中的不公平，确保低收入家庭和少数民族家庭等处境不利群体的平等受教育权，自20世纪60年代科尔曼报告提出后，联邦政府和州政府就通过立法和专项拨款大力开发补偿教育计划，在资金投入、课程设置、教学方式以及课堂教学等方面都体现了“补偿教育”的原则，使农村及弱势群体也能平等地接受教育。澳大利亚实施形式多样的、惠及面宽的农村寄宿学生补贴政策，据统计，澳大利亚偏远地区有60%～90%的家庭从中受益，使这些家庭为子女接受基础教育所承担的经济压力大大减轻。[①]巴西于1995年在基础教育阶段启动了一项名为“助学补助金”的计划，向贫困家庭儿童的母亲提供现金补助，同时实施全国学校交通计划，专门针对农村学生，为其提供交通工具，解决学生的出行问题，提高学生出勤率，保证农村学生完成初等教育。印度从保证农村学生入学率、保持率和出勤率着手，出台了全国基础教育营养自助计划等一系列政策措施，以农村和落后地区为重点实施对象，每天提供有营养价值的100克免费热食。[②] 美国联邦政府和州政府的基本资助拨款主要投向贫困学区。英国虽然教育经费拨款增长多年处于停滞状态，但国家依然注重农村教育投入，保持农村教育投入不断增长。南非政府对贫困地区的学校实行倾斜拨款政策，根据学校所在地区经济发展及学生家长的收入状况，把学校分为五个层次，按学校经济能力进行拨款，对越穷的学校越多拨款，对越好的学校越少拨款。

在我国，伴随着20世纪90年代的教育产业化倾向，教育成本也在不断提高，人们形象地把其称为“新三座大山”之一，这就出现了许多因贫辍学现象，很多来自贫困家庭尤其是农村的贫困学生无法顺利完成学业。为保障弱势群体的平等受教育权，我国应当加大对农村（包括重庆市）地区及弱势群体的扶持力度，保障农村地区及弱势群体顺利完成义务教育。首先，要进一步发挥国家财政在促进区域教育均衡发展方面的调控能力。国家教育经费投入应注重

---

① 参见王娟涓、徐辉：《国外城乡义务教育均衡发展的经验与启示》，载《外国中小学教育》2011年第1期。

② 同上。

推进城乡教育一体化，义务教育经费全部由政府承担，学前教育、高中段教育逐步提高政府分担的份额和比例。经费进一步向农村地区和经济欠发达地区倾斜，帮助确属经济欠发达或者老少边穷地区达到普及15年教育的财政水平。确保普及教育财政资金在区域之间、城乡之间配置均衡，提高经济落后地区生均公用经费水平。保证所有学校都能具备最基本的办学条件，保证各地区每年教育经费的投入都能够维持在国家设定的最低水平以上，确定教职工编制标准以及工资标准、学校基本建设标准、学校正常运转的生均公用经费标准等。其次，在继续推行“两免一补”政策的基础上，应逐步建立城乡贫困学生伙食费、住宿费全免的财政保障体制，确保农民工子弟享有均等的入学机会；建立完善的教育保障体系，确立奖、助、贷等教育制度，建立各种教育基金，设立教育救助的“绿色通道”。最后，逐步实现城乡办学条件均衡，应统一城乡办学标准，并以此标准作为财政投资的依据，同时打破人力资源的校际壁垒，建立区域范围内的义务教育教师的交流制度，促进教师的合理流动，逐步实现城乡教育学校间师资力量相对均衡化，从而使农村学生真正享受均衡的教育过程。

（五）加强城乡一体化师资建设

师资力量不均是导致城乡教育非均衡发展的一个重要原因，建立合理的教师流动制度成为一些国家平衡地区和学校之间师资差距的重要举措。在国外的经验中，日本的教师定期流动制最为成熟，其对教师的流动对象、流动频率、实施程序、政策支持等方面都作了具体规定。韩国政府也引入了校长和教师定期流动制，规定小学、初中、高中的教师每4年流动一次，以此促进城乡之间、学校之间师资力量的均衡。对偏远农村地区教师发放额外津贴和向农村地区定向培养师资，也是平衡城乡师资的重要方式。例如，美国在总体改善教师待遇的同时，还对那些任教于城市薄弱学校和少数民族学校的教师提供优惠政策和特别补助；为补充农村教师队伍，联邦政府还拨专款实施“转行当教师计划”，资助地方招募优秀人才充实教师队伍。法国政府制定专门政策，鼓励教师到“教育优先区”薄弱学校任教，并给这里的教师发放特别津贴。

要推进城乡教育一体化，必须将城乡师资一体化摆在首要位置，深化教师培养制度改革，建立稳定的城乡一体化教师队伍。在重庆市，教师在地区、学科等方面都出现严重的结构性矛盾，农村地区严重缺乏外语、音乐、美术、信息技术等学科教师。为此，我们应强化教师在管理和待遇两方面的制度建设。具体安排如下：第一，建立城乡统一的教育人事制度，实行城乡统一的教职工编制制度，并向农村及偏远落后地区实行编制倾斜，着力解决农村学校存在的结构性缺编问题。统筹城乡教师管理，实行教师“县管校用”制度，实现教师资源配置城乡一体化，促进教师在全市、全县范围内流动，确保名师进乡村、进山区。完善教师准入和新任教师公开招聘制度、教师考核评价机制、教师转岗和退出机制，建立专业技术职务评定与岗位聘用相结合的用人制度。鼓励和引导优秀人才到农村学校从教。健全教师流动机制，探索多样化教师交流模式。义务教育教师要依法实行城乡之间、学校之间定期交流。所有骨干教师、学科带头人、拔尖人才、高级教师、特级教师都必须有在农村学校 2 年以上任教、支教经历。第二，实行全国城乡一体化的教师工资制度，建立全市统一的义务教育教师工资保障机制，实行全国统一的教师最低工资标准。为了避免农村地区优秀教师进不来、留不住的问题，可参照义务教育公用经费保障机制改革的办法，尽快制定全市统一的最低农村教师工资津贴标准，对农村中小学教师实行地方工资加国家津贴的双轨制度，以利于农村教师队伍的优质和稳定。第三，统筹城乡教师专业培训。对教师进行专业培训，除了不断提高教师专业素质和个人能力外，更是为了适应不断更新的教育理念、教学模式。为了保证城乡教师都能同样得到高效有益的专业培训，教师继续教育经费投入应按不低于教师工资总额 5% 的比例由两方面分别安排，包括市、县政府财政安排即将各自分担的 50% 列入年度财政预算，以及学校年度公用经费总额中不低于 5% 比例用于教师培训的部分。城乡师资统一安排要求健全培训体系，完善培训网络，加强培训力度，全面提升教师队伍业务素质，最终达到城乡师资队伍均衡的目标。第四，建立教师流动机制，促进师资良性流动。教师良性流动是有利于教师队伍建设和教育质量提升的合理流动，可分为市场主导与行政主导两种类型。由于农村与城市相比，无论是政治、经济、文化等各方面都处于劣势地位，优质的师资资源在各种因素的影响下将流向城市，因此会导致农村地区教育资源的缺乏。要提高农村师资水平就应当采取适当的形式和措施以有效促进教师的城乡、校际良性流动，如鼓励新增师资向农村落后地区、薄弱学校流动，鼓励骨干教师、专家到农村学校进行指导或支教等。第五，要实行人力资源合理配置制度，建立起人才培养与流动的优化机制。首先，对校长和教师等人才资源要打破校际壁垒，实行合理流动。对于有些学科的名教师、特级教师、优秀教师可实行区域共享或联聘，让他们在更大范围内发挥示范作用。其次，在示范性学校和农村薄弱学校之间实行校长和骨干教师的定期相互轮岗制度。最后，借助现代化的信息教育平台，实现省域、市域、县域内优秀教师资源共享。目前,重庆市的学校基本建立了现代教育网络,可以利用网络优势,建设丰富的教师资源信息库。借助现代化的信息教育平台,实现省域、市域、县域内优秀教育资源共享,让所有孩子都能通过网络来接受现代化社会相应的同质、同步的高水平教育,补充当地师资等方面的不足。借助信息化,缩短城乡之间、示范性学校与薄弱学校之间的办学差距,实现真正意义上的教育均衡发展。第六,加强农村教师培训。农村教师的培训是推进农村教育发展的关键环节。加强农村师资队伍的培训,提高农村教师的教学水平,对于促进农村教育发展、提高农村人口素质、培养服务于新农村建设的高素质劳动力有极为重要的现实意义,也是缩小城乡教育差距的先决条件和基本保障。具体而言,一方面,要加强农村师资培训基地的建设。依托省级高等院校的教学力量,建设一批市级教师培训基地,每个区、县都要建一所农村教师培训学校。另一方面,要鼓励农村教师提高学历。鼓励农村在职中小学教师参加成人高等教育、带薪学习;鼓励他们通过电大远程开放教育提高学历水平。鼓励在职中学教师进修研究生课程,在晋升职称时对获得结业证书的教师予以优先考虑。最后,要组织开展各类培训活动。如加快农村教育信息化工程建设,实施教师教育联网计划,借助现代化远程教育手段,共享优质教育资源,实施高水平农村教师培训等。在此期间,各级财政要积极支持农村教师培训活动,组织农村教师业务培训并为教师埋单。①

总之,应将解决农村薄弱学校教师资源匮乏问题作为统筹城乡教育、促进教育均衡的核心。解决时要系统考虑各种方式的有机整合,同时为了促进农村薄弱学校多途径获取教师资源,除了提高本校教师素质外还应当加强教育行政管理,特别是城乡教育统筹中对农村薄弱学校教师资源供给时,在经费倾斜、后勤保障、人事制度、奖惩规定等方面制定相应政策,形成政策驱动。

(六)立足农村发展实际,统筹农村教育教学内容

我国当前城乡教育发展不均衡的重要体现是某种意义上的“以城市为中心”,这不仅体现在经费投入、教育资源配置上,还有一个重要体现是在价值取向上的“城市中心化”。我国目前以城市为中心的教育体制,不管是课程设置,教学内容和教学目的都聚焦城市。但实际上,无论在发达国家还是一些发展中国家,对作为第一产业的农业都非常重视,他们在农村中小学也都相应地

---

① 参见张金英:《城乡教育一体化的动力机制及战略研究》,天津大学 2010 年硕士学位论文,第 96 页。

设置了一些有关于农业、农村的课程，同时也比较注重学生的实践操作能力。

重庆市虽正处在城镇化加速发展的时期，但农业在经济发展中扮演重要角色。在城乡教育统筹发展的进程中，在农村学校中，需要相应地结合当地实际情况加入农业技术教育；同时，对义务教育阶段后未继续升学的那部分学生也可考虑对其进行包括农业技术在内的各种各样的职业教育和培训。即在城乡教育统筹发展的过程中，不仅在资源配置等客观方面破解城乡教育发展不均衡的现状，在思想上、价值取向上同样要破解“以城市为中心”的思维，在逐步缩小城乡教育差距的同时，也要因地制宜地对处于城乡不同环境的学生设置符合当地当时的课程，不搞“一刀切”，这样不仅有利于城乡教育统筹发展，亦有利于农业作为基础性产业长远、平稳发展。同时，还要注重农村职业教育的发展，推动城乡职业教育的均衡发展。由于城乡差距短时间内不会根本消除，城乡教育发展不均衡的现状在短期内也并不会在根本上消失。因此，如上所述，必然面临着农村义务教育阶段后未升学和普通高中教育阶段后未进入大学学习的学生比例高于城市的问题，对于这样一批农村学生，需要为他们提供必要的职业技术教育以提高他们就业的能力(这里提到的就业，不仅包括进入工厂打工或者经商，也包括从事农业劳动)。而目前，我国的职业教育由于受城乡二元结构的影响，长期以城市职业教育为中心，对农村职业教育重视不够。① 这就要求我国应大力培育重视城乡职业教育的思想观念，并以此为价值取向指导政府和社会共同对职业教育，特别是农村职业教育提高关注度，使政府切实负担起领导统筹城乡职业教育发展的责任，通过乡村发展优先化、职业培训集团化等措施，促进城乡职业教育统筹发展。②

---

① 参见梁成艾、朱德全：《国外职业教育城乡统筹发展比较研究》，载《职业技术教育》2010年第28期。

② 同上。

第五章　统筹重庆城乡教育发展的法制建议

在世界范围内，城乡分割发展虽是一种普遍存在的现象，但从分割走向融合也是普遍遵循的发展规律。取消农业税、建设新农村、“工业反哺农业，城市支持农村”等一系列政策，标志着我国城乡经济社会进入统筹发展轨道。在城乡统筹发展过程中，城乡教育也必然要结束过去那种分割状态而逐步向城乡一体化转变。时任国务院总理温家宝在国家科技领导小组会议上的讲话中明确指出，要在教育改革和发展中，实行城乡统筹，把农村教育放在重要地位。《国家中长期教育改革和发展规划纲要（2010—2020年）》在提出的若干社会关注度高、影响教育改革发展全局的重大问题中，把如何实行城乡教育统筹，改善农村学校办学条件，提高农村学校办学水平列为继续向社会公开征求意见的20个问题的第一个问题。可见，统筹城乡教育发展，既是教育适应经济社会发展、促进社会公平的必然要求，也是当前教育自身改革发展面临的重大问题和目标，而实现这种要求和目标的根本手段和方法必须依靠法律制度。并且，从各国经验来看，教育立法是促进教育均衡发展的重要保障。美国、英国、日本、澳大利亚等发达国家，以及印度、巴西等发展中国家的经验，都通过立法程序以确保每个公民享有优质教育的权利和机会均等。[①] 同时,城乡教育统筹发展需要进行制度性创新,而制度性创新需要有相关法律、法规提供前提和保障。另外,从国家法律的落实出发,我国国家立法通常具有原则性,《义务教育法》亦不例外,其对城乡教育均衡发展仅作了原则性的规定,因此,重庆在统筹城乡教育发展的过程中,要充分发挥地方性法规作为一种规范或制度对统筹城乡教育发展所具有的引领、指导和促进作用,探索通过地方性立法为城乡教育统筹发展提供相对完善的法律、法规保障。[②] 此外,城乡教育一体化是针对城乡经济社会体制改革深化,城乡社会结构深刻变革提出来的,更好地指向城乡互动、城乡交流、城乡教育的协调发展。法律体制的规范正是这种协调发展的统筹作用。针对前文提到的城乡教育差距大的法制原因并结合国外经验和地方法规对促进城乡教育统筹发展的重要性,本书提出了几点粗浅的法制建议,抛砖引玉,供大家参考。

一、改革办学体制

虽然,2006 年《义务教育法》正式确立了均衡发展义务教育的基本原则,但是城乡教育发展不均衡即城乡教育二元结构主要由体制问题所导致,或者说,二元结构问题本身就是体制问题。破解城乡教育二元结构问题,推进和实现城乡教育一体化,必须从体制入手,改革城乡二元的教育体制,建立城乡教育一体化体制。要实现城乡教育一体化发展,必须创建新的制度框架。理顺城乡教育发展不平衡、教育结构不协调、管理体制不顺畅、教育发展方式不可持续等现实问题。需要从根本上创新教育体制、办学体制,解决阻碍城乡教育发展的制度性障碍,建立完善的与之配套的改革方案,释放体制的活力。构建城乡教育一体化体制是一项系统工程,涉及多种体制的改革,其中之一是办学体制的改革。办学体制本质上是谁为办学主体、怎么来办学的问题,涉及办学主体之间的关系、办学资格和办学运作方式的法律关系,也影响着教育管理体制的模式选择和教育投入方式的体制选择。建构城乡教育一体化的办学体制,就要在学校层面上打破城乡壁垒,促进城乡教育的双向沟通和良性互动,

① 参见王娟涓、徐辉:《国外城乡义务教育均衡发展的经验及启示》,载《外国中小学教育》2011 年第 1 期。

② 参见吴会会、胡劲松:《地方立法:义务教育均衡发展的制度基础——基于广东省的研究》,载《教育导刊》2015 年 9 月上半月刊。

探索城乡学校交流合作的新模式及城市教育支持农村教育发展的新机制。《国家中长期教育改革和发展规划纲要(2010～2020年)》中指出,改革办学体制,必须坚持教育公益性原则,健全政府主导、社会参与、办学主体多元、办学形式多样、充满生机活力的办学体制,形成以政府办学为主体、全社会积极参与、公办教育和民办教育共同发展的格局。

改革办学体制在中国现时代有特定的内涵,它主要是指对学校的举办方式进行体制创新。具体而言,就是通过激发与教育相关的行为主体参与办学和投资办学的积极性,改变原有的教育管理模式,开发、重组已有和潜在的教育资源,形成新的教育体制,催生学校发展的内源性动力,逐步建立以政府办学为主体,社会各界共同参与、城市学校和农村学校共同发展的办学体制。近年来,我国城镇化进程加速,要求建立"以城带乡、城乡互动、城乡一体"的教育发展模式,这也对办学体制创新提出了挑战。针对前文提到的有关办学体制中存在的不足,可以从加强政府管理、明确政府责任,健全学校法人体制、保障多元办学主体参与,加强打工子弟学校规范化管理三个方面进行改革。

(一)加强政府管理,明确政府责任

1.发挥政府的主体作用

强化政府责任是推进城乡义务教育均衡发展的基本前提。必须要明确政府才是统筹城乡教育发展的主体,只有明确这一点,才能充分有效地发挥政府的主体作用。① 政府要站在教育优先发展的高度,将教育与地方经济发展统筹谋划,时刻将教育放在心上、抓在手上;要合理规划和调整重庆市的教育资源,通过结构调整、合理布局,努力促进区域内教育均衡,教育资源充分流动,教育设施合理布局,统筹全市的教育资源,使重庆市的教育资源得到合理分配,城乡教育资源合理布局;要切实落实各项政策,完善各项相关制度,通过顶层制度的设计,努力创造适合当地教育发展的机制和环境,从各区县的具体教育环境背景出发,制定出符合重庆市区县数量多、发展不平衡现状的制度,在充分调动资源发展、区域经济和社会发展的情况下,促进区域教育又好又快发展,形成相互促进、协调互动的发展模式;应以法律的形式明确政府和学校在推进城乡教育统筹发展中的权利义务以及责任范围。具体来说,从政府角度言之,要厘清教育、财政等涉及城乡教育统筹发展的各行政部门的权责;从学

① 参见褚宏启:《城乡教育一体化——体系重构与制度创新》,载《教育研究》2009年第11期。

校角度言之，在明确政府作为公立学校的举办者和各类学校的管理者的同时，要落实和保障学校在办学方面的自主权利。另外，要及时出台地方配套的法律法规，结合区县具体情况，解决城乡教育统筹发展的“瓶颈”问题。政府对城乡教育统筹发展的管理要由过程管理转化为目标管理，运用立法、拨款、科学指导和信息服务等多种手段、方法调控全市教育的发展。其中最为重要的一点是，政府应利用财政拨款这一政府宏观管理的有力杠杆，对不同层次和类型的学校拨款金额进行调整，增加市级政府财政投资的比重，缓解乡镇政府的财政压力，逐渐缩小城乡学校的差距，使城乡学校的发展速度缩小差异，以有利于城乡教育的统筹发展。对于迫切需要改革和发展的农村学校，政府必须从财力和物力上给予更大的支持，也就是说，要完善农村学校公共财政体制，在对农村学校办学经费进行倾斜性拨付的基础上充分保障办学经费得到足额支付。其一，农村学校必备的基础设施，必须通过政府财政直接保障供给。如农村学校寄宿制工程、周转房工程和食堂改造的大力实施，为边远地区的学生和老师提供更好的环境。① 其二，其他的教育资源，如师资、理念、经验、文化，政府需要统筹城乡学校，达到双向沟通、良性互动的效果。以此逐渐缩小差距，使城乡学校的发展速度缩小差异，以推动城乡教育的统筹发展。

2. 坚持公益性原则

要依法落实政府的职责，千方百计保证人员、经费、政策到位。② 一是要完善立法，依法明确政府在教育上的财政投入、统筹作用、管理职责等，针对政府在教育上的不作为，加大问责力度，完善监督作用。二是要坚决制止乱择校和乱收费现象，依法治理因为择校、转学等而导致的教育腐败问题。三是不能将政府的责任推向社会和市场，基础教育责任在政府，统筹城乡教育发展的责任也在政府，不能以需要引进民间资金和拓宽融资渠道为由，将规划统筹的责任向外推，政府始终应该做教育工作的带头人和监管者。同时，进行办学体制改革时要坚持教育的公益性，把促进学生的发展和教育成果的产出作为首要目标，通过办学体制的改革逐步完善学校教育环境，优化整个教育系统，使城乡教育产生良性互动，带动城乡教育一体化发展。明确政府的教育责任范围，使政府成为教育体系的规划者、教育条件的保障者、教育服务的提供者、教育

---

① 参见肖毅：《多措并举，着力推进城乡教育均衡发展》，载《新课程》2015 年第 10 期。

② 参见褚宏启：《教育制度改革与城乡教育一体化——打破城乡教育二元结构的制度瓶颈》，载《教育研究》2010 年第 11 期。

公平的维护者、教育标准的制定者和教育质量的监管者。

3. 调动一切积极因素

政府要最大限度地发挥自己的号召力、影响力，在尽职尽责办好城市教育的同时，动员区域内社会力量参与办学，在坚持教育公益性原则的基础上，引进市场竞争机制，创新办学形式，为教育发展投入新的活力，形成以政府办学为主体、全社会积极参与、城市教育和农村教育共同发展的格局。办学体制改革的核心在于如何通过整合现有办学资源发挥更大的教育效用，如何扩展并促进办学资源的增量发展。因此，在确保政府承担教育责任的前提下，也要吸纳社会资源，鼓励行业、企业、社会团体和个人参与办学，扩大优质教育资源，优先保障农村教育资源，盘活农村学校的教育资源，促进农村教育的健康快速发展。为此，可以进行如下尝试：支持有条件的城市学校探索委托管理和合作办学等多种形式的改革，增强办学活力；选择部分城市优秀学校探索集团化办学，改造薄弱农村学校，扶持农村学校发展；进行优秀校长管理多所学校的改革试验，将优秀的城区学校的管理者流动到农村学校，进行经验传授，辅导一批有先进思想和教学方法的教师，共享先进管理经验，同时主导农村学校的教学体制和管理体制的改革，既尊重农村的教学环境的现实差异，又要能对农村学校的教育现状起到切实有效的促进作用；健全以政府为主导、社会参与、办学主体多元、办学形式多样和充满生机活力的办学体制，形成以政府办学为主体、全社会积极参与、城市教育和农村教育共同发展的格局，调动全社会参与的积极性，进一步激发教育活力，满足农村受教育群体多层次和多样化的教育需求。①

（二）健全学校法人体制，保障多元办学主体的参与

民办教育在城乡教育一体化进程中发挥着巨大的作用，是教育事业发展的重要增长点和促进教育改革的重要力量，如设立在农村地区的民办学校可以有效缓解政府在财政投入上的紧张、公办学校教育资源的不足，民办学校的特色建设可以有效满足农村受教育群体多样化的教育需求。要逐步健全民办学校法人体制，保障其合理的法律地位，保证其享有应有的权利，通过政策引导加强民办力量对农村教育事业的支持和参与，以吸引与获得更多的优质教育资源，促进农村教育事业的发展。积极鼓励行业、企业等社会力量参与公办

---

① 参见胡卫、何金辉、朱利霞主编：《办学体制改革：多元化的教育诉求》，教育科学出版社2010年版，第155～158页。

学校办学,增强办学活力,提高办学效益。此外,城乡教育一体化的办学体制改革,要求公办学校在城乡之间、校校之间形成多样的互助互惠机制,主要有如下几种结构模式。

1. 捆绑式发展——“单法人+多校区”结构模式

这种模式是城乡学校的“捆绑发展”模式,采取“一个法人代表,多个法人单位,一套领导班子,一种管理模式,多个学校校区”,以城市龙头学校校长为总校长,龙头学校通过品牌输出、管理输出、师资输出和资源共享,实现城乡学校一体化办学,以提升整体办学水平。这种捆绑式发展改变了以往简单意义上的“送课下乡、拉手结对”的方式,可在短期内改变农村学校教学模式的不足,是将城区优质学校和农村学校结成一个常态的办学体,确认其法人地位,以强带弱,以人员捆绑、资源捆绑、教研捆绑和管理一体的方式,促使结对学校之间“理念共享、资源共享、方法共享、成果共享、利益共享、荣辱共担”。同时,创新评价机制,对城乡捆绑学校实行“一体化考核评估”,每年重点考核城乡学校捆绑运作机制和农村学校发展水平,从考核机制上保证农村弱势学校发展的长期性和有效性,推动城市优质教育资源的快速扩充。这种方式多采取名校在农村地区办分校及名校办新校等形式。

2. 结合式发展——“多法人+多学校”结构模式

这种模式多以行政指令为主,兼顾学校的共同意愿,以一所城市名校为龙头学校,结合若干所农村学校组成学校共同体。城市名校与农村学校体制相同,但均为独立法人,人、财、物和事分置,校际关系平等,城市名校起协调作用,通过管理方式输入、教师共同培训、加强校际交流等多种方式与途径,转变农村学校的教育理念,促进学校文化建设,带动农村学校教育质量的提高。这样可以使城市名校与农村学校之间有统一协调的管理,以保证同样的教育品质,各校之间又相互独立,追求各自的办学特色,以实现互惠互助、共同成长。这种模式主要有如下具体形式:“管理、教学输出”,即城市名校与农村学校在人、财和物等方面相互独立,城市名校将自身的品牌、管理和师资输出到农村学校,对农村弱势学校进行示范引领,促进农村弱势学校发展,其主要形式是“名校+弱校”。“集团化发展”,即由城市名校和有合作意愿的农村弱势学校组成名校集团,由名校以输出管理理念、派副校长和整体安排各校区师资等方式,实现资源重组,扩大办学规模,逐步提升合作农村学校的办学质量。例如,浙江省温州市通过实施“名校+乡校”“名校+弱校”“名校+新校”三种集团化办学的基本形式,创办集团学校,在集团内共享教育资源,原薄弱学校、农村学校与城区名校之间在硬件设施、师资力量和教育质量上的差距缩小。杭州市实施名校集团化战略,形成“名校+新校”“名校+民校”“名校+弱校”“名校+农校”,以及中外合作办学等多种办学形式,以扩大优质教育资源,推进教育均衡发展。重庆市也可以借鉴这一模式,将各城区与周围可辐射的区县结合成为一个大的集团,发挥优质学校的示范作用,形成市、区县两级共享辐射机制。相离较近的城区与区县有着比较相近的文化生活共同圈,在互相交流中做到因地制宜,进一步促进老师和学生的交流学习。城区的“名校”在输出自己的教学和师资,注入乡镇的“弱校”的同时,应该注意“弱校”的接受度,切忌灌输式,否则会使学校的教学停滞不前。需要说明的是,这是一种大规模的结合式发展,集团内学校之间的相互关系比较松散,财务独立,这样的教育集团没有法人资格,与职业教育中的“集团化办学”性质不同。

3. 委托式管理——“所有权与经营权分离”结构模式

这种模式通过探索学校所有权与经营权相分离的机制,引进新的“软性的教育资源”来改造、优化与提升学校的办学品质。对由于管理不当而导致办学效率低下和教学质量不高的农村学校,政府鼓励和支持有实力的城市学校和教育管理专家予以代管,在品牌、管理、招生、课程、师资和教育信息等方面进行资源整合、共享或开展合作。例如,农村地区的薄弱学校由城市有实力的学校代为管理,政府委托办学,鼓励社会力量参与,试行政府购买服务、非营利民办农村学校办学机制。确立此类办法的招生原则和质量标准,在成本测算的基础上,确定普惠性教育服务的收费标准,政府采用适当减免国有资产占用费等相关费用、提供适当财政支持和专项奖励等方式给予农村民办学校体制支持与经费支持。比如,云南省的部分农村学校,由政府出资建设,管理交由民办机构或个人,收费标准参照城市公办学校,形成了“管办分离、委托办学”的体制。上海市颁发的《上海“城乡基础教育一体化建设工程”实施方案(2010—2015年)》,也提出了推进实施农村义务教育学校委托管理,加快城郊结合部学校建设,建立优质教育资源共享机制等具体措施。重庆市可以参照上海市的经验制定符合本市实际情况的委托式管理学校,实现城乡学校的共同发展。在实践中,重庆市要做到创新思路,突破制度局限,进一步创新委托管理工作机制,丰富委托管理实践,拓展委托管理覆盖面,形成市、区县两级工作网络和推进机制,提高委托管理效益。

(三)做好打工子弟学校的教育监管工作

在城市化进程中出现的一些教育问题,如打工子弟学校的问题等,严重阻碍了城乡教育统筹发展的进程,这也需要通过深化办学体制改革来解决。在目前城市公立学校不能完全吸纳全部农民工子女的情况下,积极扶持打工子弟简易学校是当务之急。目前,大部分打工子弟学校是“关门办学”,仅能维持日常运作,政府应该对其办学性质进行界定,对办学水平和办学质量进行监督,加强对打工子弟学校的管理,鼓励此类学校创新办学模式。对于符合办学条件的打工子弟学校,政府要将其纳入民办教育管理的范畴,在办学场地、办学经费和师资培训等方面给予支持,在学校发展的标准及规范上作出符合实际的要求。① 政府要加强对打工子弟学校的管理,加大资金投入和政策支持,根据当地经济社会发展的客观需要,扶持和引导打工子弟学校正规发展。首先,根据国务院办公厅《关于规范农村义务教育学校布局调整的意见》农村小学和教学点的生均公用经费标准,对学生规模不足100人的村小学和教学点按100人核定公用经费,以保证其正常运转。农村的打工子弟学校也应满足这个基本经费标准,才能打破其“关门办学”、无法维持日常运作的局面。同时,政府也应该鼓励打工子弟学校创新办学模式,尝试以托管制等方式,要求公立学校对打工子弟学校予以硬件和软件的支持,确保流动儿童的受教育权利。② 其次,根据该意见,也应加强建设和管理寄宿制学校,按照国家或省级标准加强农村寄宿制学校建设,为寄宿制学校配备教室、学生宿舍、食堂、饮用水设备、厕所、澡堂等设施和聘用必要的管理、服务、保安人员,寒冷地区要配备安全的取暖设施。打工子弟学校的教学工作需要政府加大力度的进行扶植,形成完善的教学体制和系统化的教学安排。一方面,不能因为打工者的工作繁忙而耽误孩子的教育问题;另一方面,不能因子女的教育问题让家长牵挂担心。

二、健全教育投资体制

城乡教育不均衡的重要体现是教育经费投入的差异。从公共政策的视角来看,城乡教育发展现状是一种权威的教育资源和利益分配的结果,教育政策在价值取向和目标指向上长期带有的“城市倾向”,导致了现在出现的教育在区县、城乡之间的发展差距。中央财政2015年下拨城乡义务教育补助经费

---

① 参见周彬:《论基础教育办学体制改革中的政策选择》,载《国家教育行政学院学报》2008年第3期。

② 参见杨东平:《务实解决打工子弟学校问题》,载《瞭望》2007年第3期。

1305.8 亿元,比 2014 年增加约 80.9 亿元,增长 6.6%。总体来说,中央财政对教育的投入逐年增加,对于农村教育的投入力度也在逐步加大,但是人们重城市轻农村的思想很难转变,因而形成城市教育投入较多、农村教育投入不足的状态。由于地区经济发展水平的差距,也会直接影响对教育投入的多少,经济发达的城市地区由于政府财力充足,投入教育事业的经费也多,而经济欠发达的农村地区,政府财力有限,面临投入不足的困境,更是加大了城乡教育投入的差异,严重阻碍了城乡教育统筹发展。重庆市现行的教育投资体制存在弊端,其运行绩效处于效率不高的状态,城乡之间存在较大差异,城市地区存在教育资金的浪费,教育经费投入使用比例的不合理,而农村地区缺乏完善有效的教育体制环境和管理体制,使其运行效率较低,城乡之间教育投入存在较大差距,各级各类教育投入的比例也不协调,因此,必须从改革现行的教育投资体制入手,提升教育资金的使用效率。

(一)统筹城乡教育投资体制改革的目标与方向

1.统筹城乡教育投资体制改革的目标

教育投资体制的改革需要遵循重庆市整体教育事业的发展目标,以统筹城乡教育发展为核心,同时改革的目标设计应当考虑到各个区县经济社会发展的具体实际。从根本上讲,重庆市统筹城乡教育投资体制改革的核心目标,就是要坚持以科学发展观为指导,以政府为主导、市场有效配合,通过优惠政策引导,加快建成分工合理、功能完善、竞争适度、相互合作、服务高效、可持续发展的多层次城乡教育投资体系,通过城乡教育投资体制的良性运作,有效满足各地区城乡经济社会一体化发展的教育经费需求,提高教育资源的使用效率,为统筹城乡教育发展营造良好的体制环境,并由此带动全市各区县城乡教育的协调发展,加快形成教育服务经济社会与发展自身相互促进的良性循环机制。具体来说,这一目标应当包含以下内容:首先,重庆市统筹城乡教育发展的投资体制改革必须建立科学合理的政策环境,有效地满足城乡各类主体的教育需求,促进城乡教育结构调整和教育资源的优化配置。其次,重庆市统筹城乡教育发展投资体制的改革必须正确处理政府与市场的关系,既要做到政府主导,又要充分引入社会资金,通过建立良性的投资运行模式,保障教育投资体系,尤其是农村教育投资的长期性和投资体系的可持续性。最后,重庆市统筹城乡教育发展投资体制改革,必须切实考量各区县发展的实际状况,立足于不断优化教育投资环境,实现城乡教育与经济发展的良性循环。总之,从根本上说,统筹城乡教育投资体制的最终目标在于,要在提高城乡教育发展水平的同时,不断缩小城乡教育差距。

2. 统筹城乡教育投资体制改革的方向

在目标确定的基础上,重庆市统筹城乡教育发展投资体制改革必须进一步明确改革的方向。具体而言,重庆市统筹城乡教育发展投资体制改革的基本方向是以投资利益调整为主要手段,以创新投资模式与机制为突破口,促进投资主体、投资方式的多元化发展,在增加财政资金支持的基础上,充分动员民间资金进入农村教育领域,以有效发挥市场的资源配置功能,以增加农村教育对社会资金的吸纳能力,促进重庆市各区县地区人力资本的形成和积累,从而在经济发达的城市地区逐步建立起分散的政府主导与市场有效配合型统筹城乡教育发展模式,在经济相对落后的农村地区逐步建立起集权与分散相结合的政府主导型统筹城乡教育发展模式。

(二)统筹城乡教育投资体制改革的原则与思路

1. 统筹城乡教育投资体制改革的原则

第一,充足原则。统筹城乡教育投资体制改革首先应满足农村教育经费充足的原则,它是农村教育事业发展的基础。但要达到什么程度才算充足,这引起世界各国的关注。联合国教科文组织、世界银行和 OECD 国家采用教育成就指标来描述教育经费的充足程度,认为更充足的教育经费必然会带来更好地教育成就,包括较高的入学率、毛入学率以及较低的性别差异等。[①] 美国财政学家 C. S. 本森认为,教育经费的增长能满足义务教育支出成本的变化即为充足。[②] 总体来说,它应该是一个相对的概念,是从最基本的教育服务和最低的成本来讲的,因此,教育充足就是要使教育供给满足教育经费的需求。对于农村义务教育而言,由于它具有很强的公共产品属性,应由政府给农村提供教育经费,此时教育充足就是教育的财政经费充足。而对于农村非义务教育,具有准公共产品性质,在政府向农村地区提供基础教育经费的基础上,鼓励社会各界投资农村教育,此时教育充足即所有投入到农村非义务教育中的经费充足。

第二,公平原则。统筹城乡教育发展中教育投资体制的改革必须满足公

① 参见王磊著:《公共教育支出分析——基本框架与我国实证研究》,北京师范大学出版社 2004 年版,第 101 页。

② 参见[美]Martin Camoy 编著:《教育经济学国际百科全书》,闵维方等译,高等教育出版社 2000 年版,第 526 页。

平原则,即无论是城市还是农村儿童应享有公平的受教育机会、平等的受教育条件、平等的经费拨付标准。首先,目前生均教育经费在城乡间存在较大差距,农村学校的学习环境、学习条件、设备仪器等根本不能和城市学校相提并论,特别是农村边远和贫困地区。因此,为了保障公民平等的受教育权,政府应该加大对农村地区的教育投入,向边远和贫困地区倾斜,合理配置教育资源,为广大农村地区儿童提供充足的教育经费。其次,公平原则还应体现在地区间,由于重庆市各地区县间发展不同,造成了区县间财力不同,因而对教育的投入也不相同,必然是贫困地区的生均教育经费少于发达地区。因此,市政府应发挥协调作用,引导优质资源流向农村地区和贫困地区,促进各区县教育公平发展。

第三,效率原则。我国现阶段的农村教育投资体制存在效率的缺失,因此,城乡教育投资体制的改革必须满足效率原则。我国受教育人口较多,教育资源较稀缺,形成教育投入不足问题,特别是农村地区,有限的教育资源并没有得到充分的利用,而坚持效率原则可以使有限的教育资金得到更好的利用,从而缓解教育资金不足的问题。遵循效率原则就是将教育视为一种经济活动或生产活动,在既定的教育投入和资源配置下实现教育产出的最大化。教育组织内部成员的行为和教育组织的管理水平共同决定了教育投入资金的使用效率,因此,提高教育投入资金的使用效率就是要靠教育组织内部各种因素的有效调节和配合。

在统筹城乡教育发展中教育投入体制的改革应综合考虑这三个原则,农村教育经费的投入应同时满足投入充足、分配公平以及使用效率高效的原则,这样才能达到最优。

2. 统筹城乡教育投资体制改革的思路

第一,教育投资责任的分担。从前文的分析可知,教育具有公共产品的属性,并且随着教育层次的提高,教育的公共产品属性越弱。城乡义务教育具有消费的非竞争性和非排他性,因此具有很强的公共产品属性和外部性特征,能为重庆市和各区县带来双重收益。因而农村义务教育应由政府提供,并且政府应重视农村义务教育,为其提供更多的公共财政支持。① 高中教育在消费上具有一定的竞争性和排他性,因而具有准公共产品的性质,它不仅给当地带

① 参见周运波:《现行义务教育投入体制的弊端及改革思考》,载《教育与经济》2003 年第 4 期。

来知识技术和科学文化,而且其教育成果进入大学能为城市和经济发达地区带来经济收益,因此,农村高中教育也应主要由政府承担办学经费,对于城市经济发达地区可以在政府监控下引入社会资本建立私立高中。层次更高的农村职业教育、成人教育和高等教育,具有准公共产品的性质,同时又使受教育者获得更大的私人收益,因此,接受这类教育的人员应承担一部分的教育成本。同时,其培养的人才往往输送到企业,为企业带来直接经济利益,因此企业也应承担一部分教育成本;而这些教育本身具有较强的正外部性,个人收益小于社会收益,因此政府也必须承担一部分教育责任。因而这类教育应采用多元化的投资渠道,由政府提供保障性投入,且在此基础上,可以鼓励企业、社会组织团体、个人投资,形成多元化的教育投入格局。

第二,完善转移支付体制,保障经费投入。统筹城乡教育投资体制创新的最终目标,是满足农村各级各类学校的经费使用。作为实现城乡教育一体化发展的关键财政政策,财政转移支付制度的制定能够对相关政府部门以及工作人员的职责进行严格的规定,对城乡教育差距进行有效的调节,使教育支出财政转移支付制度更加系统、规范。重庆市现行的义务教育投资体制主要是以县为主,在经费的具体使用上由县按照有关规定来统一实行。因此,市级各项教育经费必须通过一定的流转渠道到达县级有关部门,再由县级财务部门根据学校预算使用。同时,要根据城乡的发展现状及需求,对财政转移支付制度进行完善,使城乡政府部门拥有更大的财政权利,如果此间流通渠道不畅,出现资金滞留或是挪用的情况,则会使所有的体制措施流于形式。为此,必须建立政府间专项转移支付体制,保证资金流通渠道畅通,有效平衡农村教育投资预算缺口,保障农村教育经费需求。财政转移支付制度需要经历一个长期阶段,在日常工作中要将其摆在重要位置,使教育公共服务均等化渗透到教育的各个领域。

第三,加强监管,提高农村教育投资使用效率。重庆市农村教育经费一方面面临教育资源投入严重不足的状况,另一方面却在经费的使用上存在严重的浪费现象,使有限的资金不能得到很好的利用。如农村教育资金投入缺少统一规划,投资重复,浪费严重;农村教师超编与缺编并存,造成人力资源的大量浪费;大量农村教育资产闲置或被侵占;农村教育资源在流失等。[①] 这些均

① 参见沈常钟:《堵住教育资源浪费的“黑洞”——关于提高教育资源利用效益的思考》,载《教育财会思考》1998年第5期。

使重庆市本已短缺的农村教育经费雪上加霜,发展举步维艰,因此,必须加强财务管理工作,优化城乡政府对教育的投入结构,提高农村教育资金的使用效率,确保教育经费真正用在学校和学生身上。在提高教育经费的使用效率上,很多国家都建立起了一套比较完备的政府、学校、社区之间的纵向、横向经费绩效责任制度和监督机制,便于社会对各个支出主体的监督和绩效考核。在这一点上,重庆市在完善监管体制,解决教育经费投入不均和资金挪用等问题时,可以学习相关国家和地区的先进经验,并结合重庆实际情况,促进和保障农村教育投资经费的有效利用。具体可以参考以下措施:在制度设计方面,制定符合农村教育发展现状的财务资金使用规范,具体规范农村学校资金的使用和流向,统一规划区域内农村学校教育资金的使用;在教育财务资金的使用方面,加大硬件设施的建成与投入,在基础设施建设的层面助力农村教育的发展;在师资的补充与流动制度完善的基础之上,对流动的教师建立福利、奖励、监管与考核制度,确保流动教师教学的质量和积极性,以激励更多的教师参与到城乡教师流动的队伍中来。

(三)统筹城乡教育投资体制创新的路径选择

1. 投资主体创新

从前文分析可知,教育具有较强的准公共产品性质,政府作为公共产品的提供者,理应成为支持农村教育发展的主力军,但因受其财力的限制,并不能很好地满足农村教育事业的发展需要。农村教育事业的发展离不开教育投资规模的扩大,而单一的投资主体导致了生均投入量的不足,很难满足农村教育需求,因此,发展农村教育事业,务必解决教育投资主体单一化这一问题。具体而言,可从以下几点着手。

第一,政府与社会共同办学,逐步形成合理的统筹城乡教育投资体制。针对农村教育投入不足,应创新农村教育投入主体,单一的投入主体必然难以满足庞大的农村教育投入需求,因此,在政府投入的基础上,可以考虑引进民间投资,形成合理的农村教育投资体制。引进民间投资时,必须通过法律法规的形式,明确对民间投资的主体界定、投资形式及管理体制的规定,厘清政府与民间教育投入之间的关系,针对不同教育层次和不同类型的农村教育采取不同的教育投资模式。对于公共产品属性最强的农村义务教育,应该采取以政府公共财政投入为主的教育投入模式,中小学义务教育的投入责任必须由各级政府共同承担;对于农村高中教育可以采取政府投入为主,个人和社会投入为辅的教育投入模式;对于社会收益程度较高的农村高等教育,可以采取"公办民助”或者“民办公助”的教育投入模式，使民间资本发挥其应有的作用，与政府一起成为教育投入的主体；对于个人社会收益高、应用性强的农村职业教育，应该在政府的监控下，采取以民间投资为主、个人投入为辅、政府适当补助的教育投入模式。

第二，划分各级政府投入责任，形成合理的政府投入分担机制。由于我国《教育法》及《重庆市义务教育条例》等相关法律、法规并未规定各级政府在教育投入中应分担的投资比例，因而造成了长期以来重庆市教育特别是义务教育的财政投入主要由地方政府负担，而市级财政负担较少的格局，农村地区的教育投入责任更是落在县级政府的肩上。这就造成各区县以及城乡教育投入不均衡的局面，[①]而各区县及城乡教育投入的不均衡也必然会导致教育发展水平的差异。因此，在教育投资体制改革中，应合理划分各级政府的投资责任，使市级政府在教育投入中承担起更多的责任，逐步减轻乡镇政府的教育投资压力，形成各级政府对教育投入的合理分担机制。应从基础教育入手，对市级政府的投入比例作一般性的规定，根据各区县政府的财力情况作适当的调整，即根据各区县发展水平，结构性地进行市级政府财政投入，缓解基层政府的教育投入压力，调整各级政府的投入比例，明确各级政府的投入责任，从而形成有效、合理、不断增加的农村教育投资体制。

第三，多渠道筹集农村教育经费，形成合理的教育投资市场模式。运用财政政策引导农村高等教育、职业技术教育等向市场化、产业化方向发展，通过市场道路等筹集农村教育经费，形成合理的教育投资市场模式。积极引进社会资金，可以考虑通过发放教育彩票、教育券等形式来鼓励社会资本投资农村教育事业；积极倡导捐资助学，加大教育宣传，鼓励、引导国内及海外华人等为家乡的农村教育做贡献。在政府的带动下，推动高校科研成果向产业转化，将高校的科技型校办企业向市场发展，以此获得的收入来发展农村教育，形成双向发展的模式；可以考虑将农村学校的后勤引入市场，以市场力带动学校后勤发展，以此促进农村学校教育发展。将学校的校园环境建设的投入与管理的权利下放到市场中，既能寻求到充足的资金投入，又能提高学校的建设质量和管理水平。当然，学校教学的管理与监督必须集中在学校负责人的手中，这样才能保证教学质量，以防舍本逐末。

---

① 参见魏宏聚著：《偏失与匡正——义务教育经费投入政策失真现象研究》，中国社会科学出版社2008年版，第235页。

2. 投资结构创新

第一,加大各级政府对农村教育的投入力度,优化教育投资结构。农村教育特别是中小学教育的投资主体始终是政府,因此,为了适应和保证我市教育事业发展的需要,必须加大各级政府对教育的投资力度,在明确各级政府投入责任的基础上,保证公共财政对教育的投入总量按照一定的增长幅度每年递增。政府在教育投入方向上,应根据重庆市城乡教育协调发展及区域协调发展的要求,将市级政府的财政教育资金重点用在缩小城乡教育及区县间教育投入差异。对地方政府财政雄厚的区县考虑少投入或不投入,而对于贫困地区,特别是贫困山区的农村中小学应重点投入,以此保证重庆市城乡教育事业的协调发展。根据2012年重庆教育统计年鉴的数据,2011年重庆农村义务教育学校公用经费共投入17.9亿元,农村义务教育保障经费投入31.2亿元。其中,中央负担了22.1亿元,市级政府负担了6.7亿元,区县政府负担了2.4亿元。在农村学校义务教育阶段,中央财政承担了大部分教育经费的投入,缓解了区县政府的财政压力。

第二,调整农村教育财政投向,形成合理的教育投资体制。对于农村非义务教育,在教育市场化改革未完成之前,政府仍然要继续对其给予财政支持,确保非义务教育的发展,但随着社会资本的逐渐引入,应逐步减少政府财政投入;对于农村义务教育,应逐步扩大政府财政投入占总教育投入的比重,以及基础教育投入中政府投入部分占政府教育总投入的比重;对于农村教育事业发展过程中留下的历史欠账,如教师工资的拖欠等,政府财政必须解决;对农村薄弱学校的改造以及结合中小学布局进行结构性调整等方面所需的资金,也应由政府负担主要责任,保障教育投入。

3. 投资制度创新

第一,实施税收优惠政策,鼓励民间资本投资农村教育。在政府财政投入是农村教育经费主要来源的前提下,能否引进社会投资,关键要看政府是否有相应的政策导向,因此,创新教育投入体制,必须要有相应的制度创新为依托。我国虽然早就颁布了《中华人民共和国公益事业捐赠法》(以下简称《捐赠法》),但对于具体的税收优惠并没有明确规定,税收鼓励政策没有发挥实质功效。目前,我国的税收政策对增加企业、个人以及社会对农村教育投资的鼓励效果不明显,为发展农村教育而规定的相关的税收优惠措施,相对单一,缺乏前瞻性和系统性,带动的对象较少,对鼓励社会资本投资农村教育的作用不明显,制约了税收优惠政策对农村教育发展的激励作用。因此,可以考虑修正我国《捐赠法》,制定鼓励社会资本向农村教育捐赠的法律法规。法律上可以规定,如果企业或个人向农村教育进行捐赠,可以减免部分所得税;若将遗产捐给农村教育事业,可以减免部分遗产税;对于外资无偿捐赠的可以直接用于各类学校办公或一般的学习用品,可以免征进口关税等。

第二,加强对农村教育转移支付制度的建设,实施教育扶持政策。为了实现教育公平,促进城乡教育统筹发展,可以实行教育补偿制度,对农村地区进行教育扶持,如增加教育经费等。我国从2006年起开始实施教育经费保障新机制,到2011年重庆农村义务教育保障经费已达到31.2亿元,其中,中央承担了70.5%,市级政府承担了21.7%,区县政府承担了7.8%。尽管区县政府负担的部分较少,但县级政府的财力有限,并不能保证有足够的资金来发展教育,因此,应以完善财政转移支付制度改革为突破口,建立面向流动人口的教育经费保障制度。① 一方面,优化政府间基础教育财政支出责任的配置方式,缓解乡村教育公共支出不足的状况,解决过去教育改革和发展过程中的农村教育欠账问题。② 另一方面,加强对教育转移支付制度的建设,市级政府根据实际情况加大对贫困地区和家庭困难的学生的转移支付力度,并积极向中央争取专项教育经费用于解决贫困地区儿童上学难的问题。随着城镇化进程的不断演进,产生了大量的留守儿童和随迁农民工子女,他们的教育令人担忧。因此,应对这些处境不利的儿童进行专项教育资助,加大对他们的教育扶持力度,确保各类人群都享有公平的受教育权。

三、理顺教育管理体制

城乡教育一体化可视为针对城乡教育的非一体化而言,即针对城乡教育存有的二元结构和二元体制安排而言。实现城乡教育一体化,需要不断破解城乡二元教育结构与二元教育体制,这是实现城乡教育一体化的必由之路。对此,我国已有诸多学者予以论及,实践中的教育体制改革尤其是教育管理体制改革也一直在持续进行。然而着眼于推进城乡教育一体化,体制改革仍需加强与努力。《国家中长期教育改革和发展规划纲要(2010—2020年)》对继续推进教育体制改革提出了许多新的任务,这些新的任务,在很大程度上是为

---

① 参见李立国:《我国城镇进程中的教育战略重点》,载《现代教育管理》2013年第5期。

② 参见高树仁、李潮海:《城乡一体化:教育发展新范式的内生与他构》,载《中国教育学刊》2015年第9期。

了化解城乡二元教育体制,促进城乡教育统筹和一体化发展。现实的要求是,在深入贯彻落实《国家中长期教育改革和发展规划纲要(2010—2020年)》的过程中,切实加强教育管理体制改革,健全统筹有力、权责明确的教育管理体制。

(一)完善“以县为主”的农村教育管理体制

完善“以县为主”的农村义务教育管理新体制,实现教育由人民办转为政府办,是推动农村教育持续发展的治本之策,是城乡教育统筹发展的体制保证。① 重庆各区县政府应认真贯彻落实新修订的《义务教育法》,全面建立起以“国务院领导,直辖市人民政府统筹规划实施,县级人民政府为主”的义务教育管理体制,在学校基本建设、经费投入、干部人事、教育教学都由区县政府统筹管理的同时,明确乡镇政府的办学责任。

1. 完善“以县为主”的农村教育管理体制的主要内容

第一,根据重庆市广大农村教育的现状和各地改革的经验,重庆市农村教育行政管理体制应以实行“以县为主、以乡为辅”的模式为宜,②即主要由县教委对农村教育进行管理,考虑到乡政府更贴近农村,更了解农村教育现状,乡政府应该协助县教委对农村教育进行管理。为什么不主张行政村管理学校呢?理由主要有四条:一是行政村不是国家一级政权,主体地位不恰当;二是行政村的干部文化素质较低,一般来说,其与当前村管理学校教育还很不适应;三是村管学校会降低教师规格,影响教师的积极性,带来不应有的不利后果;四是村小规模小、人数少,村管学校,自成系统,不利于教育、教学和师资水平的提高。尽管实行“以县为主,以乡为辅”的教育管理体制,但是应当明确一点,村民委员会对本村的教育负有不可推卸的责任,如改善本村学校办学条件和教师生活条件,保证普及义务教育任务的完成,协助学校维护正常的秩序,保护学校财产,向学校反映群众的意见等。虽然村民委员会只是承担辅助责任,但其重要作用不容忽视。

第二,明确区、县教育委员会的职责。区、县农村的幼教、普教、职教、成人教育全部归区、县教委管理,区、县教委接受区、县政府和市级教委的领导,并对其负责。③ 区、县教委要充分发挥其综合性的宏观管理与间接控制相结合

① 参见陆铭等著:《中国的大国经济发展道路》,中国大百科全书出版社2008年版,第144页。

② 参见郭彩琴、顾志平:《城乡教育一体化的困境与应对措施》,载《人民教育》2010年第20期。

③ 参见肖正德:《农村教学边缘化问题、成因及其对策》,载《农村教育》2007年第9期。

的行政职能作用。区、县教委在统筹城乡教育发展中的主要职责为：认真贯彻执行中央、市关于教育工作的方针政策，编制和落实以有步骤地实行九年制义务教育为重点的农村教育事业发展规划，统筹协调农村各乡镇、各部门、各企业单位的办学工作和各级各类教育的发展规模和速度，部署和指导农村教育体制改革，有计划地调整中等教育结构，加强全区、全县各地教育行政管理和学校教育教学工作的检查、指导、监督，制定学校工作和教育质量的评价机制，制订和推行各类中小学的规范化办学标准和改善办学条件的规划，检查和监督各项教育经费的收、管、用情况，制订并组织实施师资队伍建设规划，掌握教师录用、考核、评价标准，任免学校领导班子，组织全区、全县各级各类学校搞好勤工俭学、招生和考试工作，组织开展教育科学研究和实验、教育统计。

第三，成立乡、镇教育委员会，辅助区、县教育委员会履行职责。乡、镇教育委员会不能是一个虚设教育行政机构，必须办成一个实体，它与区、县教委存在直接隶属关系，接受区、县教委的领导，并对其负责。这是“以县为主”农村教育管理体制的必备辅助机构，乡、镇教委必须主要由熟悉教育及教育行政管理并具有一定文化理论素质的人员组成。乡、镇教委主任由副乡长担任，初级中学校长、中心小学校长兼任副主任。乡教委应当具有管理本乡各类学校的管理权力，包括人事、经费、教学行政管理权力，使乡教委既有义务、责任，又有权力，职责权统一。乡教委的主要职责为：贯彻执行上级教育行政部门的方针政策；统筹乡幼教、普教、职教和成人教育，形成社区教育网络；制订本乡各类教育事业发展规划，组织实施九年义务教育；大力改善办学条件，按照上级制定的规范化办学标准办好所辖各类中、小学和成人学校，不断更新、充实教学设备，维护学校正常秩序；督促检查教育教学工作，抓好教学改革；统管本乡教师，组织教师的考核、录用和业务提高工作；任免本乡学校领导班子；筹集教育资金，统管教育经费；改善教师的生活待遇；组织学校开展勤工俭学活动；保证校园、校舍、校产、校田不被侵占和破坏。明确乡、镇教育委员会的职权责任，有利于调动乡、镇政府的办学积极性，推动农村教育的发展。

第四，加强农村中心小学学校的建设，充分发挥其管理作用。我国农村有办乡、镇中心小学的传统，实践表明，乡、镇中心小学既是办学的实体，又是适合我国农村情况的管理村小学的组织管理中心、教研教改中心和教学服务中心。乡中心小学由乡、镇教委管辖，区、县教委负责，同时，乡、镇教委又通过乡、镇中心小学对各村小学进行组织管理和业务管理。它是农村教育行政管理体制中一个不可缺少的重要管理组织。在体制改革中，不仅不能削弱它的管理职能,而且还必须加强。

2.“以县为主”的农村教育管理体制改革中应采取的措施

第一,加快政府决策向立法程序推进的步伐。“分级办学,分级管理,以乡镇为主”的农村教育管理体制是计划经济体制下的产物,它使《教育法》规定的多渠道筹措农村教育经费变为单一的以县、乡投入为主的教育经费投入渠道。为改变这种对农村教育发展不利的局面,2001 年国务院办公厅印发了《关于完善农村义务教育管理体制的通知》,明确提出农村教育实行“以县为主”的管理体制。这是国家在新形势下针对农村教育出现的新情况、新问题而作出的重大决策。但如果从法理的角度来讲,法律是高于政府文件的,已有的法律法规在立法机构尚未宣布停止执行或废止之前,仍然有效力,政府文件如果和法律发生抵触或矛盾,要以法律为准。鉴于此,重庆市必须结合国务院《关于完善农村义务教育管理体制的通知》,在不违反《教育法》和《义务教育法》的相关规定的情况下,修改《重庆市义务教育条例》《重庆市职业教育条例》,将有关政策提升到地方性法规的高度,为完善“以县为主”的农村教育管理体制创造良好的法律环境。另外,只有用法律形式科学规范各级财政对农村教育的责任和义务,才能从源头上保障农村教育发展的物质基础,防止农村教育经费被挪用、克扣现象的发生。此外,针对重庆市统筹城乡教育发展的目标,可以制定“重庆市农村教育投入保障条例”,从法律角度明确重庆市各级政府对农村教育的投入责任、投入比例和奖惩标准,使农村教育的投入与管理有法可依、有章可循。早在 2004 年 10 月 26 日,时任全国人大常委会副委员长路甬祥就《教育法》执法检查情况向第十届全国人大常委会第十二次会议作报告时指出,“造成农村教育经费投入不足的主要原因是投入机制不规范”,并再次呼吁通过立法明确政府责任,建议把发展教育特别是农村教育作为人民代表大会对各级政府和各级党政干部工作考核的重要内容,并依此规范和促进农村教育的发展。① 总之,“以县为主”的农村教育管理体制,前提是政府办教育,是各级政府分担,而不是靠群众、靠社会力量。县级政府要对农村教育负责,要保证农村教育的正常运转和发展,要保障农村与城市人民群众接受教育的平等权利,尽可能地实现教育公平。但是责任主体不等于投入主体,所以我们必须认清以“中央、省、地(市)保证对农村教育投入”为前提的分

① 参见施云华、诸子平:《我国“教育机会均等”建设刍议》,载《江苏教育学院学报》(社会科学版)1993 年第 1 期。

担概念,把握以"农村教育政府办,落实责任,并保证农村教育需要,体现教育公平性"的分担原则,并以法律形式明确这种各级政府的分担原则,以求早日实现我市农村教育的跨越式发展。①

第二,确保农村教育经费投入。要想确保农村教育经费投入,必须做到以下几点:一是依法规范和保证财政性教育经费的增长,政府财政预算要按"三个增长"的要求安排和划拨教育经费,做到年财政性教育经费占 GDP 的比重超过4%,并首先保证农村教育需要。一定要改变越是发展滞后,指标定得越低,农村总是比城市低的做法。要立足于农村教育跨越式发展需要来考虑问题,标准要水涨船高,不断增加。凡执行低于规定指标而没有补足的,要追究县主管领导的责任。二是落实《教育法》规定的"各级政府的教育经费支出,按照事权和财权统一的原则,在财政预算中单独列项",切实做到教育经费单列,实现教育事权与财权的统一,并明确各级政府向同级人大或其常委会专题报告年度农村教育经费预算及预算执行情况的体制,以加强人大对农村教育经费的监督职权。三是加强执法力度,采取有力措施,足额征收用于教育的税收,并按规定划拨给农村教育部门。② 四是要规范转移支付。目前我国实行的转移支付是参考农村教育附加费的基数,并不是以农村教育的发展需要为前提来定的,而且当前转移支付的程序比较混乱。所以,我们必须在重新核定转移支付数额的基础上,明确转移支付的数量和用途,严格程序,规定兑现时间,制定保障措施,一级抓一级,尽快建立规范的农村教育财政逐级转移支付机制。五是建立和完善监督机制。在农村教育经费上,要建立既有权力又有权威的监督机构来保证农村教育的正常运转和快速发展。在监督机构建立之前,可以考虑由组织部干部监督处、纪委督察处、宣传部文教处、人大教科文委员会、政府督察办和省教育督导团共同组成临时办公室,每年不定期地督察两三次,坚决做到一有反映,随时督察。③

第三,进一步明确乡镇和村的办学义务与责任,充分发挥乡镇和村的办学优势。"以县为主"农村教育管理体制实施后,在某些地区,乡镇政府普遍没有了压力,也没有了责任感。乡镇政府是国家的一级政权机构,农村教育由政

---

① 参见柳思维等:《国外统筹城乡发展理论研究述》,载《财经理论与实践》2007 年第 6 期。

② 参见刘颖、李曼:《城乡统筹背景下重庆高等教育发展体制机制研究》,载《2010 高等教育国际论坛论文集》第二部分"教育理念创新与建设高等教育强国",第 287 ~289 页。

③ 参见钟宇平、陆根书:《西方学者论高等教育成本回收对公平的影响》,载《西安交通大学学报》(社会科学版)2010 年第 1 期。

府办学,乡镇政府是有责任的。而且乡镇和村的办学优势在于就近和熟悉情况,能更好地做好家长工作,组织学龄儿童及时入学、控制辍学率和维护学校正常教学秩序。所以乡镇政府要保证农村教育的实施,按照法定程序改善办学条件,提高教师待遇,及时排除危房,维护学校正常秩序,做好学校新建、扩建、改建、迁建所需用地等工作。村民委员会作为村民自治组织,有权根据群众意愿办好包括教育在内的各种公益事业,并通过"一事一议"解决农村小康社会建设中教育发展的问题,将农民群众对教育的要求和对教育的支持付诸实践。

第四,依据实际情况,重新核定农村教师编制。我国现行的中小学教师编制标准是按师生比计算的,这一计算方法对办学点分散的农村教育有诸多不利之处。调查发现,农村学校办学点分散、班额小、年级齐全、课程门类齐全等因素造成教师编制比较紧张,有的课无人教,或一个教师教几门课。另外,在农村,我们除了要求教育要保证其质量外,还提倡农村教育为"三农"服务,提倡"三教结合""农科教统筹"等。[①] 如此繁重的任务,不仅需要农村教师参与,还需要农村教师唱主角。所以农村教师编制总量应当根据教育事业发展规划、生源变化和学校布局调整等情况定期调整,实行动态管理,在数量上可以考虑适当多于城市。

第五,贯彻"以县为主"的农村教育管理体制的同时,也要注重统筹规划。统一协调规划,确保社会事业发展目标的落实,建立一个城乡教育一体化的管理体制应从城乡教育事业一体化的角度出发,充分发挥各级政府、各个部门、各个地区相互合作、相互协调的功能,建立"四个统筹"(统筹规划、统筹预算、统筹资产、统筹人事)的城乡教育一体化的大教育体制。统筹规划城乡教育发展的规模、结构、布局,建立一个能够打破按照城乡、行政级别、所有制、就业状态规划的体制。统筹城乡教育投资的规模、结构、布局,建立一个高层政府能够有效平衡基层政府投资预算缺口、保障农村教育投资需求公共财政投入体制。统筹城乡教育资产存量的配置结构与布局,建立一个能使教育资产集约配置的、多部门共享的、有效整合与调配的、促进城乡之间资产转移的资产管理体制。统筹城乡教育人事资源的配置结构与布局,建立一个使城乡之间、学校之间人员充分流动的、城市有效支援农村的教师管理体制。[②]

---

① 参见黄龙威、邹立君:《城乡教育统筹发展:目标、责任与监测》,载《教育研究》2009 年第 2 期。

② 参见张玉林:《中国城乡教育差距》,载《战略与管理》2002 年第 6 期。

(二)加强相关配套措施的完善

要想真正建立一个与城乡教育一体化的战略目标相适应的,权责明确、统筹协调和规范有序的教育管理体制,还需要不同层级和不同区域的各级政府、学校乃至整个社会的共同努力。

1. 明确各级政府在统筹城乡教育中的权责划分

重庆市城乡教育一体化在空间意义上具有不同层面,最高是市级层面,下一层次是区域或县域层面,再往下则是乡镇与自然村层面。如前所述,政府权责划分不明已成为城乡教育一体化进程的阻力,因此,需要科学地界定各级政府的权责分工,充分调动各级政府在促进城乡教育均衡发展,推进城乡教育一体化过程中的积极性和主动性。具体来讲,应在完善"以县为主"体制的基础上,重庆市可以形成"市级统筹,市县联动,以县为主,各司其职"的城乡教育一体化责任机制,明确划分各级政府的权责,提高政府间的协调治理能力,调动县级政府和乡镇政府的积极性,资源共享、观念互通,解决"以县为主"体制统筹重心偏低的问题,强化县级政府和乡镇政府对城乡教育一体化发展的管理权力和责任。

2. 加强各级政府对城乡教育统筹规划的领导与管理

城乡教育统筹规划是区域经济社会发展整体规划的有机组成部分,需要由教育行政部门与其他政府部门共同配合制定。因此,各级政府尤其是市级政府要加强对区域内城乡各级各类教育统筹规划工作的领导与管理,切实履行统筹规划、政策引导、监督管理和提供公共服务的职责,建立健全区域内城乡教育服务体系,逐步实现基本公共教育服务均等化,维护教育公平和教育秩序。同时,市级政府要统筹推进城乡教育综合改革,促进区域内城乡教育合作,提高教育服务于城乡一体化经济社会发展的水平,支持和督促市、区县级政府履行职责,发展和管理好当地各类教育。需要强调的是,要对区域内城乡教育统筹发展作出科学、合理的规划,就必须对当地和周边地区经济社会发展状况、人口变化趋势、教育发展现状进行深入细致的调查和分析,以全面系统的高质量数据为基础,建立健全城乡一体化的教育数据库和教育管理信息系统。

3. 不断完善"两为主"政策

2003 年国家六部委出台的《关于进一步做好进城务工就业农民子女义务教育工作的意见》中,提出了"两为主"政策(以流入地政府为主负担流动人口子女入学,以全日制公办中小学为主进行接收),努力解决农民工子女的教育问题,尤其是农民工子女接受义务教育的问题。然而实际上,“两为主”政策对于流出和流入双方政府职责的划分并不明晰;流入地政府由于资金有限,在一定程度上存在对流动人口子女教育投入不足的现象;二元户籍体制对于学籍管理体制的束缚尽管有所松动,但并没有彻底解除,因为进城务工农民子女在城市接受完义务教育后必须回原籍参加高考。总之,“两为主”的规定并没有较好解决城市内部教育二元分割问题。因此,重庆市政府应继续完善“两为主”政策,确保流入地政府将流动人口子女的义务教育问题、入托入园问题、高中教育阶段(尤其是中职学校)入学问题,以及农民工的职业培训和社会融入教育问题等纳入城乡教育的规划布局,统筹管理。同时,各级政府应大力确保农民工子弟享有均等的入学机会,加强对打工子弟学校的管理和支持力度,并将其纳入政府办学规划,严格审批、规范管理。

4. 建立健全统筹城乡教育问责体制

有研究表明,城乡教育一体化过程中明显存在财力资源投入和整合机制障碍,其直接结果是“资源浪费与资源投入不足”问题并存:一方面,有些学校硬件设备闲置,造成资源浪费;另一方面,教育经费投入不足,有些学校教育条件改善程度受到限制,尤其是相当一部分农村学校以及城市薄弱学校(如农民工子弟学校)教育条件仍然比较简陋。① 因此,建立科学的教育问责体制、转变官员政绩观念,对促进城乡教育一体化发展具有积极意义。目前,需要在建立健全城乡教育投入体制、教育人事体制、教育质量保障体制等相关教育体制的基础上,建立综合性的城乡教育一体化评价指标体系,健全行政问责体制,重点强化对区域党政主要领导的考核与问责,将推进城乡教育一体化纳入政府绩效考核和官员施政约束的评价体系。

四、完善教育融资体制

(一)国内外教育融资多元化的经验借鉴

1. 美国的教育投融资模式

相比之下,美国教育投融资体制形成了现行的以政府为主体、多渠道投资的体制,主要由政府投资、个人投资、捐赠基金收入及私人捐赠、学校自筹收入等几个方面构成。其主要特点有:一是政府投资居于主导地位,美国政府不但

---

① 参见刘秀峰、张丕芳:《论统筹城乡教育综合改革的要义》,载《教育与教学研究》2010年第9期。

对公立学校进行投入，而且对私立学校也进行投入；二是个人投资呈递增趋势，美国高等学校个人投资比例占整个投资比重的20%左右，且从年度序列来看，个人投资比例呈递增势态；三是社会捐赠是重要来源，美国教育发展极为重要的经费来源便是私人或团体的教育捐赠，美国人有从事私人慈善事业的传统，而税收政策对慈善事业的鼓励也从侧面推动了捐赠行为。

2. 日本的教育投融资模式

日本国土狭小，天然资源贫乏，第二次世界大战后，日本之所以能在短短的时间内在战争的废墟上建立一个发达的经济强国，其中最重要的原因之一就是日本非常重视教育，注重开发人力资源。第二次世界大战后，日本实现"教育机会均等"的重要一翼就是重视小学和初中9年义务教育，将普及义务教育列为重要国策，借以提高国民的文化素质。[①] 为此，他们实行义务教育费国库负担体制，对义务教育采取无偿制、免费提供教材等，并采取积极鼓励私人办学和国家予以补助的政策。9年义务制学校是国立和公立占主导，私立学校的经费主要靠自筹资金和学生的学费，而政府为了维持其教育质量，提高教育水平和条件，减轻学生的经济负担，对其进行经费补助。此外，还通过私学振兴财团实行长期低息贷款等，采取许多振兴措施。这种官民共同担负教育责任的做法，充分调动了国家和国民两方面的积极性，发挥了地方、企业、团体和私人等的民间活力。在教育经费保障上，日本以健全的教育法规来保障各种财政体制的执行，使教育得到迅速发展。

3. 中国各地区的教育投融资模式

我国各地方政府皆面临教育经费的不足和社会对多种教育层次的需求，不少地方相继开展了教育融资实践的探索，各地融资的渠道和方式皆颇有特色，具有参考价值。

第一，重庆市政府首创教育担保公司。2008年年底，重庆市成立了重庆市教育担保有限责任公司，注册资本为5亿元。这一举措在全国尚属首例。重庆市教育担保有限责任公司为股份所有制形式，主要是以信用担保或连带责任担保的方式为全市各类学校，重点是民办高校、民办中职学校提供担保服务。预计可为各类学校提供50亿元的贷款担保。截至2009年6月底，该公司共受理66所院校和27个单位融资担保申请，总额达27.02亿元，已承诺担

① 参见曹洪：《〈不让一个孩子掉队法〉之回顾与启示》，载《外国中小学教育》2008年第2期。

保金额4.655亿元。预计2009年将为重庆市各类学校提供10亿元的资金担保,以解决教育资金投入不足的问题。

第二,民间资本入主上海市重点中学。2000年浙江科教文发展有限公司与上海市普陀区教育局签订了合作办学协议,以1.24亿元入主上海的市重点中学——曹杨中学,使曹杨中学成为第一所"上海市区重点中学教育体制改革试验学校"。2001年9月占地70多亩、可容纳2800名寄宿制学生的曹杨中学新校区正式落成。

第三,"民建公租"。"民建公租"是根据学校发展的需要,以政府或法人单位引资为主体,吸收社会资金建设学校基础设施。由政府或法人单位租赁,交学校使用。在规定年限内按高于银行贷款利息的标准逐年向投资者返还投资额,最终教学设施归政府或法人单位所有。这是山东冠县定远寨乡经过实践探索出来的农村贫困地区义务教育融资新途径。原则上,乡镇政府不能作为"公租"的主体,有条件的乡镇政府可以将财政资金直接用于农村义务教育学校建设。

第四,"国有民办"。这种做法,即学校所有权属于国家,但学校按民办学校运作模式,主要分为两种形式:第一种是由区政府或镇政府成立教育投资有限公司,提供土地给教育投资公司,由发展商建校,通常与发展商签订30年左右合约。前10年发展商收回成本,另20年收回投资回报,30年后学校归政府所有。通常这些学校引进其他学校品牌,按民办学校模式运作。第二种是利用已有的学校,引进其他学校品牌,由政府担保,以学校名义向银行贷款,贷款期通常为10~15年,学校按民办学校模式运作。

第五,"小区配套学校模式"。这是广州市在教育实践中探索的一种利用社会资金的办学模式。一般是由政府无偿或者以远远低于市场的价格提供土地、校舍等国有资源给私人、社会团体或公办名校,由举办者来承担该区地段生的免费义务教育,政府在财政方面不提供资助。通常地段生所占的比例较小,剩下较大比例的空缺就用来招收非地段生和流动儿童,非地段生和流动儿童入学要缴纳学杂费,学校主要依靠这些学生的学杂费来保持日常运作,同时学校要缴纳通常约为学杂费总额的20%左右的企业所得税。

(二)完善城乡教育统筹融资体制的建议

借鉴以上国内外经验,为了推进重庆市城乡教育统筹发展,必须增强对农村教育扶持的针对性和有效性,在资金投入、资源配置上给予倾斜,制定和实施具有针对性的政策措施，发展农村教育。①

1. 强化政府对农村教育经费投入的主渠道作用

由于目前农村教育经费投入总量偏低，投入结构也不合理。因此，要强化各级政府对农村教育经费投入的主渠道作用，确立农村教育财政拨款在公共财政中的优先地位，优化投入结构，确保农村教育经费的落实。② 我国的农村教育投资体制"以县为主"，然而由于绝大多数县级财政无法承担教育经费投入主体的责任，导致农民子女上学难的问题依然严重。将农村教育投资事权上划中央政府和市级政府，才是解决该问题的最佳选择。基于此种现实，各地区应按照财权和事权相对称的原则，建立中央统一规划，提高统筹级别，改革中央和地方的财权和事权的划分，加强中央对教育流动性事权的管理和财权转移支付力度，完善市级财政统筹和区县各级财政根据各自职责共同分担的教育财政机制。例如，中央承担义务教育事权经费；市级政府承担教育经费中的教师工资部分；区县政府承担公用经费的支出；而像校舍建设这样弹性比较大的项目，则由监督距离最短的乡镇级政府和区县政府共同承担经费。这样，一旦权利和义务明确了，财权和事权相匹配了，地方政府投资于农村地区教育的积极性就能够被调动起来，而且地方政府有能力承担对农村教育的投入，就无须再向农民伸手。当然，在基础教育的投入上不能搞"一刀切"，可以考虑另一种投入方式，如将发达地区和贫困地区分别对待，发达地区主要由区县财政投入，贫困地区主要由市财政投入。

2. 拓宽教育投融资渠道，积极引进社会资金

虽然农村教育属于公共产品性质，政府应当承担全部办学经费，但是为了农村教育事业的更快发展，也不应当排除社会资金的进入。③ 在农村落后地区推广教育，虽然在整体上是一项公益性很强的事业，但也可考虑用市场办法解决。拓宽社会融资途径、完善税收是解决教育经费不足问题的一个有力措施。在实现城乡教育公共服务均等化的过程中，仅仅凭借政府的力量是不够的，在现代社会中，融资途径逐渐增多，这就为城乡教育公共服务的资金筹集创造了机会，应发动社会各级的力量，拓宽教育公共服务的社会融资范围，并

---

① 参见温家宝：《百年大计教育为本》，载《人民日报》2009 年 1 月 5 日，第 4 版。

② 参见田穗、严勇：《统筹城乡发展推进教育公平——重庆市统筹城乡教育发展的思路与对策》，载《重庆教育学院学报》第 21 卷第 6 期。

③ 参见王蕾著：《教育评价新探》，西安交通大学出版社 2007 年版，第 2 ~ 3 页。

构建完善的教育资金支出制度，通过各界的共同努力，为教育公共服务的发展注入活力。具体可以考虑以下措施：一是建立地方性的教育政策性银行，通过贷款、投资、担保、补贴、贴现等资金运用方式来保障农村教育金融业务的顺利开展；二是发行教育彩票，广泛吸收社会资金，将所筹得的资金切实定向用于农村教育；三是以市政府投入为基础，建立地方性教育发展基金，用于投资农村教育事业；四是运用产业政策优惠、税收减免等手段，鼓励社会捐资农村教育，保障农村教育事业有充足的资金支持；五是充分调动社会力量办学，注重农村教育的民间资本开发和利用。这样，就可以逐步形成以政府办学为主、社会各界参与、民办教育占一定比例的农村教育格局。保障农村教育正常发展的需要，使广大农村中小学与城市学校一样，拥有稳定的教育经费、优质教育资源和优秀的教师群体，促进其尽快改善办学条件，迅速提高教育质量。

3. 加大政策性金融对农村教育的支持作用

当前重庆市农村文化、教育落后的问题还比较突出，解决这些问题是新农村建设的一项新内容，而改革农村办学体制，扩大义务教育、职业教育等，既要有国家财政支持和民间资本的参与，更要有农业政策性金融的大力扶持。[①]国家开发银行应加大对农村教育的投资，应把农村教育发展放在新农村建设的首位，其投资能够缓解和部分消除农村教育投入不足的状况。[②] 国家开发银行可凭借它雄厚的金融实力加大对农村教育的投资额度，不仅可以解决农村落后学校在基础设施建设方面存在的巨大资金缺口，进一步发展农村教育，广泛提高我国农村人口素质；还有助于我国农村地区教育质量的提高，国家开发银行的资金注入将大大改善农村落后学校的办学条件和师资力量，这为实现教育公平的目标提供了必要的条件。

4. 充分发挥商业性金融对农村教育的支持作用

商业性金融以追求利润最大化为目标，因此一般不涉足农村基础教育，但农村教育不仅指农村义务教育，而发展现代农业也要求发展全面的农村教育。商业性金融是新农村建设的主体力量，政府要针对农村教育的基础性特点，以经济手段引导商业性金融机构加大对农村教育的信贷支持，鼓励、支持商业银行的相关金融创新。借助于商业银行成熟的经营管理体系，还能够保证资金

---

① 参见李应龙：《教育公平是构建和谐社会的重要基石》，载《求索》2005 年第 12 期。

② 参见朱沙：《国家开发银行在高等教育筹资中的作用》，载《西南交通大学学报》2006 年第 2 期。

的有效使用,推动农村教育事业的发展。

5. 争取国际组织和发达国家资金,促进农村教育发展

在国家财力有限不能充分保证农村教育发展具有充足资金的情况下,积极争取国际组织和发达国家以及一些推进教育均衡发展的非政府组织(Non-Governmental Organizations,NGO)的援助、低息或者无息贷款,在某种程度上也能为农村教育资金的筹集起到补充性作用。这一点,在一些发展中国家发挥了重要的作用。例如,以印度、巴西为代表的发展中国家在增加政府经费投入的同时,都积极采取措施拓宽经费来源渠道,争取世界银行、联合国教科文组织、联合国儿童基金会、瑞典国家机构等国际组织的赞助。印度拉贾斯坦邦制定的《边远地区小学教育计划》就得到了瑞典国际开发署的赞助。① 我国是全世界最大的发展中国家,正处于社会主义初级阶段,由城乡二元结构带来的城乡教育发展不均衡的问题在短时期内不能得到消除。而重庆市作为位于西部的直辖市,是典型的"大城市带大农村",不仅存在城乡教育发展不均衡的问题,还面临着的城乡教育统筹的任务压力大、担子重的特点。因此,在城乡教育统筹发展的进程中,可以适当地争取一定的国际资金来弥补政府公共财政投入和社会投资的不足。

五、改革招生考试体制

教育公平是最基本的社会公平之一,是当今社会和广大人民群众高度关注的一个热点问题。接受教育和享受教育公平,是每个儿童、青年乃至公民的权利。近几年来,随着经济社会的高速发展和办学条件的大幅度改善,人民群众要求公平享受优质教育的意愿越来越强烈。在统筹城乡教育发展中,应该建立起一种促进和保障教育公平的调节机制,以教育公平促进社会公平,为构建社会主义和谐社会奠定坚实基础。建立教育公平调节机制,首先要从改革招生考试体制做起。在大部分省市的城市和农村,初高中招生已基本上做到了"划片招生,就近入学"。② 但在重庆市,初中招生中的"择校"现象仍然存在,为数不少的家长花几万元"择校费"让子女选择办学条件好、教育质量高

---

① 参见王娟涓、徐辉:《国外城乡义务教育均衡发展的经验及启示》,载《外国中小学教育》2011 年第 1 期。

② 参见王纬虹:《重庆市城乡教育差距的比较分析及对策》,载《教育发展研究》2006 年第 5 期。

的初中上学。虽然高中招生目前主要实行“联招考试、分段录取”的办法，学生凭考试成绩分享不同等次的高中教育，但高中招生中的“择校”现象也仍然存在，家长花更高的“择校费”让子女上个好高中，为将来考上好大学奠定基础。高校招生目前实行的是“统一考试、划线分批次录取”的办法，学生凭高考成绩享受不同等次的高等教育，“择校”现象基本得到控制。目前实行的高校招生考试体制，从宏观上来看，具有总体上的公平性，在政治思想表现、体格检查合格的前提下，考生在分数面前人人平等。但从某些方面和实际结果来看，也存在很大的不公平性，这就是考生因为其所在地、户籍管理等的限制，接受不同层次的教育却要用同一套试题考试、同一个分数标准来录取，这对于广大农村考生和在办学条件、教育质量较差的学校就读的考生来说，既不公平也不合理。① 由此反推，为什么初中、高中招生“择校”现象屡禁不止呢？这是因为同一名学生，在教学质量好的学校与教学质量差的学校上学，即使同样刻苦努力，其学习成绩和综合素质仍有所差别的。从实际情况来看，那些在农村较差高中上学的考生，大部分是考不上大学的，农村初中、高中学校教学条件的先天不足，从事实上剥夺了这部分人接受高等教育的权利。有钱、有权的人和有关系的人，用高额“择校费”换取子女享受优质教育的权利，又造成新的教育不公平和社会不公平。对于高中招生考试中的“教育公平”问题，各级政府和教育主管部门是清醒的，也在探索改革和解决的办法。时任国务委员刘延东在全国推进义务教育均衡发展经验交流会上的讲话中要求，要把示范性高中和重点高中招生指标定向分配到初中等好的做法和经验转化为体制性成果，在总结完善的基础上逐步推广。重庆市人民政府在《重庆市统筹城乡教育综合改革试验实施方案》中明确提出：“完善普通高中招生考试体制，实行指标到校与划片招生相结合的办法，合理配置高中生源，适时取消联招考试。深化高校招生考试体制改革，建立学生学业水平测试、学习过程档案和综合面试‘三结合’的高校招生录取办法，推进高校自主招生。”这里提出了高中、高校招生考试体制改革的一个大方向。具体贯彻落实改革招生考试体制的目标，可以从以下三个方面努力。

（一）实行“指标调节”和“分数调节”相结合的办法

统筹城乡教育发展的工作逐年推进，人民群众要求解决教育不公平问题

---

① 参见杨东平著：《中国教育公平的理想与现实》，北京大学出版社2006年版，第158～159页。

的呼声越来越高。在高中招生实行“联招考试”、高校招生实行“统一考试”短期内不会改变的情况下,能否探索出一些既简单又有效地解决城乡教育不公平问题的办法呢?换言之,能否探索建立一种实现城乡教育公平的调节机制呢?这种机制作为一种探索、一种设想,可以实行“指标调节”和“分数调节”的试行办法,并以此建立起有效的教育公平调节机制。①

所谓的“指标调节”办法,就是由市、县区教育行政部门,把办学条件和教育质量较好的城市高中的招生指标的绝大部分,按照毕业生人数、教育质量等因素定向分配给各初中学校,农村地区的初中学校应该得到更多的分配指标,城市地区初中学校由于其本身教学条件优越可考虑适当少分配指标,由初中学校制定相应的条件标准和办法程序,按指标择优推荐,向毕业生及家长公示接受监督,由教育行政部门组织高中统一审录。

所谓的“分数调节”办法,就是由市教育行政部门组织专家对初中学校评出不同的类别等次,确定不同类别等次学校的调节分数,农村地区初中学校按其类别等次应该得到更高的“分数调节”加分,在高中联招考试录取中,按照考生联考成绩加上“分数调节”的分值投档审录,以减少学生就读不同类别等次学校引起的招生录取中教育不公平的矛盾。

“指标调节”和“分数调节”的办法,只是操作方式的不同,其实质和达到的目的是一样的。建立这样的调节机制,有如下三点明显的好处:一是能有效地减少享受优质教育不公平的矛盾,统筹城乡教育,有利于维护社会和谐;二是有利于调动在不同类别层次学校就读学生的学习积极性,在农村较好学校就读的学生会更加努力学习,在农村较差学校就读的学生也会因有指标或加分升学希望更大而发愤努力学习,其效果是大大提升农村整体学生素质;三是能有效地减少甚至消除“择校”现象,把学校和学生家长从“择校困境”中解脱出来,减少家庭负担。当然,从长远来说,最好的解决机制是实现教育的均衡发展,把所有学校都建成办学条件先进、教育质量一流的学校。② 就现阶段而言,实现最好解决机制的各方面的现实条件并不成熟,城乡学校之间办学条件和教育质量的差距明显存在,实行“指标调节”和“分数调节”相结合的办法有基本的社会基础和群众基础,是一种与当前中学教育发展水平相适应的办法,

---

① 参见李涛:《统筹城乡教育的实践探索》,载《教育发展研究》2008 年第 20 期。

② 参见沈晓慧、宋莉:《构建适用的国际教育统计指标体系》,载《中国冶金教育》2005 年第 2 期。

也是一种利大于弊的办法，因而是一种比较理想的过渡性办法。

（二）改革不同类型学校的招生考试体制

稳步推进招生考试体制改革，克服一考定终身的弊端，形成分类考试、综合评价、双向选择、多元录取的招生考试体制，推进素质教育实施和创新人才培养，确保农村学生享有受教育权，统筹城乡教育发展。这需要根据不同类型的学校进行个性化的改革探索。

1. 完善中等及以下学校考试招生体制。坚持义务教育阶段农村学生免试就近入学原则，完善义务教育阶段就近免试入学的具体办法。严禁在适龄儿童进入幼儿园和小学时进行任何形式的测查和考试，严禁在义务教育阶段设立各种形式的重点学校、重点班，严禁义务教育阶段学校举行选拔性招生考试。① 保障每一个农村学生都切实公平地享受九年制义务教育。完善初中学生学业水平考试、考证体制，充分利用现代科技成果，推行能力水平测试，加强综合素质评价，将结果作为高中学校招生录取的重要依据。着重培养农村学生的综合素质，改变以往的应试教育，在能力培养与综合素质培养上对农村学生与城市学生一视同仁。改进高中阶段学校考试招生方式，逐步取消普通高中"联招"考试，实行普通高中学校招生指标分层次、按比例分配到初中学校的办法，对农村学校的学生适当降低录取标准，化解城乡教育差距过大的矛盾，完善中等职业学校自主招生体制，对落后农村地区学生实行免试注册入学，发挥优质普通高中和优质中等职业（技术）学校招生名额合理分配的导向作用，对教育条件较差的农村地区学生进行弥补，保障农村地区学生的利益，统筹城乡教育发展。

2. 推进高等学校考试招生体制改革。完善高等学校招生名额分配方式和招生录取办法，建立健全有利于促进城乡地区学生入学机会公平，有利于优秀人才选拔的多元录取机制。探索政府宏观管理，专业机构组织实施，学校依法自主招生，招考相对分离，分类考试、考证，多元录取的考试招生体制。实行学业水平考试与综合素质评价相结合的普通高中学习成果鉴定体制，将结果作为高等学校招生录取的基础依据，对农村地区学生应适当加大综合素质评价，如体育成绩占总分比例应提高。改革高等学校入学考试报名体制，实行考生考籍属地化管理办法，对属于落后地区考籍学生实行"差别待遇"，降低要求。

① 《内蒙古自治区中长期教育改革和发展规划纲要（2010～2020年）》，载《中国教育报》2011年4月12日，第1版。

推进高等学校分类入学考试，重点高等学校实行独立考试的办法，给农村地区学生留出适当比例的名额，择优录取；其他普通本科院校实行联合统一考试的办法，结合学业水平考试和综合素质评价，提高农村地区学生综合素质评价所占分值比例，择优录取。高等职业学院、成人高等学校实行统一考试加推荐方式入学体制，对农村地区学生可以采取推荐入学的形式，减少其升学压力。改革高考科目设置，创新命题方式，结合农村学生的生活经历设计部分题目。探索录取投档模式改革，支持高等学校实行择优录取、推荐录取、定向录取等多元录取办法，对特长显著、符合学校培养要求的农村学生，学校可依据面试或自主测试结果自主破格录取；高中阶段全面发展、表现优异的农村学生，推荐录取；符合条件、自愿到农村地区就业的农村学生，签订协议实行定向优先录取。

（三）多角度配合招生考试体制改革

1. 逐步取消现有户籍体制，确保流动人口子女接受平等教育

西方国家为解决流动人口的教育问题提供了范例，西方国家并无户籍体制，也无农民和市民之分。在流动人员子女入学教育方面：德国实行宽松的入学政策，只要父母或亲戚在某行政区，该学生就可以申请进该区的学校；美国实行"教育券"制度，进一步促进了学生的流动和教育的公平；芬兰为保证移民子女享受公平的基础教育，中央政府拨专款给各地方政府用于移民学生的额外教育。① 随着重庆城乡统筹进程的加快，重庆户籍意义上的流动人口会不断增多，因户籍关系而导致流动人口子女入学难的问题，会制约重庆城乡教育统筹发展的进程。所以，消除户籍体制对流动人口子女教育权利的影响显得日益急迫。建议重庆在全国率先进行义务教育的户籍限制改革，突破当前公共教育资源配置方面的户籍限制和社会屏蔽机制，淡化户籍制度上的诸多附加功能，对来自市内外的流动人口子女实行与当地居民同等的教育政策，使其享有同样的教育权，从而促进重庆市城乡教育的统筹发展。对流动性学生，可以建立流动学生电子学籍的网络化管理，随时更新流动学生的学籍动态；对流入外地的义务教育阶段的学生，可比照美国的"教育券"制度，按重庆市义务教育阶段学生的人均财政拨款给予补助。这样，既能促进人口的流动，又减轻了外出流动人口子女教育的负担。同时，重庆市作为综合配套改革试验区，其户籍体制改革必将推动全国其他省份的改革进程，也将加快解决占重庆人

---

① 参见赵修渝、黄仕川：《以科学发展观促进重庆城乡教育统筹的路径初探》，载《西南大学学报》（社会科学版）2009年第5期。

口1/7以上的外出流动人口乃至全国流动人口子女的教育问题。2014年中共中央、国务院印发的《国家新型城镇化规划(2014—2020年)》提出,要进一步调整户口迁移政策,统一城乡户口登记制度,全面实施居住证制度,加快建设和共享国家人口基础信息库,稳步推进义务教育、就业服务、基本养老、基本医疗卫生、住房保障等城镇基本公共服务覆盖全部常住人口。2015年10月21日国务院通过的《居住证暂行条例》,规定在全国建立居住证制度,推进城镇基本公共服务和便利向常住人口全覆盖,要求各地积极创造条件,逐步提高居住证持有人享有的公共服务水平。还明确了居住证持有人通过积分等方式落户的通道。这两项举措,为逐步淡化户籍限制迈出了重要的步伐,这也极大地弱化了户籍制度对于学籍的限制。

2. 加强信息公开和社会监督

完善考试招生信息公开体制,坚持公开高等学校招生名额分配原则和办法,公开招生政策、程序和结果,公开加分情况,对农村地区学生的优惠政策也应当明确具体标准,避免造成新的不公平现象,同时加强政府和社会监督。加强考试招生体制建设,规范学校招生录取程序,把对农村地区学生的“简易程序”落到实处。落实考试安全责任,加强诚信体制建设,坚决防范和严肃查处考试招生舞弊行为,这也是对农村考生的权利保障,有利于城乡教育的统筹发展。

3. 完善教育评价体制

加大对农村区县(自治县)政府教育工作的考核评估,督促政府积极履行教育职责;建立市、区县、学校三级教育质量评价和监测体系,制定质量标准,完善由政府、农村学校、社会各方面共同参与的教育质量评价机制;加强农村教育质量评估专业队伍建设,实施教育质量专业监测与评估,提高评估质量;建立调动农村教师工作积极性、主动性的考核激励机制;实施绩效考评和信息披露制度,强化教育财务的信息管理,严格落实教育财政资金绩效考核体系,明确构建考核的目的,列出详细的考核内容,按照标准流程进行,在此基础上,发挥信息披露制度的作用,强化教育公共服务财务管理力度,确保政府工作人员严格履行自己的职责和义务。在完善的教育评价体制下,能更精准地确定城乡教育差距所在,为统筹城乡教育发展指明方向。

六、其他体制建议

(一)完善统筹城乡教育的法律监督体制

重庆市自2007年被批准成立“统筹城乡综合配套改革实验区”以来,一直致力于推进城乡教育的一体化建设,陆续出台了多项相关政策,不断加大教育经费的投入。经过几年的发展,城乡教育的非均等化程度虽相对缩小,但是缩小的幅度并不明显。这与现阶段很多政策的执行没有相关的法规做保障,以及城乡教育推行的监管机制不健全有一定关系。

1. 推进城乡教育均等化发展的法制化建设。国外很多国家都通过教育立法来保证城乡教育机会的均等。日本为了实现城乡教育的均衡发展,颁布了一系列的法律法规来规定各级政府的责任,如《学校教育法》《地方财政法》等;韩国也颁布了《偏僻地区教育法》来支持偏僻地区教育的发展;①美国则颁布了《不让一个孩子掉队法》来支持薄弱学校的改进和发展。而我国还没有专门的关于农村教育发展方面的法规。因此,重庆市可以借鉴国外的做法,把促进农村教育发展的相关政策、规定通过地方性法规的形式确定下来,并逐步建立完善的农村教育法律保障体系。这样既能确保重庆市在农村教育的发展过程中做到凡事有法可依,又能提高政策法规的执行效率。

2. 要建立完善的教育财政投入的监管机制。现阶段关于教育经费投入的专门监管立法还没有成型,所以政府部门应该加快法制建设,形成专门的教育公共财政投入的监管法律,增加农村教育资金使用的透明度,保证各项经费能够落到实处。② 建议推出"政府间财政关系法""政府间转移支付法""农村教育投入保障法",将各级政府间的农村教育经费支出责任(包含支出项目、支出比例、支出标准、支出方式、拨款方式)列入这三部法律中,以法律的形式保证各级政府在农村教育投资中的主体地位和作用,具体规定财政性教育经费的数量指标。同时明确政府部门在监管中的违法责任,我国《义务教育法》在第七章"法律责任"中规定了对政府的违法责任。但其规定具有原则性,当政府未履行相关法律义务时,对其进行追责的法律主体、法定程序和法律后果都未作出明确规定。因此,进一步明确政府部门未履行法律义务的责任、责任认定、处理程序等问题,提高追责的可操作性,对于建立完善的教育财政投入的监管机制,甚至是科学、合理地履行政府在城乡统筹教育发展中的法定职责都有极其重要的意义。

3. 针对现存农村教育财政投入监管人员素质不高的问题,重庆市应该加紧开展相关的专业培训,组织监管部门的工作人员进行考察学习,定期开展专

---

① 参见张人杰著:《国外教育社会学基本文选》,华东师范大学出版社1989年版,第156页。

② 参见俞云峰:《城乡义务教育均衡发展的新思路》,载《现代教育科学》2006年第12期。

项业务技能考核,以此来不断提高监督管理人员的专业素养。对于各个监管部门职能分工不明确的问题,应该在完善农村教育财政投入监管机制的基础之上,进一步明确划分监管部门的职权范围以及各自的工作内容,避免出现监管漏洞或者重复监管的问题。

(二)优化统筹城乡教育资源配置体制

如前所述,重庆市存在城乡教育资源分配不均、城乡师资差异明显、城乡办学条件差距较大等问题。导致这些问题的原因某种程度上是现有的教育资源配置不均衡,城乡教育资源分配存在较大差异。所以,重庆市应该进一步调整现有的城乡教育资源配置结构。

1.转变"以城市为主"的教育资源配置机制

长期以来,"城乡两策,重城抑乡"的教育资源配置模式,不仅加剧了城乡教育发展的不平衡,也人为割裂了教育系统的完整性,形成了城乡教育"内发展"的教育系统。重庆市政府部门在教育资源配置方面更加倾向于城市,使农村地区得到的教育资源较少。另外,现在中小学生使用的教材和大纲均是统一制定,而没有根据城市学生和农村学生不同的能力水平来分别制定,使农村地区部分学生因为跟不上教学进度而选择主动辍学。因此,在这种教育资源配置机制下,城乡义务教育的发展是不均等的。为此,就要转变以"城市为主"的教育资源配置机制,实行城乡教育资源配置的大致均等,保证城乡学生都有平等的受教育机会以及享受同等的教育资源。同时,应根据城乡人口流动趋势对教育资源的需求量的不同,适时作出教育资源总量上的调整。

2.整合、优化现有的教学资源

优质的教育,必须有足够的教育资源做保障。然而,教学资源的总量是有限的,教学资源配置的不当会造成教育发展的不均等,因此重庆可以借鉴合肥市和唐山市的做法,以政府为主导,首先对中小学的规模、教学点、布局进行相应的调整;对于那些在校生数少、交通极为不便、办学规模小,办学成本较高的乡村学校,则归并至乡镇学校,对于家庭较为困难的学生可以进行适当的补助;对于距离较近的、布局不合理、存在浪费教育资源的学校进行合并,提高办学效益。另外,对那些布局合理、办学效益较好的学校应进行扩大,实行做大做强的策略。①

---

① 参见马佳宏、彭慧:《偏差与平衡:城乡义务教育财力资源配置问题研究》,载《教育与经济》2006年第4期。

3.建立更加合理的教师资源配置机制

学校的第一资源是教师，城乡教育均衡发展中的重要关键性指标就是教师资源配置（包括学校校长与管理人员配置），欲缩小城乡教育差距，应先缩小教师资源差距。教师流动如果实现了合理化、良性化，教师资源配置的均衡化就不再是纸上谈兵。法国政府把小学教师列为公务员，教师的聘用和考核全部由国家统一安排，地方政府无权干涉。将教师的工资纳入国家的教育财政预算，并且为了保证工资的及时、确实到位，选择直接将工资打到教师的个人账户。日本为了实现区域之间教师资源的合理配置，实行“教师资源定期流动制”，切实地促进了教师资源的活性交流，并且实行“偏远地区人事流动优先制”，借此来鼓励教师到偏远地区任教，解决农村地区教师资源贫乏的问题。韩国则规定小学、初中和高中的教师每4年流动一次，也即一位教师在一所学校只能工作4年，以此来确保和促进师资水平和教师资源的均衡。江苏省和湖北省也通过建立教师流动制、优化教师资源的配置，有效解决了农村教师资源不足和城乡师资水平差距较大的问题。鉴于此，重庆市应该更加深入地推行“教师资源流动制”，建立更加完善的教师资源流动机制，促进城乡之间教师的互相交流和学习，通过法律法规以及各种配套措施，对教师交流的义务性和定期性、流动区域、流动对象、流动程序、相关待遇作出明确的规定，以有效解决农村地区和薄弱学校的教室队伍建设问题。① 同时，积极鼓励优秀教师和应届大学毕业生到偏远地区支教。在壮大乡村教师队伍的同时，不放松教师教育素质的增强提高工作，注重教师队伍的建设，通过建立费用全免、内容丰富、形式多元的农村教师培训机制来提高农村教师的群体素养。此外，针对现在重庆市城乡教师薪酬待遇存在差距的问题，可以在原有鼓励性政策的基础上，进一步适当提高教师的补助和津贴幅度，建立农村教师流失补偿机制，薪酬分配和职称评定“补偿性”地倾向农村教师，确保农村教师可以获得全面的保障，减少农村教师的流失。可积极采取措施，进一步优化农村教师队伍管理，把教师队伍专业化建设作为工作重点来抓，有效激活教师队伍。其一是完善农村教师补充机制，其二是加大农村教师培训力度。②

---

① 参见高树仁、李潮海：《城乡一体化：教育发展新范式的内生与他构》，载《中国教育学刊》2015年第9期。

② 参见肖毅：《多措并举，着力推进城乡教育均衡发展》，载《新课程》2015年第10期。

4. 逐步建立教育资源配置的绩效评价和反馈机制

重庆市现阶段的城乡教育资源配置只考虑怎样不断地加大力度均衡教育资源的配置，但是在具体的资源配置过程中，由于没有很好的绩效评价工具，对于教育资源配置的具体情况没有实施监督，并且对于最后的教育资源配置结果没有建立很好的反馈机制，最终导致相关部门无法真实地掌握教育资源配置的实际效果。所以，应该将经济绩效管理的经济性、效率性、有效性引入教育资源配置，建立教育资源配置效果的绩效评价和反馈机制，提高教育资源配置的科学性和规范性。

需要注意的是，重庆市城乡教育发展不均衡的现象在长时间内会客观存在，它将真实地存在于教育的各个领域和不同层面。均衡是理想追求，不均衡是普遍现状。“不均衡—均衡—新的不均衡—更高水平的均衡”，是教育发展的内部矛盾运动的规律，也是推进教育不断向更高境界发展的动力。只有改革现有的教育制度，调动一切积极和可能因素，才能全面提高基础教育质量，最终实现重庆的城乡教育统筹发展。

（三）创新城乡教育统筹模式

统筹是指统一筹划、通盘筹划，在一个系统当中，面对诸多要素和关系时所采取的思维态度和工作方法。与城乡关系的处理方法一样，城乡教育的处理也应该采取统筹的方法。在统筹城乡教育模式的过程中，需要统筹以下两个方面：

第一，统筹城乡教育发展的目标。义务教育在内部目标即对人的培养规格方面，城乡要求具有一致性，以实现城乡教育的均衡发展。在外部目标即社会的教育功能服务方面，城乡教育要做到各级教育的融通共生。这是统筹的总体目标。在具体处理重庆市的教育统筹问题上，应该说，重庆过去10年的统筹发展已经为未来10年的统筹发展奠定了相当好的基础与条件，城乡学生于2008年全面实行免费义务教育，高中阶段教育在校生达到了114万人，普通高等教育和中等职业教育实现了协调发展。在创新教育投入机制方面组建了教育担保公司，在解决教育难题问题上，也取得了相当的成绩。2011年城乡教育开始建立并形成了立体多元、协调互动的“点—力—链—网—面—群—体”的重庆统筹建构模式，努力实现重庆城乡教育资源有效链接、城乡教育发展一体的实践目标。在总结发展的前提下，必须继续将统筹城乡教育发展作为重点，树立城乡教育融合和交流的目标，城市和农村形成双向的互动链条，盘活教育资源。

第二，统筹城乡教育发展的思维。统筹城乡教育的发展，就要站在宏观的视野、全局的角度，在顶层的制度设计上和统筹规划中对城乡教育的资源进行合理分配。政府部门在统筹城乡教育发展的制度设计和管理实施上起到了领导作用，这就需要对统筹人员进行思维的培养，破除旧的教育思维，尤其以农村学校教育基础差而难以取得成绩为理由而忽视了农村教育的投入。另外，统筹人员由于缺乏农村教育实践经验，所以在面对农村学校特有的教学困难面前手足无措，甚至导致无所作为。这种统筹方式使农村教育的封闭性依然难以打破。因此，要从城乡教育中的思维角度出发，系统思维和复杂思维是对统筹城乡教育发展思维困境的突破，而且彼此之间也存在内在关联。① 例如，城乡教育复杂思维的产生，是由于城乡教育各系统、各要素之间关联的复杂性，只有坚持过程思维，才能拥有复杂思维。

具体在统筹城乡教育的过程中，应该注意以下问题：

1. 开发农村教育增长点

城市和农村由于历史发展水平的差距，所以农村教育在基础、理念和设施等问题上显示出差距是必然的。城乡教育的统筹发展不是简单的指将农村教育的发展向城市水平看齐，也不是将农村教育直接纳入城市教育的一部分。因此不能盲目地将城市教育的资源、资金输入农村，这样只是解决了农村教育的表象，而没有为其寻找真正可以实现自身发展的途径。所以，农村教育发展与改革的重点在于激发农村教育的活力，实施“造血工程”。一方面，正视农村教育的劣势事实，逐步改善劣势；另一方面，也要基于农村的现状，发掘农村的特色。为此，中央教育科学研究所调研组提出，改变农村教育的弱势地位，在软件上，这需要城乡教育评价体制的改革、需要积极探索实施差异教学、差异作业、差异考试，改变统一标准、统一形式、统一目标、统一教材的教学模式。教育公平也不是完全统一，就是要在差异的基础上实现发展，从而也能缓解学校之间同质化的问题，在课程设置、硬件设施建设、教学方法上要贴近农村学校实际，改变传统的“以城市为中心”的思维，避免所有学校“一刀切”。从硬件上，农村教育基础设施的落后是制约农村教育发展的障碍。因此，正如同前文所论述，统筹城乡教育应该更进一步发展寄宿制学校和做好打工子弟学校的建设工作，规划农村学校的布局，落实学校的各项补助，加大财政对于农村

① 参见赵鑫：《统筹城乡教育发展的思维误区及其对策》，载《教育发展研究》2015 年第 7 期。

教育的投入保障建设。

2. 提升城市教育辐射力

统筹城乡教育发展应该将资源倾斜分配到农村，但不意味着只促进农村教育的发展。脱离了城市教育的发展，农村教育依然走不出自我发展的封闭道路。因此，只有进一步强化城市教育发展的能力，才能够持续的为农村提供支持和帮助。这里所说的“辐射力”，是指城市教育对农村教育补充的动力机制。首先，提高城市教育的质量和水平，优化城市教育师资队伍的建设，调整城市教育发展结构的建设，实现各级教育在城乡不同区域合理办学。其次，加快重庆城镇化建设，在优化城市主城区、县城内学校布局结构的同时，更多地关注旧城区的改造和新城区的开发，在城区改造的过程中，将城市教育的辐射力通过城区规划再一次进行分配，围绕着城市教育的展开，农村教育业得到了辐射的优势。最后，加强城市学校同农村学校的交流与联系，通过“结对子”、对口支援、远程教育等方式，将城市学校先进的教学理念、教学方法带到农村学校中去，形成城乡、学校之间的良性互动，促进农村学校教学思维导向、教学水平的提高。

3. 建立城乡互动链

重庆城乡教育发展已经明确了系统改革将坚持“以城带乡、整体推进，城乡一体、科学发展，实现城乡教育规划布局、资源配置、政策制度、水平提升一体化”，根据“基础教育以标准化为重点、职业教育以基础能力建设为重点、高等教育以提高教育质量为重点”的统筹重点格局，城乡教育不能再像以前一样，城市只做教育资源的输出者，农村做接收者，两者必须形成一个双向的互动链条：城市在输出的同时，也要及时在农村学校回收教育的成果和问题，以此再形成反馈；农村在做接收者的同时，也要提出自己的发展诉求，积极寻找城市的资源。两者在积极的互动之中将教育资源盘活，不断地在城乡之间流动，城乡都可以享受到符合自己发展的教育资源，防止教育投入多，产出少的低回报率现象，最终实现城乡教育统筹发展，实质性缩小城乡教育差距，使不管居住在城市还是居住在农村都能接受平等的优质教育。

主要参考文献

1. 中国社会科学院语言研究所词典编辑室编:《现代汉语词典》(第5版),商务印书馆2005年版。

2. 黄坤明著:《城乡一体化路径演进研究》,科学出版社2009年版。

3. [美]刘易斯·芒福德著:《城市发展史:起源、演变与前景》,宋俊、倪文彦译,人民出版社1996年版。

4. [美]罗尔斯著:《正义论》,何怀宏、何包钢、瘳申白译,中国社会科学出版社1988年版。

5. [美]E.博登海默著:《法理学——法哲学及其方法》,邓正来译,中国政法大学出版社2004年版。

6. 鄂振辉著:《自然法学》,法律出版社2005年版。

7. 张乃根著:《西方法哲学史纲》,中国政法大学出版社2002年版。

8. [美]罗尔斯著:《作为公平的正义》,姚大志译,上海三联书店2002年版。

9. 江金汉主编:《科学发展观学习读本》,人民出版社2007年版。

10. [美]凡勃伦著:《有闲阶级论》,蔡受百译,商务印书馆1964年版。

11. [日]速水佑次郎、[美]弗农·拉坦著:《农业发展的国际分析》,郭熙保、张进铭译,中国社会科学出版社2000年版。

12. [美]康芒斯著:《制度经济学》(上册),于树生译,商务印书馆 1962 年版。

13. [美]道格纳斯·C. 诺思著:《经济史中的结构与变迁》,陈郁、罗华平译,上海三联书店、上海人民出版社 1994 年版。

14. 黄少安著:《产权经济学导论》,山东人民出版社 1995 年版。

15. 彭德琳著:《新制度经济学》,湖北人民出版社 2002 年版。

16. [美]迈克尔·阿普尔著:《意识形态与课程》,黄忠敬译,华东师范大学出版社 2001 年版。

17. [美]史蒂文·瓦戈著:《社会变迁》(第 5 版),王晓黎等译,北京大学出版社 2007 年版。

18. [美]克莱德·伍兹著:《文化变迁》,施维达、胡华生译,云南教育出版社 1989 年版。

19. 周予同著:《中国现代教育史》,福建教育出版社 2007 年版。

20. [美]道格拉斯·C. 诺思著:《制度、制度变迁与经济绩效》,杭行格致出版社、上海三联书店、上海人民出版社 2008 年版。

21. 重庆市教育委员会主编:《重庆市教育事业统计分析资料》,重庆出版社 2004 年版。

22. 张人杰主编:《国外教育社会学基本文选》,华东师范大学出版社 1989 年版。

23. 重庆市教育委员会主编:《2011 重庆教育年鉴》,重庆出版社 2011 年版。

24. 范先佐主编:《教育经济学》,人民教育出版社 2007 年版。

25. 费孝通著:《江村经济》,内蒙古人民出版社 2010 年版。

26. 王善迈主编:《教育经济学简明教程》,高等教育出版社 2002 年版。

27. [美]理查德·A. 波斯纳著:《法律的经济分析》,蒋兆康译,法律出版社 2012 年版。

28. 周三多主编:《管理学——原理与方法》,复旦大学出版社 2009 年版。

29. 张怡主编:《写给法律人的宏观经济学》,法律出版社 2004 年版。

30. 胡卫、何金辉、朱利霞主编:《办学体制改革:多元化的教育诉求》,教育科学出版社 2010 年版。

31. 褚继平主编:《优质教师资源共享与区域教育均衡发展》,上海远东出版社 2007 年版。

32. 王磊著:《公共教育支出分析——基本框架与我国实证研究》,北京师范大学出版社 2004 年版。

33. [美]Martin Camoy 编著:《教育经济学百科全书》,闵维方等译,北京高等教育出版社 2000 年版。

34. 魏宏聚著:《偏失与匡正——义务教育经费投入政策失真现象研究》,中国社会科学出版社 2008 年版。

35. 陆铭等著:《中国的大国经济发展道路》,中国大百科全书出版社 2008 年版。

36. 杨东平著:《中国教育公平的理想与现实》,北京大学出版社 2006 年版。

37. 王蕾著:《教育评价新探》,西安交通大学出版社 2007 年版。

38. 胡汝银:《中国改革的政治经济学》,载盛洪主编:《中国的过渡经济学》,上海三联书店 1994 年版。

39. 杨卫安:《我国城乡教育关系制度的变迁研究》,东北师范大学 2010 年博士学位论文。

40. 马军显:《城乡关系:从二元分割到一体化发展》,中共中央党校 2008 年博士学位论文。

41. 向泽映:《重庆城乡文化产业统筹发展模式及分区策略研究》,西南大学 2008 年博士学位论文。

42. 李冰:《二元经济结构理论与中国城乡一体化发展研究》,西北大学 2010 年博士学位论文。

43. 黄志坚:《谈基础教育的均衡发展》,载《青年教师》2007 年第 8 期。

44. 田美荣、高吉喜:《城乡统筹发展内涵及评价指标体系建立研究》,载《中国发展》2009 年第 4 期。

45. 费孝通:《反思,对话,文化自觉》,载《北京大学学报》1997 年第 3 期。

46. 李广舜:《国内外城乡经济协调发展研究成果综述》,载《地方财政研究》2006 年第 2 期。

47. 邬志辉:《当前我国城乡义务教育一体化发展的核心问题探讨》,载《首届中国农村教育论坛论文集》。

48. 张金英:《城乡教育一体化的动力机制及战略研究》,天津大学管理学院 2010 年博士学位论文。

49. 彭燕:《罗尔斯〈正义论〉思想的研究与批判》,扬州大学 2006 年硕士学位论文。

50. 褚宏启、杨海燕:《教育公平的原则及其政策含义》,载《教育研究》2008 年第 1 期。

51. 胡锦涛:《高举中国特色社会主义伟大旗帜为夺取全面建设小康社会新胜利而奋斗——在中国共产党第十七次全国代表大会上的报告》,载《中国人大》2007 年第 10 期。

52. 李莞丽:《论科学发展观的精神实质》,西南大学 2009 年硕士学位论文。

53. 胡锦涛:《在中央人口资源环境工作座谈会上的讲话》,载《人民日报》2004 年 3 月 11 日,第 1 版。

54. 邵泽斌:《理念变革与制度创新:从城乡教育均衡到城乡教育一体化》,载《复旦教育论坛》2010 年第 5 期。

55. 刘国艳:《教育制度变迁的审视与反思》,载《湖南师范大学教育科学学报》2012 年第 1 期。

56. 陈天祥:《论中国制度变迁的方式》,载《中山大学学报》(社会科学版)2001 年第 3 期。

57. 沈百福:《义务教育投入的城乡差异分析》,载《教育科学》2004 年第 3 期。

58. 邱家洪:《城乡教育资源非均衡配置的政策归因与对策建议》,载《南方论坛》2010 年第 4 期。

59. 王剑华:《关于推进重庆教育城乡统筹的思考》,载《重庆师范大学学报》2009 年第 2 期。

60. 秦玉友:《农村教师素质提升的现实困境和破解思路》,载《教育研究》2008 年第 3 期。

61. 左瑞勇、王纬虹:《城乡统筹背景下重庆市基础教育均衡发展的思考》,载《中国教育学刊》2008 年第 5 期。

62. 董银果、郝立芳:《中国教育投资回报率度量的关键问题探析》,载《西南大学学报》2011 年第 1 期。

63. 杜育红、梁文艳:《教育体制改革 30 年的辉煌与展望》,载《人民教育》2008 年第 19 期。

64. 朱勤:《教育体制改革背后的文化困境》,载《探索与争鸣》2010 年第 8 期。

65. 郑园:《教育体制改革对高校管理的意义探析》,载《价值工程》2012 年第 12 期。

66. 黄晓勇、张菀洺:《“十二五”时期我国教育体制改革与科教兴国战略研究》,载《中国社会科学院研究生院学报》2010 年第 2 期。

67. 孙海丽:《高等教育投资主体多元化研究——积极推进民办高等教育的发展》,载《中国集体经济》2011 年第 4 期。

68. 唐佳文:《中国高等教育投资体制的改革与发展》,载《吉林省教育学院学报》2011 年第 3 期。

69. 张静、段宝霞:《我国教育投资不平等的思考》,载《河南师范大学学报》2009 年第 6 期。

70. 谢华:《关于我国义务教育资源配置与教育公平关系的思考》,载《内蒙古师范大学学报》2006 年第 2 期。

71. 孙冬梅、胡慧妮:《城乡教育一体化的内涵与价值追求》,载《天津市教科院学报》2012 年第 1 期。

72. 李祥云:《我国义务教育投资公平问题的探讨》,载《教学与管理》1999 年第 2 期。

73. 武锐、方媛:《从中日对比谈我国农村教育投资效率的主要问题》,载《青海社会科学》2009 年第 6 期。

74. 张燕、曲铁华:《典型国家农村义务教育投融资法制比较研究》,载《湖北社会科学》2011 年第 7 期。

75. 厉以宁:《〈教育投资在国民收入中的合理比例和教育投资经济效益分析〉研究报告》,载《中国高等教育研究》1987 年第 1 期。

76. 王锋:《从公平与效率角度评析现有教育投资体制》,载《世界经济情况》2008 年第 3 期。

77. 吴应发:《论教育经费投入体制的建立和完善》,载《重庆工商大学学报》2005 年第 2 期。

78. 吕建生:《对我国中小学教育管理体制改革的方向性思考》,载《学术研究》2012 年第 1 期。

79. 马勇、丁里里:《从话语分析的视角看我国高教宏观管理改革的过程与特点》,载《山东科技大学学报》2011 年第 4 期。

80. 田刚:《地方政府应该这样管理教育事业？　　兼谈宏观教育学的主体内容》,载《当代教育论坛》2010 年第 7 期。

81. 徐文宇:《贫富地区机会均等教育投资体制的构想》,载《江西教育科研》1994 年第 5 期。

82. 李敬、刘志兵:《服务型政府与农村职业教育的宏观管理》,载《安徽农学通报》2010 年第 1 期。

83.《高等教育资源配置研究》课题组:《我国高等教育资源配置的现状、成因和机制研究》,载《财税理论与实践》1997 年第 1 期。

84. 赵承福:《义务教育管理体制的改革与创新——一项具有前瞻性、针对性、时效性、理论性的研究项目》,载《山东社会科学》2011 年第 8 期。

85. 张燕、曲铁华:《农村义务教育投融资法制困境及破解途径》,载《中国发展》2011 年第 4 期。

86. 陈松洲:《改革我国高职教育宏观管理体制的若干思考》,载《高等职业教育》2011 年第 1 期。

87. 陈光明:《高等教育管理效益的内涵及其提高》,载《湘潭大学社会科学学报》2002 年第 5 期。

88. 孙广星、金青玲:《机制视域下我国高职教育管理及运行问题探讨》,载《成人教育》2012 年第 1 期。

89. 王欧亚、马杰:《浅析高效融资渠道建设——北京印刷学院融资渠道建设设想》,载《北京印刷学院学报》2011 年第 1 期。

90. 王雄伟:《关于融资问题的探讨——以高等学校融资为例》,载《中国集体经济》2011 年第 7 期。

91. 翟志华:《我国高等教育融资途径新探》,载《现代教育科学》2010 年第 1 期。

92. 王雄伟:《高等教育融资现状及其优化途径》,载《广西轻工业》,2011 年第 6 期。

93. 李晓红、杜昌纯:《高等教育利用资本市场融资探析》,载《财务与金融》2010 年第 1 期。

94. 杨继瑞、孟显芮:《发行高等教育债券:若干思考与对策》,载《高等教育研究》2011 年第 4 期。

95. 程敏、杨东、孙金坤:《BOT 融资模式在高校中的运用分析》,载《山西建筑》2012 年第 3 期。

96. 吴泽强:《浅析我国高等教育融资途径》,载《成人教育》2011 年第 5 期。

97. 吴佳鑫:《浅析高效招生考试制度改革的多元化趋势》,载《黑龙江生态工程职业学院学报》2012 年第 1 期。

98. 罗立祝:《高校招生考试制度对城乡子女高等教育入学机会差异的影响》,载《高等教育研究》2011 年第 1 期。

99. 张纪伟:《高校自主招生考试内容的城乡公平性研究》,载《教育与考试》2011 年第 4 期。

100. 张军果:《中美社区教育经费来源比较与启示》,载《继续教育》2012 年第 2 期。

101. 褚宏启:《城乡教育一体化——体系重构与制度创新》,载《教育研究》2009 年第 11 期。

102. 周彬:《论基础教育办学体制改革中的政策选择》,载《国家教育行政学院学报》2008 年第 3 期。

103. 杨东平:《务实解决打工子弟学校问题》,载《瞭望》2007 年第 3 期。

104. 周运波:《现行义务教育投入体制的弊端及改革思考》,载《教育与经济》2003 年第 4 期。

105. 沈常钟:《堵住教育资源浪费的"黑洞"——关于提高教育资源利用效益的思考》,载《教育财会思考》1998 年第 5 期。

106. 郭彩琴、顾志平:《城乡教育一体化的困境与应对措施》,载《人民教育》2010 年第 20 期。

107. 肖正德:《农村教学边缘化问题、成因及其对策》,载《农村教育》2007 年第 9 期。

108. 施云华、诸子平:《我国"教育机会均等"建设刍议》,载《江苏教育学院学报》(社会科学版)1993 年第 1 期。

109. 柳思维等:《国外统筹城乡发展理论研究述》,载《财经理论与实践》2007 年第 6 期。

110. 刘颖、李曼:《城乡统筹背景下重庆高等教育发展体制机制研究》,2010 高等教育国际论坛论文,南京,2010 年 10 月。

111. 钟宇平、陆根书:《西方学者论高等教育成本回收对公平的影响》,载《西安交通大学学报》(社会科学版)2010 年第 1 期。

112. 黄龙威、邹立君:《城乡教育统筹发展:目标、责任与监测》,载《教育研究》2009 年第 2 期。

113. 张玉林:《中国城乡教育差距》,载《战略与管理》2002 年第 6 期。

114. 刘秀峰,张丕芳:《论统筹城乡教育综合改革的要义》,载《教育与教学研究》2010年第9期。

115. 曹洪:《〈不让一个孩子掉队法〉之回顾与启示》,载《外国中小学教育》2008年第2期。

116. 温家宝:《百年大计教育为本》,载《人民日报》2009年1月5日,第4版。

117. 田穗、严勇:《统筹城乡发展推进教育公平——重庆市统筹城乡教育发展的思路与对策》,载《重庆教育学院学报》2008年第6期。

118. 李应龙:《教育公平是构建和谐社会的重要基石》,载《求索》2005年第12期。

119. 朱沙:《国家开发银行在高等教育筹资中的作用》,载《西南交通大学学报》2006年第2期。

120. 王纬虹:《重庆市城乡教育差距的比较分析及对策》,载《教育发展研究》2006年第5期。

121. 李涛:《统筹城乡教育的实践探索》,载《教育发展研究》2008年第20期。

122. 沈晓慧、宋莉:《构建适用的国际教育统计指标体系》,载《中国冶金教育》2005年第2期。

123.《内蒙古自治区中长期教育改革和发展规划纲要(2010~2020年)》,载《中国教育报》2011年4月12日,第1版。

124. 赵修渝、黄仕川:《以科学发展观促进重庆城乡教育统筹的路径初探》,载《西南大学学报》(社会科学版)2009年第5期。

125. 俞云峰:《城乡义务教育均衡发展的新思路》,载《现代教育科学》2006年第12期。

126. 马佳宏、彭慧:《偏差与平衡:城乡义务教育财力资源配置问题研究》,载《教育与经济》2006年第4期。

127. 郝俊杰、董珍:《国外统筹城乡教育发展的经验及启示》,载《重庆工商大学学报》(社会科学版)2009年第2期。

128. 秦晓文、王磊、郭秀晶:《国际义务教育发展的基本经验》,载《教育科学研究》2006年第9期。

129. 王念哲:《比较视域中的我国职业教育管理体制创新》,载《继续教育研究》2009年第9期。

130. 王娟涓、徐辉:《国外城乡义务教育均衡发展的经验及启示》,载《外国中小学教育》2011 年第 1 期。

131. 李玲、宋乃庆、龚春燕、韩玉梅、何怀金、阳泽:《城乡教育一体化:理论、指标与测算》,载《教育研究》2012 年第 2 期。

132. 褚宏启:《城乡教育一体化:体系重构与制度创新——中国教育二元结构及其破解》,载《教育研究》2009 年第 11 期。

133. 林存银、褚宏启:《城乡教育一体化及其制度保障》,载《教育科学研究》2011 年第 5 期。

134. 李潮海、于月萍:《城乡教育一体化若干基本问题的思考》,载《现代教育管理》2010 年第 4 期。

135. 冯广兰:《当前中国农村教育的困境及解决对策——国际比较的视角》,载《当代教育科学》2007 年第 1 期。

136. 李涛、邓泽军:《国际统筹城乡教育综合改革:发展脉络、治理模式与决策参考》,载《江淮论坛》2012 年第 1 期。

137. 秦晓文、王磊、郭秀晶:《国际义务教育发展的基本经验》,载《教育科学研究》2006 年第 9 期。

138. 王晔、王召华:《国外发达国家高等教育融资实践及对我国的启示》,载《教育财会研究》2007 年第 2 期。

139. 彭忠平:《国外统筹城乡发展的经验与启示》,载《广西农学报》2013 年第 2 期。

140. 柳思维、晏国祥、唐红涛:《国外统筹城乡发展理论研究述评》,载《财经理论与实践》(双月刊)2007 年第 6 期。

141. 王正青:《国外推进城乡教育均衡发展新趋势——社会生态系统的理论框架》,载《中国教育学刊》2011 年第 1 期。

142. 强冬梅:《国外义务教育投资的特点与借鉴》,载《当代教育论坛》2006 年第 3 期。

143. 邵泽斌:《理念变革与制度创新:从城乡教育均衡到城乡教育一体化》,载《复旦教育论坛》2010 年第 5 期。

144. 周彬:《论基础教育办学体制改革中的政策选择》,载《国家教育行政学院学报》2008 年第 3 期。

145. 李涛、邬志辉:《统筹城乡教育改革的实践探索——以重庆市为例》,载《教育发展研究》2012 年第 7 期。

146. 吴正俊、朱伯兰:《统筹城乡教育发展的财政投入体制机制创新》,载《探索》2013 年第 5 期。

147. 余常德、朱伯兰:《统筹城乡教育发展体制机制探析》,载《西部论坛》2011 年第 1 期。

148. 刘海峰:《我国城乡教育一体化改革的若干理论问题》,载《教育理论与实践》2011 年第 11 期。

149. 韩清林、秦俊巧:《中国城乡教育一体化现代化研究》,载《教育研究》2012 年第 8 期。

150. 安佰伟:《中日高等教育办学体制比较及启示》,载《山东教育学院学报》2009 年第 4 期。

151. 吴康宁:《教育改革成功的基础》,载《教育研究》2012 年第 1 期。

152. 张德祥:《市场经济体制下政府、市场、大学新型关系研究》,载《辽宁教育研究》2005 年第 7 期。

153. 张晖:《英美教育民营化改革及其对我国的启示》,载《浙江树人大学学报》2006 年第 3 期。

154. [日]渡边聪:《私立教育在现代日本教育发展中的角色》,戴佩珊译,载《教育发展研究》2005 年第 10 期。

155. 胡彩芬:《国外民办教育的经验与启示》,载《当代广西》2004 年第 7 期。

156. 冯换兵:《政府规制与民办高等教育的发展》,载《江西教育科研》2007 年第 1 期。

157. 娄磊:《国外教育均衡发展的经验和启示》,载《学园》2015 年第 1 期。

158. 梁成艾、朱德全:《国外职业教育城乡统筹发展比较研究》,载《职业技术教育》2010 年第 28 期。

159. 陈切锋:《2011 年重庆市统筹城乡教育发展报告》,载重庆市教育委员会网站:http://www.cqjw.gov.cn/site/html/cqjwportal/sjts/2012-11-30/Detail_11002.htm,最后访问日期:2013 年 7 月 10 日。

160. 彭智勇、谭云瑚、陈美志:《2008 重庆教育发展报告——加快重庆农村教育发展的研究》,重庆出版社 2009 年版。

后　记

本书能够顺利出版，首先要感谢法律出版社的各位领导及陈妮编辑、张泽华编辑的辛苦劳动；其次要感谢重庆市教委为本书的完成提供经费支持，西南政法大学统筹城乡发展制度创新研究中心为本书的出版提供经费资助；最后要感谢周崟娟、曾迪、王喆、李丹、叶明智、王微、罗淋尹同学为本书的完成收集数据和资料。

近十几年来，我国的城乡教育差距有所缩小，但是，由于各种原因，很多地方的城乡教育发展仍然存在不均衡现象。本书在介绍统筹城乡教育发展的理论基础上，主要以重庆市为例，揭示了重庆市城乡教育发展的现实情况，分析了重庆市城乡教育发展仍然存在差距的原因，通过借鉴国外的一些经验，提出了如何统筹城乡教育发展。由于出版周期较长，本书的一些数据未能及时更新，但是仍然能够反映重庆市教育发展的现状。虽然本书主要以重庆为例，而重庆市的教育发展可能与中国其他地方的情况不一样，但是，重庆市作为一个大城市、大农村双重特点并存的直辖市，其统筹城乡教育发展实践对于其他地方有较大的借鉴意义。统筹城乡教育发展对于实现社会和谐发展有非常重要的作用，本书旨在抛砖引玉，期待更多的学者关注统筹城乡教育发展问题，顺利实现党的十九大提出的“振兴乡村”战略。

图书在版编目(CIP)数据

统筹城乡教育发展法制研究：以重庆市为例／吴太轩著. -- 北京：法律出版社，2018

ISBN 978 - 7 - 5197 - 1886 - 2

Ⅰ. ①统… Ⅱ. ①吴… Ⅲ. ①地方教育－城乡一体化－教育法－研究－中国 Ⅳ. ①D922.164

中国版本图书馆 CIP 数据核字(2017)第 325880 号

统筹城乡教育发展法制研究
——以重庆市为例
TONGCHOU CHENGXIANG JIAOYU FAZHAN FAZHI YANJIU
—YI CHONGQING SHI WEILI

吴太轩 著

策划编辑 沈小英
责任编辑 沈小英 张泽华
装帧设计 汪奇峰

出版 法律出版社
总发行 中国法律图书有限公司
经销 新华书店
印刷 北京虎彩文化传播有限公司
责任校对 马 丽
责任印制 吕亚莉

编辑统筹 财经法治出版分社
开本 720 毫米×960 毫米 1/16
印张 13
字数 243 千
版本 2018 年 7 月第 1 版
印次 2018 年 7 月第 1 次印刷

法律出版社／北京市丰台区莲花池西里 7 号(100073)
网址／www.lawpress.com.cn
投稿邮箱／info@lawpress.com.cn
举报维权邮箱／jbwq@lawpress.com.cn
销售热线／010 - 63939792
咨询电话／010 - 63939796

中国法律图书有限公司／北京市丰台区莲花池西里 7 号(100073)
全国各地中法图分、子公司销售电话：
统一销售客服／400 - 660 - 6393
第一法律书店／010 - 63939781/9782 西安分公司／029 - 85330678 重庆分公司／023 - 67453036
上海分公司／021 - 62071639/1636 深圳分公司／0755 - 83072995

书号：ISBN 978 - 7 - 5197 - 1886 - 2 **定价**：56.00 元
(如有缺页或倒装，中国法律图书有限公司负责退换)